石油和化工行业"十四五"规划教材

中国石油和化学工业优秀出版物奖（教材奖一等奖）

药品生产质量管理规范
（GMP）实用教程

第三版

万春艳　主编

王　越　韦林洪　副主编

化学工业出版社

·北京·

内容简介

《药品生产质量管理规范（GMP）实用教程》（第三版）以党的二十大精神为指引，以立德树人为根本任务，着力培养学生的职业技能和就业能力。对接国家教学标准，以《药品生产质量管理规范》（GMP）和新版《中华人民共和国药品管理法》等法规为主要依据，详细讲解了药品生产企业的机构与人员，厂房、设施与设备，物料与产品管理，文件管理，生产管理，质量控制与质量保证，确认和验证以及自检等方面的具体要求和操作方法，体现 GMP 标准的实施与药品生产实践的一体化。

本教材采用项目化编写，案例导入与问题引领，及时更新实践发展新成果，有机融入思政元素，配套九个实训项目和教学用 PPT，方便开展教学。通过扫描二维码可以获取项目中配套的数字化教学资源，实现线上线下同步学习。

本书适合高等职业院校、成教学院药学、药品生产及相关专业学生学习使用，也可供药品生产、经营、使用、管理等部门的药学工作者学习参考。

图书在版编目（CIP）数据

药品生产质量管理规范（GMP）实用教程 / 万春艳主编. — 3 版. — 北京： 化学工业出版社，2024.4（2025.8重印）
　ISBN 978-7-122-44626-8

　Ⅰ．①药… 　Ⅱ．①万… 　Ⅲ．①制药工业-产品质量-管理规范-中国-教材 　Ⅳ．①F426.7-65

中国国家版本馆 CIP 数据核字（2024）第 000647 号

责任编辑：窦 臻　李 瑾　　　　装帧设计：关 飞
责任校对：边 涛

出版发行：化学工业出版社
　　　　　（北京市东城区青年湖南街 13 号　邮政编码 100011）
印　　装：大厂回族自治县聚鑫印刷有限责任公司
787mm×1092mm　1/16　印张 18½　字数 477 千字
2025 年 8 月北京第 3 版第 4 次印刷

购书咨询：010-64518888　　　　售后服务：010-64518899
网　　址：http://www.cip.com.cn

定　　价：49.00 元

前 言

随着我国制药工业质量管理体系建设逐步完善，质量管理水平不断提升，药品监管国际化程度日益深化，国家对药品 GMP 实施的要求更加强化和提高。根据教育部高职院校教育的培养目标、医药行业要求、社会用人需求，编者在科学调研的基础上，对教材进行了第二次修订。

本次修订版以党的二十大精神为指引，充分发挥教材铸魂育人作用，设立思政素质目标，新增"行业先锋""时代楷模""药你知道"等栏目，介绍先进人物的感人事迹以及新时代医药领域取得的重大成就。在教材内容上深入挖掘课程中蕴含的思政元素，提炼专业知识体系中蕴含的思想价值和精神内涵，落实立德树人的根本任务。

本版教材进一步深化产教融合，及时更新实践发展新成果。将《中华人民共和国药品管理法》《药品注册管理办法》《药品生产监督管理办法》《药品召回管理办法》《药物警戒质量管理规范》的新要求，以及药品 GMP 实施的新理念、新标准、新技术融入教材。使教材更加贴近企业实际，满足教学需求。

本教材采用项目化编写，本着"理实一体化，突出技能操作"的原则，配套设计九个具有实用性和可操作性的实训项目，突出岗位要求的核心知识与技能。采用案例导入与问题引领等编写形式，将理论与实践内容充分融合，提高学习者应用知识分析、解决问题的能力。

以互联网为载体，以信息技术为手段，本教材将数字资源与纸质教材充分融合，在项目中设置配套数字化增值服务资源，通过扫描内页中二维码打开教材配套的视频、动画、课件、习题等内容，使教材内容更加情景化、动态化和形象化，实现了线上线下同步学习的目的。

本教材的编写人员常年在教学、生产及科研一线，具有丰富的药品生产质量管理及教学经验。具体分工为：万春艳负责项目一、项目五编写，王越负责项目六、项目八编写，韦林洪负责项目七编写，徐群负责项目二编写，徐艳负责项目三、项目四、项目九编写。全书由万春艳策划、统稿和修改。

感谢南京药育智能科技有限公司对本书数字资源建设的大力支持。感谢第一版和第二版教材的编者为本书编写奠定的基础。编者在编写过程中参考了相关书籍、网站的文献资料，在此向文献资料作者表示感谢！

本教材适合全国高等职业技术学院、成教学院药学及药品类专业学生学习使用，也可供药品生产、经营、使用、管理等部门的药学工作者学习参考。

由于编者水平有限，书中不妥之处敬请专家和读者批评指正。

编者

2023 年 11 月

第一版前言

《药品生产质量管理规范》（GMP）是药品生产和质量管理的基本准则，适用于药品制剂生产的全过程和原料药生产中影响成品质量的关键工序。大力推行药品GMP，是为了最大限度地降低药品生产过程中的污染、交叉污染以及混淆、差错等风险，确保持续稳定地生产出符合预定用途和注册要求的药品。《药品生产质量管理规范》2010年修订版于2011年3月正式实施。新版GMP总体内容更为原则化、更科学、更易于操作；充分考虑了原料药的生产特殊性；增加了偏差管理、风险评估、变更控制、纠正和预防措施等内容；对主要文件提出了更高的要求，防止造假；变更净化级别标准，以与国际接轨等。

GMP课程是高职高专院校培养药学类专业应用型人才重要的专业基础课之一，是一门理论兼应用型的课程，其核心是药品生产和质量管理的理念，教学目标是培养面向生产、建设、管理、服务第一线的技术应用型人才，十分注重实用性知识的传递和能力培养。为适应药学高职高专教育、教学的发展趋势，体现"以就业为导向，以能力为本位，以发展技能为核心"的职业教育培养理念，本书理论知识强调"必需、够用"，强化技能培养，突出实用性，体现了以学生为中心的编写理念。

本教材是依据我国最新颁布的《药品生产质量管理规范》2010年修订版编写的，共分十一章，主要内容包括概述，机构与人员，厂房、设施与设备，物料与产品管理，确认和验证，文件管理，生产管理，质量控制与质量保证，质量风险管理，产品发运与召回和自检。针对高职教学实践性强的特点，精选教学内容，使其简单化、实用化。目的是让学生不仅了解和领会国家法定的药品GMP的基本要求和准则，掌握其精髓，在今后工作中能够遵法、守法和护法，更重要的是教会学生如何贯彻和实施GMP，使学生成为既懂理论又能灵活驾驭GMP的专业人才。本教材结构设计新颖，在正文内容之外设计了学习导航、专家提示、范例、小贴士、本章小结、目标检测，在书后附目标检测选择题参考答案，体现了科学性和先进性。本教材选用了大量企业典型范例，加强了基本技能的训练，书后附有《药品生产质量管理规范（2010年修订）》文件，供学生学习和在实践中使用。

我们组织多所高职院校长期从事药品质量管理、GMP教学和科研工作的教授、讲师，药品生产企业中长期从事药品生产与质量管理，GMP实践经验丰富的企业质量管理负责人、质量受权人、总工程师等参与了本教材的编写工作，确保了本教材的专业性与实用性。

本教材由万春艳任主编。具体分工为：万春艳负责第一章编写，高娟负责第二章编写，宫莉萍负责第三章、第五章、第六章编写，肖望书负责第四章编写，孙美华负责第七章、第八章编写，赵秀杰负责第九章编写，冯敬骞负责第十章编写，徐瑞东负责第十一章编写。全书框架结构策划以及全书的修改定稿由万春艳完成。本教材适合全国高等职业技术学院、成教学院、高等专科学院药品类各专业学生学习和使用，也可供药品生产、经营、使用、检验、管理等部门的药学工作者学习参考。

　　由于编者水平有限，书中疏漏之处在所难免，敬请读者批评指正。

编者

2012 年 6 月

第二版前言

本教材的修订以高等职业教育人才培养规格为立足点，以培养学生及相关从业人员的药品生产与质量管理能力为目标，以新版《药品生产质量管理规范》（GMP）为依据，参照药品生产企业实际工作，将药品生产企业的机构与人员，厂房、设施与设备，物料与产品管理，确认和验证，文件管理，生产管理，质量控制与质量保证以及自检等作为编写内容，以便更好满足高等职业教育的培养目标和教学要求。

本版教材具有以下特点：

1. 校企合作，"双元开发"

由具有丰富药品生产和质量管理实践经验的企业专家共同担任主编，由多年从事药品生产质量管理类课程教学和科研的教师组成编写团队。本书的内容和配套资源是他们在长期教学和专业实践中的积累。

2. 教材思政，培育人格

注重健全职业人格的培育，增加职业道德修养内容，通过"文化与素养"栏目，以格言、小故事的形式，给学生启迪、阳光和振奋；设置"职业核心能力与道德素质测评表"，通过问题的设计和分析，引导学生培养正确的善恶研判观，强化遵守法律法规和职业道德的意识。

3. 数纸融合，资源丰富

运用现代信息技术，嵌入大量多媒体资源，对难点和重点进行多样化的微课制作，通过扫描教材上相应处的二维码获得相关的教学资源，实现了纸媒教材与富媒体教材资源的充分融合。

4. 衔接 1 和 X，书证融通

适应"1+ X"证书制度试点工作需要，将职业技能等级标准有关内容及要求有机融入教材内容，结合执业药师考试的需要，教材内容和实训项目的设置涵盖了相关考试内容，做到书证、教考融合。

5. 对接国标，顺应需要

对接国家教学标准，顺应新时代中国特色社会主义现代化强国建设需求，教材内容贴近先进的药品生产企业实际，具有更强的企业实践性和教学的可操作性。实训项目内容与企业各个岗位职业能力对接，突出职业能力培养。

6. 形式新颖，内容精炼

坚持理论"必需、够用"，强调实用性、适用性和开放性。书中涵盖基础知识、工具方法，为检测学习效果，夯实基础，设置了"稳扎稳打"栏目（检测训练题）；为培养学生实践和创新能力，设置了"学以致用"栏目（技能训练题）；此外还设置了"专家提示""拓展方舟""小试牛刀"等特色栏目和综合实训项目。

具体分工为：扬州市职业大学万春艳负责项目一、三、四、九编写和实训项目设计，北京双吉制药有限公司孙美华负责项目六编写，黑龙江农垦科技职业学院徐瑞东负责项目二编写，黑龙江农业经济职业学院宫莉萍负责项目五编写，扬州市职业大学韦林洪负责项目七编写，常州卫生高等职业技术学校徐群负责项目八编写，全书由万春艳策划、统稿和修改。

在编写过程中参考了相关书籍、网站的文献资料，在此向文献作者一并表示感谢！可能还有个别资料由于转载等原因无法列明出处，深表歉意！

本教材适合全国高等职业学院、成教学院、高等专科学院的药学、药品生产技术及相关专业学生学习和使用，也可供药品生产、经营、使用、管理等部门的药学工作者学习参考。

由于编者各自工作繁忙，加之水平的限制，书中疏漏之处在所难免，恳请各位专家和读者批评指正，我们一定在今后的修订中加以改进。

编者
2019 年 12 月

目 录

二维码资源目录

序号	名称	资源类型	页码
1	开宗明义1	视频	001
2	案例　欣弗事件	视频	003
3	药品飞行检查	视频	013
4	温故知新1	文档	015
5	开宗明义2	视频	018
6	案例　生产假药案	视频	023
7	人员培训管理	视频	028
8	七步洗手法	视频	035
9	药厂洁净区工作服	文档	035
10	温故知新2	文档	038
11	开宗明义3	视频	041
12	一般生产区更衣流程	视频	048
13	洁净区更衣流程	视频	048
14	传递窗	视频	050
15	设备的日常使用及巡检	视频	057
16	某药企洗塞机清洁消毒标准操作规程	文档	058
17	设备的预防性维护管理	视频	059
18	空调净化系统	视频	060
19	制药用水系统	视频	064
20	温故知新3	文档	070
21	开宗明义4	视频	073
22	日常采购管理流程	视频	074
23	供应商选择	视频	075
24	供应商审计	视频	075
25	物料验收及入库操作流程	视频	079
26	物料的取样流程	视频	080
27	案例　齐二药假药事件	视频	080
28	物料发放及退库操作流程	视频	083
29	药品上市许可持有人	视频	086

项目一
走进GMP

【知识点】GMP 的含义、GMP 的类型、GMP 的主要内容，GMP 的特点、硬件、软件、现行版 GMP 的新要求、飞行检查。

【技能点】认知 GMP、区别 GMP 的类型和法律效力、认知 GMP 的主要内容、识别硬件和软件、认知现行 GMP 新要求、认知飞行检查。

【职业能力目标】

专业能力：认知 GMP、认知我国 GMP 的特点、认知飞行检查。

职业核心能力：自我学习，与人交流，与人合作，信息处理。

【思政素质目标】自信爱国，生命至上，敬畏规则。

开宗明义1

学习导航

　　《药品生产质量管理规范》（GMP）是药品生产和质量管理的基本准则，适用于药品制剂生产的全过程和原料药生产中影响成品质量的关键工序。本章内容会带你了解GMP的历史、类型、内容及特点，知道药品生产企业实施GMP的要素和飞行检查的范围以及如何迎接飞行检查。

引 例

　　20世纪60年代，Thalidomide(又称反应停、沙利度胺、肽咪哌啶酮)作为一种治疗妇女妊娠呕吐的安眠药在欧洲上市。当时的管理机构批准这种药品用于此种适应证时，对它的严重副作用——致畸性一无所知。该药可使发育中的胎儿产生严重畸形，这种畸胎诞生时，由于臂和腿的长骨发育短小，看上去手和脚直接连接在躯体上，犹如鱼鳍，形似海豹肢体，被称为"海豹胎"，同时并有心脏和胃肠道的畸形，这种畸形婴儿死亡率达50%以上。当时，反应停已在市场流通了6年，它未经过严格的临床试验，而生产反应停的原联邦德国格仑蓝苏制药厂隐瞒了已收到的有关该药毒性反应的100多例报告。这次灾难波及世界各地，受害者超过15000人。这就是震惊世界的"反应停"事件，是20世纪最大的药物灾难。

美国是少数几个幸免的发达国家之一。当时美国负责对此药进行审评的是一位女科学家Frances Kelsey女士，她发现该药缺乏美国药品监督管理法律法规所要求的足够的临床试验资料，如长期毒性实验报告，所以不批准其进口。1962年当时的美国总统肯尼迪因此授予她"杰出联邦公民服务总统奖"，这是政府雇员以公民身份可获得的最高荣誉。这场灾难虽没有波及美国，但在美国社会激起了公众对药品监督和药品法规的普遍重视，促使美国国会于1962年对原《食品、药品和化妆品法案》进行了一次重大修改，颁布了更加严厉的法规。修改的法规要求制药公司不仅要保证其产品是安全的，而且还要保证是有效的；制药企业实行广告申请制度和药品不良反应报告制度；实行新药研究申请和新药申请制度；制药企业实施药品生产质量管理规范（GMP）。

GMP是英文"Good Manufacturing Practices"的英文缩写，直译为"优良的生产实践"，根据《中华人民共和国药品管理法》（以下简称《药品管理法》），标准翻译为"药品生产质量管理规范"。GMP适用于药物制剂生产、原料药生产、药用辅料生产、药用包装材料和直接涉及药品质量有关物料生产的全过程。GMP从原料投入到完成生产、包装、储存、发运、召回等环节全过程实施标准而又规范的管理，以生产高质量的药品为目的，在保证生产条件和资源的同时，重视生产和质量管理，并有组织地、准确地对药品生产各环节进行规定和记录。

世界卫生组织（world health organization，WHO）对制定和实行GMP制度的意义做过如下阐述："在药品生产中，为了保证使用者得到优质药品，实行全面质量管理极为重要。在生产为抢救生命或为恢复或为保护健康所需的药品时，不按准则而随意行事的操作方式是不允许的。要想对药品生产制定必要的准则，使药品质量能符合规定的要求，这无疑是不容易的。GMP是我们推荐的为生产符合规定质量要求药品的规范。恪守这些规范的准则，加上从生产周期开始到终了的各种质量检验，将显著地有助于生产成批均匀、一致的优质产品。"

世界各国药品生产与质量管理的长期实践证明，GMP是防止药品在生产过程中发生差错、混杂、污染，确保药品质量的十分必要的和有效的手段。GMP的灵魂是"防止混药，防止交叉污染"。其中心指导思想是：药品质量是在生产过程中形成的，而不是检验出来的。国际上早已把是否真正实施GMP看成是药品质量有无保障的先决条件，是否符合GMP要求决定着药品能否进入国际市场。

单元一　GMP的产生与发展

一、GMP 的产生与发展

GMP 是从药品生产经验中获取经验教训的总结。GMP 的理论和实践经历了一个形成、发展和完善的过程。药品生产是一门十分复杂的科学，从产品设计、注册到生产，从原料、中间产品到成品的全部过程，涉及许多技术细节和管理标准。其中任何一个环节的疏忽，都有可能导致药品质量不符合要求，进而导致劣质药品的产生。因此，必须在药品研发、生产的全过程中，进行全面质量管理与控制来保证药品质量。20 世纪以来，人类社会经历了十数次重大的药物灾难，尤其是"反应停"事件发生后，公众要求对药品的生产必须有严格的法律监督。

美国 FDA 于 1963 年颁布了世界上第一部《药品生产质量管理规范》（GMP），要求对药品生产的全过程进行规范化管理，药品生产企业如果没有实施 GMP，其产品不得出厂销售。如果制药企业没有按照 GMP 的要求组织生产，不管样品抽检是否合格，美国 FDA 都有权将这样生产出来的药品视为伪劣药品。

GMP 的理论在此后多年的实践中经受了考验，并获得了发展，它在药品生产和质量保证中的积极作用逐渐被各国政府所接受。自从美国 FDA 首先制定颁布了 GMP 作为美国制药企业指导药品生产和质量管理的法规后，WHO 于 1969 年向全世界推荐了 WHO 的 GMP，标志着 GMP 的理论和实践开始从一国走向世界。在此后的 30 多年内，世界很多国家、地区为了维护消费者的利益和提高本国药品在国际市场的竞争力，根据药品生产和质量管理的特殊要求以及本国的国情，分别制定了自己的 GMP。

二、我国 GMP 的产生与发展

我国提出在制药企业中推行 GMP 是在 20 世纪 80 年代初，比最早提出 GMP 的美国迟了 20 年。1982 年，中国医药工业公司参照一些先进国家的 GMP 制定了《药品生产管理规范》（试行稿），并开始在一些制药企业试行。1984，中国医药工业公司又对 1982 年的《药品生产管理规范》（试行稿）进行修改，变成《药品生产管理规范》（修订稿），经原国家医药管理局审查后，正式颁布在全国推行。1988 年，根据《药品管理法》，卫生部颁布了我国第一部《药品生产质量管理规范》（1988 年版），作为正式法规执行。1991 年，根据《中华人民共和国药品管理法实施办法》的规定，原国家医药管理局成立了推行 GMP、GSP（即《药品经营质量管理规范》）委员会，协助国家医药管理局，负责组织医药行业实施 GMP 和 GSP 工作。1992 年，卫生部又对《药品生产质量管理规范》（1988 年版）进行修订，变成《药品生产质量管理规范》（1992 年修订）。1992 年，中国医药工业公司为了使药品生产企业更好地实施 GMP，出版了 GMP 实施指南，对 GMP 中一些条款，做了比较具体的技术指导。1998 年，国家药品监督管理局总结几年来实施 GMP 的情况，对 1992 年修订的 GMP 进行修订，于 1999 年 6 月 18 日颁布了《药品生产质量管理规范》(1998 年修订)，1999 年 8 月 1 日起施行，使我国的 GMP 更加完善，更加切合国情、更加严谨，便于药品生产企业执行。

GMP 作为药品生产的直接监管法规，它的推行使制药生产环境得到极大改善，于 2004 年 6 月 30 日前，我国实现了所有原料药和制剂均在符合药品 GMP 的条件下生产的目标。

▶议一议◀

修订 GMP 有什么意义

为了提高我国 GMP 实施水平，提高我国药品生产企业的生产和质量管理水平，更好地保证人民用药安全有效，利于与国际先进水平接轨，促进我国药品进入国际市场，原国家食品药品监督管理局从 2006 年 9 月起正式启动了 GMP 的修订工作。历经 5 年修订、两次公开征求意见，《药品生产质量管理规范》(2010 年修订) 于 2011 年 2 月 12 日正式对外发布，于 2011 年 3 月 1 日起施行。自 2011 年 3 月 1 日起，凡新建药品生产企业、药品生产企业新建 (改、扩建) 车间，均应符合《药品生产质量管理规范》(2010 年修订) 的要求。药品生产企业血液制品、疫苗、注射剂等无菌药品的生产，在 2013 年 12 月 31 日前达到《药品生产质量管理规范》(2010 年修订) 的要求；其他类别药品的生产在 2015 年 12 月 31 日前达到《药品生产质量管理规范》(2010 年修订) 的要求。未达到《药品生产质量管理规范》(2010 年修订) 要求的企业 (车间)，在上述规定期限后不得继续生产药品。

单元二　GMP的类型和内容

一、GMP 的类型

▶重点与难点◀

GMP 类型、主要内容

全世界 GMP 的形式多种多样，内容也各有特点。目前，世界上现行 GMP 的类型有三种，大体可分为国际组织、地区的 GMP，国家政府颁布的 GMP 和制药行业或企业自身制定的 GMP。

(一) 国际组织、地区的 GMP

有关国际组织规定的 GMP 一般原则性较强，内容较为概括，无法定强制性。

1. WHO 的 GMP

WHO 的 GMP 属于国际性的 GMP。WHO 的 GMP 总论中指出，药品 GMP 是组成 WHO 关于国际贸易中药品质量签证体制的要素之一，是用于评价生产许可申请并作为检查生产设施的依据，也作为政府药品监督员和生产质量管理人员的培训材料。药品 GMP 适用于药品制剂的大规模生产，包括医院中的大量加工生产、临床试验用药的制备。

2. 欧盟的 GMP

欧盟的 GMP 属于地区性的 GMP。1972 年，欧盟颁布了该组织的第一部 GMP，用于指导欧盟成员国的药品生产。而第一版欧盟的 GMP 出版于 1989 年，它是以英国 GMP 为蓝本制定的。后来欧盟规定，其颁布的第二部 GMP (1992 年版) 可以取代欧盟各成员国的 GMP，或者可以和欧盟成员国政府颁布的 GMP 并行使用。

3. PIC/S 的 GMP

PIC/S 是药品检查合作计划（the pharmaceutical inspection co-operation scheme）的简称，成立于 1995 年 11 月，它是世界上唯一的由 GMP 检查执法机关组成的国际合作组织。PIC/S 现有 55 个成员（GMP 检查机构），分属于 49 个国家及地区，另有 4 个合作组织〔WHO、欧洲药品管理局（EMA）、欧洲药品质量管理局（EDQM）、联合国儿童基金会（UNICEF）〕。PIC/S GMP 的最新版本是 PE009-17，包括：简介、GMP 的正文、API 的基本要求、20 个附录和 2 个附件，于 2023 年 8 月 25 日开始执行。

 药你知道

国家药品监督管理局成为药品检查合作计划正式申请者

2021年9月中国国家药品监督管理局（NMPA）正式致函药品检查合作计划（PIC/S），申请启动预加入程序。2023年9月下旬，NMPA向PIC/S提交了正式申请材料。2023年11月8日，PIC/S致函NMPA，确认NMPA正式申请者身份。后续，NMPA将加强与PIC/S的沟通与合作，积极推进我国早日成为PIC/S正式成员。

药品供应全球化带来的质量风险对各国药品监管体系提出了新的挑战，国际监管合作已成为必然趋势。加入PIC/S是我国主动融入国际药品监管体系的积极表现，将进一步推进我国药品监管国际化和现代化。加入PIC/S将促进更新和完善我国GMP标准及相关技术指南，加快我国药品监管的国际化进程，促进行业高质量发展。有助于提高我国GMP检查标准、协调检查流程、加快检查员队伍建设、推进检查质量体系建设，促进我国药品检查体系与国际接轨，提升我国药品检查的整体水平和能力，实现与PIC/S成员机构之间的监管合作与互认，以更开放的大国姿态参与国际监管合作。加入PIC/S也将促进我国制药企业走出国门参与全球竞争，推动产业高质量可持续发展。

（二）各国政府的 GMP

▶ **技能点** ◀

区别 GMP 的类型和法律效力

各国政府发布的 GMP 一般原则性较强，内容较为具体，有法定强制性。

1. 美国 FDA 的 cGMP

美国是 GMP 始创国，于 1963 年首先颁布了 GMP，在实施过程中，经过数次修订，可以说是至今较为完善、内容较详细、标准最高的 GMP。美国 FDA 对 GMP 的研究，一直处于全球领跑地位。美国要求，凡是向美国出口药品的制药企业以及在美国境内生产药品的制药企业，都要符合美国 GMP 要求。美国的 GMP 又称为 cGMP，具有以下特点：①强调实施动态的 cGMP，即强调药品生产与质量管理的现场管理。②强调验证工作的重要性，美国 FDA 认为达到 cGMP 的途径有很多，只要药品生产企业用规范的验证方法能够证明过程的目标的确定性就可以使用这个方法。因此，cGMP 也具有一定的灵活性，在 cGMP 实施过程中，美国 FDA 鼓励企业创新。③强调工作记录的重要性，因为只有有了真实的、及时的、规范的记录，才能对生产与质量管理活动的效果进行有效的追溯，才能为今后持续改进提供基础性支持。

2. 英国的 GMP

英国卫生与社会福利部于 1983 年制定了英国 GMP，内容丰富齐全，共分 20 章，有许多内容已成为以后其他各国制定 GMP 的依据。例如"第七章　确认"，即为现在验证的前身。"第十章　无菌药品的生产和管理"，率先列出了基本环境标准及洁净级别要求，还提出了环氧乙烷灭菌和射线灭菌方法。对于出口到英国的药品，需要由进口当局审定合格的人员负责鉴定，并且鉴定批量要做到符合英国的 GMP 要求。

3. 日本的 GMP

日本于 1974 年 9 月 14 日颁布了 GMP，1976 年 4 月 1 日起实施。日本于 1993 年开始推行国际 GMP，对国际进出口的药品需遵循国与国之间相互承认的 GMP，日本 GMP 和 WHO 的 GMP 版本被认为是等效的。

4. 我国的 GMP

1988 年卫生部组织有关专家在我国制药企业实施的行业 GMP 基础上，根据《药品管理法》的规定，起草并颁布了我国第一个 GMP，作为正式法规实施。1990 年卫生部组织有关专家起草了《GMP 实施细则》，后又编成《药品生产质量管理规范》修订本，并于 1992 年 12 月 28 日颁布，要求全国制药企业遵照执行。1999 年 6 月 18 日国家药品监督管理局颁布了《药品生产质量管理规范》（1998 年版），自 1999 年 8 月 1 日起实施，2011 年 2 月 12 日国家食品药品监督管理局颁布了我国自强制实施 GMP 管理以来的第二部 GMP，并于 2011 年 3 月 1 日起施行。

（三）行业组织的 GMP

制药行业组织制定的 GMP 一般指导性较强，内容较为具体，无法定强制性。例如英国制药联合会制定的 GMP、瑞典制药工业协会制定的 GMP 等。

我国最早于 1982 年由中国制药工业协会参照一些先进国家的 GMP，制定了我国的《药品生产管理规范》（试行本），并开始在某些制药企业中试行。1984 年被国家医药管理局的《药品生产质量管理规范》所取代，作为行业 GMP 要求，正式颁布执行。同时还颁布了《药品生产管理规范实施指南》，这为我国制药企业全面实施 GMP 奠定了基础。

二、GMP 的内容和特点

（一）GMP 的主要内容

▶ 技能点 ◀

认知 GMP 主要内容

GMP 总体内容包括机构与人员、厂房和设施、设备、卫生管理、文件管理、物料控制、生产控制、质量控制、发运和召回管理等方面内容，涉及药品生产的方方面面，强调通过生产过程管理保证生产出优质药品。

从专业化管理的角度，GMP 可分为质量控制系统和质量保证系统两大方面。一方面是对原材料、中间品、产品的系统质量控制，称为质量控制系统；另一方面是对影响药品质量的、生产过程中容易产生人为差错和污染等问题进行系统的严格管理，以保证药品质量，称为质量保证系统。

从软件和硬件系统的角度，GMP 可以分为软件系统和硬件系统。软件系统主要包括组织机构、组织工作、生产技术、卫生、制度、文件、教育等方面的内容，可以概括为以智力为主的投入产出。硬件系统主要包括对人员、厂房、设施、设备等的目标要求，可以概括为以资本为主的投入产出。

（二）GMP 的特点

1. 原则性

药品 GMP 条款仅指明了质量或质量管理所要达到的目标，而没有列出如何达到这些目标的解决办法。达到 GMP 要求的方法和手段是多样化的，企业有自主性、选择性，不同的药品生产企业可根据自身产品或产品工艺特点等情况选择最适宜的方法或途径来满足 GMP 标准，例如，无菌药品的灭菌处理必须达到"无菌"，也就是药品的染菌率不得高于 10^{-6}。但是，达到"无菌"的处理方式有很多，如干热灭菌、湿热灭菌、辐射灭菌、过滤除菌等，企业可以根据自身产品和产品工艺要求进行选择，只要能满足 GMP 要求，就是适宜的方法。

2. 时效性

药品 GMP 条款具有时效性，因为 GMP 条款只能根据该国、该地区现有一般药品生产水平来制定，随着医药科技和经济贸易的发展，GMP 条款需要定期或不定期地补充、修订。这和制定药品标准类似，对目前有法定效力或约束力或有效性的 GMP，称为现行 GMP，新版 GMP 颁布后，前版的 GMP 即废止。

3. 基础性

GMP 是保证药品生产质量的最低标准，不是最高、最好标准，更不是高不可攀的标准。任何一国的药品 GMP 都不可能把只能由少数药品生产企业做得到的一种生产与质量管理标准作为全行业的强制性要求。例如，GMP 规定非最终灭菌的无菌制剂灌封工序要求空气洁净程度为 B 级，也就是最低标准为 B 级，如果本行

业药品生产企业都很难达到这个标准，GMP 也不会做这样的规定。但是，一旦规定 B 级为标准，如果有的企业为了确保质量，提高洁净度到 A 级，这完全符合标准，当然这也是企业自身的决定或自身的事务，但如果企业降低到 C 级，则违反了GMP 的规定。生产企业将生产要求与目标市场的竞争结合起来必然会形成现实标准的多样性，因此，企业有自主性，可以超越 GMP。

4. 一致性

各类药品 GMP 有一个最重要的特征，就是在结构与内容的布局上基本一致。各类药品 GMP 都是从药品生产与质量管理所涉及的硬件，如厂房设施、仪器设备、物料与产品等；所涉及的软件，如制度与程序、规程与记录等；人员，如人员的学历、经验与资历等；现场，如生产管理、质量管理、验证管理等进行规定的，都基本分为：人员与组织、厂房与设施、仪器与设备、物料与产品、文件管理、验证管理、生产管理、质量管理等主要章节。这些章节的具体分类也基本一致。比如，质

量管理这个章节，各类药品 GMP 都包括：质量控制实验室管理、物料和产品放行、持续稳定性考察、变更控制、偏差处理、纠正措施和预防措施、供应商的评估和批准、产品质量回顾分析、投诉与不良反应报告。虽然在具体内容方面有所侧重和差异，但具体框架和基本规定基本一致。各类药品 GMP 都是强调对这些元素或过程实施全面、全过程、全员的质量管理，防止污染和差错的发生，保证生产出优质药品。

拓展方舟

在法国按GMP生产的片剂出口日本就必须增加一道原来没有的工序——挑选药片的圆度、洁度和亮度。因为日本人吃药片讲究每片要一样圆，而且要洁净明亮，如果没有满足这种要求的管理程序，就不符合日本GMP要求，就不能得到日本方面的认可和接受。一般药品生产企业要求绿化，有的甚至规定绿化的面积比例，来清新厂区空气质量，达到防止污染的要求，而在非洲北部地区一些国家就没有此要求，甚至不允许企业有绿化，因为，这些地方的药厂处于沙漠地带，如果有绿化，反而会导致大量的鸟类来企业繁衍生活，使得企业环境被破坏。

▶ 议一议 ◀

药品生产车间管道铺设明装与暗藏各有何利弊？

5. 多样性

尽管各类 GMP 在结构、基本原则或基本内容上一致或基本相同，但同样的标准要求，在所要求的细节方面，有时呈现多样性，有时这样的多样性还会有很大的差别。例如，各国 GMP 中都对生产车间的管道铺设提出了一定要求，这主要是为了防止污染，保持室内洁净。但是，有的国家的 GMP 就要求生产车间中不能有明管存在，各种管道一律暗藏。也有国家 GMP 中规定，只要能便于清洁并具有严格的卫生制度，管道不一定要全部暗藏。管道是否要暗设，对于药品生产企业来说，从厂房设计、管道走向设计以及随之展开的工艺布局，情况是大相径庭的。不同国家的 GMP 表现出一定的水平差异和各自特色，使得各药品 GMP 得以相互借鉴，相互促进和提高。

6. 地域性

一般而言，一个国家（地区）在一个特定的时期，有一个版本的 GMP，只有达到这个版本的 GMP 要求，药品质量才能得到这个国家（地区）有关政府部门的认可，才能在这个国家（地区）进行销售使用。但是，有的国家却可以通行多个不同版本的 GMP，比如有的国家既认可本国的 GMP，也认可 WHO 的 GMP、美国的 GMP、欧盟的 GMP 等等。

三、实施 GMP 的三要素

▶ 技能点 ◀

识别硬件和软件

硬件设施、软件系统和高素质人员被称为 GMP 的三要素。硬件是指厂区环境、厂房、生产设施设备、辅助设施设备、质量控制与检验仪器设备、原辅材料、仓储设施等为生产和质量控制所必需的基础条件。软件是指符合法律法规技术标准要求，适应某企业、特定品种和工艺特点的经过科学论证和验证，能够对生产全过程、各要素进行组织和有效控制的管理系统。包括企业组织管理体制机制、运行机制、规章制度、技术措施、标准体系、各种管理文档资料、记录等。人员也称湿件，是指生产企业的人员配备情况，应具有与生产性质、规模、要求相适应的人员配置，是最关键因素。硬件是基础，软件是保证，人员是关键。

1. 良好的厂房设备、完善的硬件设施是基础条件

良好的硬件建设需要充足的资金投入作保障，对于企业来说，资金充足与否始终是相对而言的，而且投入的资金需要计入成本。因此，在 GMP 硬件改造和建设过程中，要抓住重点。在新厂房筹建或老厂房改造之前，应广泛征求专家、专业人士如生产车间、技术、质管、设备等部门的意见，对照 GMP 的要求，就设备的选型、建筑材料的挑选、工艺流程布局进行综合考虑，制定出合理的资金分配方案，使有限的资金发挥最大的效能。而不应本末倒置，在外围生产区域装修上占去较多的资金，使关键的生产设备、设施因陋就简，这将给未来的生产埋下隐患。例如粉针剂生产线，由于粉针剂产品对微细颗粒和微生物控制这两方面有特殊要求，因而与药粉直接接触的设备（分装机）、内包材料的清洁消毒设备（洗瓶机、洗胶塞机、隧道烘箱及运送轨道等）应不脱落微粒、毛点，并易清洁、消毒；在产品暴露的操作区域（无菌室）其空气洁净级别要符合工艺规定，不产生交叉污染等，这些是资金投入的重点。

2. 实用性、现行性的软件是产品质量的保证

质量是设计和制造出来的，而产品的质量要遵循各种标准的操作法来保证，企业的软件管理也经历了一个形成、发展和完善的过程。各种技术标准、管理标准、工作标准是在长期的生产过程及各类监督检查、质量审计中逐步形成的，这一时期的各类标准是低水平的、粗线条的。此后随着 GMP 实践的不断深入，从中细化出各类具有实用和指导意义的软件——标准操作规程（即 SOP）。发展到现在，GMP 引入了"工艺验证"这一具有划时代意义的概念，通过验证了解所制定的各种规程是否切合实际，是否随着时间的推移需要修订，因为 GMP 的实践是一个动态过程，与之相对应的软件也需要不断地补充、修订、完善。例如一些沿用已久的工艺规程在经过科学"验证"后，证明达不到预先设想的目的，需要进行修改。所以，经过验证的，具有实用性、现行性的软件是产品质量的保证，是企业在激烈的市场竞争中立于不败之地的秘密武器。

3. 高素质的人员是实施 GMP 的关键

一个企业从产品设计、研制、生产、质控到销售的全过程中，"人"是最重要的因素。这是因为优良的硬件设备要由人来操作，完善的软件系统要由人来制定和执行，全体员工的工作质量决定着产品质量，人员的素质决定工作质量。因此人员的培训工作是一个企业 GMP 工作能否开展、深入和持续的关键，企业必须按要求对各类人员进行行之有效的教育和培训，要像抓硬、软件建设工作那样，去做好"人"的素质提高的建设工作。建立和完善各类人员应受到的培训、考核内容，规定其每年受训时间不少于一定学时。例如粉针车间无菌分装岗位，为严格控制无菌操作室内环境，确保生产合格的无菌产品，制定了严格的工艺卫生操作规程，但如果操作者不能正确理解为什么要这么做，或质量意识不强，在没人监督时不认真执行，导致消毒灭菌不彻底，就会给产品质量带来隐患。因而企业必须认真、扎实地

▶ 点 滴 ◀

言善信，正善治，事善能，动善时。

做好培训工作。

综上所述，良好的硬件设备（施）、实用的软件系统、高素质的人员参与是组成 GMP 体系的重要因素，缺一不可。

单元三 我国现行版GMP的特点

▶重点与难点◀

我国 GMP 特点

我国现行版 GMP 共 14 章、313 条，强调了对"原则"的把握，增加了对复杂多变情况的适应性。大多数章节都增加了原则一节，强调各章节应该要把握的基本原则，给科学评估千差万别的企业提供了指导依据。相对于 1998 年修订的药品 GMP 14 章 88 条，篇幅大量增加。2010 年版药品 GMP 吸收国际先进经验，结合我国国情，按照"软件硬件并重"的原则，贯彻质量风险管理和药品生产全过程管理的理念，更加注重科学性，强调指导性和可操作性，达到了与世界卫生组织药品 GMP 的一致性。引入了一些新理念，即假想监管相对人是诚实守信的，一旦有弄虚作假、人为的造假记录，马上就判为检查不合格。新理念更多体现了法律的人性化。基本要求和多个附录在修订过程中都参考了国际 GMP 标准，以期强化国内企业对于相关环节的控制和管理，但在具体条款上也结合我国国情做了相应的调整。从而达到思路上重视法规间的协调性，注重注册、生产、上市管理的协调性；经验上注重吸纳、借鉴国际先进经验：以欧盟 GMP 为蓝本，参考了 WHO、美国和日本的 GMP；而在具体管理时强调动态管理，如验证过程、回顾性检查等；在整个法规设计上注重科学性、具体性、可操作性、可检查性。

一、强化了管理方面的要求

1. 提高了对人员的要求

▶技能点◀

认知现行 GMP 的新要求

全面强化了从业人员的素质要求，增加了对从事药品生产质量管理人员素质要求的条款和内容，进一步明确职责。"机构与人员"一章明确将质量受权人与企业负责人、生产管理负责人、质量管理负责人一并列为药品生产企业的关键人员，并从学历、技术职称、工作经验、培训等方面提高了对关键人员的资质要求，如学历由大专变为本科，但增加并行标准，如中级职称或执业药师。对这四类人员各自的职责、共同的职责做了非常明确的界定，强化了其法律地位，使这些关键人员在法律保证下独立履行职责。

2. 明确要求企业建立药品质量管理体系

质量管理体系是为实现质量管理目标、有效开展质量管理活动而建立的，是由组织机构、职责、程序、活动和资源等构成的完整系统。现行版药品 GMP 明确要求制药企业应当建立全面的、系统的、严密的质量管理体系并必须配置足够的资源，确保质量管理体系有效运行，同时还强调了包括法定代表人、企业负责人在内的高层管理人员的质量职责，以保证药品 GMP 的有效执行。

3. 细化了对操作规程、生产记录等文件管理的要求

分门别类地对主要文件（如质量标准、生产工艺规程、批生产和批包装记录

等）的编写、复制以及发放提出了具体要求，增强了可操作性和指导性，规范了文件体系的管理。

二、提高了部分硬件要求

1. 调整了无菌制剂生产环境的洁净度要求

为确保无菌药品的质量安全，现行版药品 GMP 在无菌药品附录中采用了 WHO 和欧盟最新的 A、B、C、D 分级标准，对无菌药品生产的洁净度级别提出了具体要求；增加了在线监测的要求，特别对生产环境中悬浮微粒的静态、动态监测，对生产环境中的微生物和表面微生物的监测都做出了详细的规定。

2. 增加了对设备设施的要求

对厂房设施分生产区、仓储区、质量控制区和辅助区分别提出设计和布局的要求，对设备的设计和安装、维护和维修、使用、清洁及状态标识、校准等几个方面也都做出具体规定。无论是新建企业设计厂房还是现有企业改造车间，都应当考虑厂房布局的合理性和设备设施的匹配性。

三、增设了一系列新制度

质量风险管理是美国 FDA 和欧盟都在推动和实施的一种全新理念，现行版药品 GMP 引入了质量风险管理的概念，并围绕质量风险管理相应增加了一系列新制度，如：在原辅料采购、生产工艺变更、操作中的偏差处理、发现问题的调查和纠正、上市后药品质量的持续监控等方面，增加了供应商审计和批准、变更控制、偏差管理、超标调查（OOS）、纠正和预防措施（CAPA）、持续稳定性考察计划、产品质量回顾分析等新制度和措施，对各个环节可能出现的风险进行管理和控制，促使企业建立相应的制度，及时发现影响药品质量的不安全因素，主动防范质量事故的发生。进一步强调验证的重要性，引入了先进的质量管理方法，这都有助于制药企业及时发现质量风险或产品质量缺陷，持续改进，不断提高产品质量。

四、强调了有效衔接

1. 药品生产质量管理过程是对注册审批要求的贯彻和体现

现行版药品 GMP 在“生产管理”“质量管理”“委托生产与委托检验”等多个章节中都强调了生产要求与注册审批要求的一致，引入“质量源于设计”的概念，一经获得批准，进入生产环节，就必须将“药品质量管理要求的质量目标，将药品注册的有关安全、有效和质量可控的所有要求，系统地贯彻到药品生产、控制及产品放行、储存、发运的全过程中，确保所生产的药品符合预定用途和注册要求”。例如：企业必须按注册批准的处方和工艺进行生产，按注册批准的质量标准和检验方法进行检验，采用注册批准的原辅料和与药品直接接触的包装材料的质量标准，其来源也必须与注册批准一致，只有符合注册批准各项要求的药品才可放行销售。

2. 与药品上市、不良反应监测、召回等其他监管环节相衔接

现行版药品 GMP 注重了与《药品召回管理办法》相衔接，单独设立“药品发

运与召回"一章，规定药品上市许可持有人（以下称持有人）应当制定召回操作规程，召回存在安全隐患的已上市药品，同时细化了召回的管理规定，指定专人负责组织协调召回工作。明确规定持有人应建立药物警戒管理制度，主动收集不良反应及其他与专用药有关的有害反应，并设立专门机构、配备专职人员负责管理。

单元四 药品生产监督检查

▶重点与难点

飞行检查

为规范药品生产活动，确保药品质量合格，药品监督管理部门对药品生产企业执行有关法律、法规及实施 GMP 的情况进行监督检查。

一、药品生产监督检查

1. 药品生产监督检查的主要内容

药品上市许可持有人、药品生产企业执行有关法律、法规及实施药品生产质量管理规范、生产工艺变更管理情况、疫苗储存、运输管理规范执行情况、药品委托生产质量协议及委托协议、有关风险管控计划的实施情况和变更管理的情况等。

2. 监督检查的形式

《药品生产许可证》换发的现场检查、GMP 实施情况的合规检查、日常检查、有因检查、专项检查、疫苗巡查、延伸检查（对中药提取物、中药材以及登记的辅料、直接接触药品的包装材料和容器等供应商或者生产商开展的）。

3. 检查计划

省、自治区、直辖市药品监督管理部门根据风险研判情况，结合药品品种档案中的年度报告相关信息，制定年度检查计划并开展监督检查。年度检查计划包括检查范围、内容、方式、重点、要求、时限、承担检查的机构等。

> **拓展方舟**
>
> 药品上市许可持有人制度，通常指拥有药品技术的药品研发机构、科研人员、药品生产企业等主体，通过提出药品上市许可申请并获得药品上市许可批件，并对药品质量在其整个生命周期内承担主要责任的制度。在该制度下，上市许可持有人和生产许可持有人可以是同一主体，也可以是两个相互独立的主体。根据自身状况，上市许可持有人可以自行生产，也可以委托其他生产企业进行生产。如果委托生产，上市许可持有人依法对药品的安全性、有效性和质量可控性负全责，生产企业则依照委托生产合同的规定就药品质量对上市许可持有人负责。

二、飞行检查

为加强药品监督检查，强化安全风险防控，督促企业开展风险排查，严格按照 GMP 要求组织生产，国家药品监督管理部门制定了药品飞行检查办法。药品飞行检查（简称飞检）是指药品监督管理部门针对药品研制、生产、经营、使用等环节开展的不预先告知的监督检查。飞行检查有利于监管部门掌握药品生产企业药品生产的真实状况，在管控风险、调查问题、震慑违法违规行为方面发挥了重要作用，同时强化了企业的自律意识和守法自觉性。

1. 飞行检查的范围

以下几种情况列入可以开展飞行检查的范围：

① 投诉举报或其他来源的线索表明可能存在质量安全风险的；

② 检验发现存在质量安全风险的；

③ 药品不良反应监测提示可能存在质量安全风险的；

④ 对申报资料真实性有疑问的；

⑤ 涉嫌严重违反质量管理规范要求的；

⑥ 企业有严重不守信记录的；

⑦ 其他需要开展飞行检查的情形。

药品飞行
检查

2. 飞行检查的特点

（1）针对性　根据产品质量问题举报，或市场抽查药品质量发现的问题，或已发现药品质量问题的同类型产品生产企业，易被确定为药品生产飞行检查的单位。

（2）保密性　飞行检查的具体安排只有该项工作的主管领导和具体负责人掌握情况。企业所在地药品监督管理部门只是在临检查最后时限才得到通知。

（3）突然性　被检查企业只是在检查组已出发要来本单位时才得知检查信息，不可能特意做相关的准备工作，检查组现场所看到的情况即为该企业日常生产管理的真实状况。

（4）独立性　飞行检查组做到不吃企业餐、不住企业店、不用企业车，一切行动按药品监督管理部门制定的检查预案执行，不理其他干扰，只为确保检查质量。

（5）策略性　药品监督管理部门制定检查预案，确定现场检查重点，检查组现场检查的具体时间及步骤由检查组根据现场检查需要确定，包括检查相关联的协助企业，确保检查结论真实可靠。

（6）即时性　检查员要在现场检查过程中即时填写飞行检查工作记录，进入每一工作现场均要根据具体情况填写好检查内容、接触人员、情况记录等项内容。

3. 飞行检查的主要方法

（1）随机法　从偏差、变更台账、数据回顾分析开始，以某一偏差点为线索，对一批产品的生产过程展开调查，发现和查出问题。

（2）前向法　从某批原料开始按照工艺路线和物料流向路线，一直追查到制剂成品的销售记录，查询漏洞。

（3）后向法　从某批成品开始，按照成品批号往回追，一直追溯到原料，甚至供应商供货记录和票据，发现和查出不实情况。

4. 正确面对飞行检查

▶ 技能点 ◀

认知飞行检查

药品生产企业要严格执行GMP，切实提高GMP水平，杜绝造假和违规。通过自检或第三方审计，全面进行GMP体系的整改和提升。营造一个"积极整改、真正执行GMP"的氛围，从容面对GMP飞行检查。

① 药品生产企业要熟悉法律法规，做到懂法守法。

② 保持质量管理体系建设动态优化。明确机构与人员的职责，细化分工，按照流程开展工作。质量管理部门独立行使自己的权利，确保药品生产全过程在质量管理体系下运行。

③ 提高人员的自身素质、质量意识、风险意识，不断提升企业 GMP 管理水平。

④ 严格按照经批准的生产注册工艺和 GMP 要求组织生产，如实、实时记录。从原辅料、水、空气、环境、人员操作等源头抓起，保证药品生产品质。

⑤ 成立自检领导小组，每年进行 1～2 次全面自检，形成自检报告，落实整改项目、整改负责人、设定整改期限。适时邀请企业外部人员进行审计，共同学习提高。了解自己企业的不足和短板，及时补齐短板。

⑥ 拟定飞行检查应急预案，成立迎检小组，定人定责，理性应对飞行检查。定期组织模拟飞行检查。

⑦ 关注行业发展动态，及时更新设备、系统。关注飞检信息、飞检重点和飞检缺陷项目统计汇总分析。积极参与药监部门组织的迎检培训，学习其他企业的先进经验。

稳扎稳打

一、单项选择

1. 目前居于世界领先地位的 GMP 是（   ）。
  A. 中国药品 GMP   B. 美国 cGMP
  C. 欧盟 GMP   D. 日本 GMP

2. 我国药品 GMP 无菌药品生产的洁净度级别分为（   ）。
  A. 采用美国 GMP 标准
  B. 百级、万级、10 万级、30 万级四个级别
  C. 未作规定
  D. ABCD 四个级别

3. 现行版药品 GMP（   ）。
  A. 共 14 章 313 条   B. 共 14 章 88 条
  C. 共 88 章 313 条   D. 共 10 章 313 条

4. 现行版药品 GMP 的实施日期是（   ）。
  A. 2011 年 2 月 12 日   B. 2011 年 3 月 1 日
  C. 2013 年 12 月 31 日   D. 2015 年 12 月 31 日

5. 美国 GMP 的特点不包括（   ）。
  A. 强调认证的重要性   B. 强调验证工作的重要性
  C. 强调工作记录的重要性   D. 强调药品生产与质量管理的现场管理

二、多项选择

1. GMP 的类型包括（   ）。
  A. 行业组织的 GMP   B. 国际组织的 GMP

C. 各国政府的 GMP   D. 我国的 GMP

2. 我国现行版药品 GMP 的特点包括（   ）。

　　A. 细化了对操作规程、生产记录等文件管理的要求

　　B. 与药品注册和药品召回等法规衔接

　　C. 提高了对人员的要求

　　D. 增加了对设备设施的要求

3. 药品飞行检查的范围包括（   ）。

　　A. 投诉举报表明可能存在质量安全风险的

　　B. 检验发现存在质量安全风险的

　　C. 企业有严重不守信记录的

　　D. 申报资料真实性存疑的

4. 以下关于飞行检查说法正确的是（   ）。

　　A. 药品生产企业针对企业内部各部门开展的不预先告知的突击检查

　　B. 有利于监管部门掌握药品生产企业药品生产的真实状况

　　C. 具有管控风险、调查问题、震慑违法违规行为的作用

　　D. 强化企业的自律意识和守法自觉性。

5. 药品监督管理部门开展飞行检查可以针对下列哪些环节。（   ）

　　A. 药品研制   B. 药品生产

　　C. 药品经营   D. 药品使用

三、简答题

1. 如何理解在 GMP 三要素中，人是最关键的要素？

2. 如何理解 GMP 的基础性特点？

参观药品生产企业

温故知新1

一、实训目的

1. 掌握开办药品生产企业的条件。

2. 了解药品生产企业的环境、厂房与设施、机构设置、人员配备、物料及产品储存、药品生产质量管理状况等，提出问题，激发进一步学习的兴趣。

3. 培养严谨、认真的工作作风和遵纪守法的职业精神，以及对职业的认同感、使命感和责任感。

二、实训内容

1. 参观药品生产企业厂区、车间、库房、化验室、办公场所等，认知开办药品生产企业的条件。

2. 与企业现场人员交流，了解企业药品生产质量管理情况。

三、实训步骤

1. 联系大、中型药品生产企业（校外实训基地），前往参观。

2. 在企业人员带领下参观企业文史展厅，了解企业发展历史、经营准则、企业精神、道德规范、发展目标及主要产品等。

3. 参观厂区，了解药品生产企业选址对环境的要求。

4. 参观企业仓库，了解药品生产企业物料及产品等储存方法、库房温湿度控制要求及调节措施。

5. 参观企业制剂车间，了解药品生产企业洁净区装修要求及环境参数控制。

6. 参观制水车间，了解工艺用水制备、储存及使用情况。

7. 参观空调净化系统，了解设备工作原理及功能。

8. 参观化验室，了解药品检验仪器配备及检验项目。

9. 阅读企业质量管理文件，了解药品生产企业质量管理要求。

10. 与企业员工互动交流。

四、实训组织

学生分成几组，每组15~25人，在企业人员带领下，参观药品生产企业，与员工进行交流，教师给予指导和总结。

五、实训报告

药品生产企业参观报告。

学习评价

职业核心能力与思政素质测评表

(在□中打√，A 良好，B 一般，C 较差)

职业核心能力与思政素质	评价标准	评价结果
自我学习	1. 有学习计划 2. 会管理时间 3. 关注相关课程知识的关联 4. 有适合自己的学习方式和方法	□A □B □C □A □B □C □A □B □C □A □B □C
与人交流	1. 会选择交流的时机、方式 2. 能把握交流的主题 3. 能准确理解对方的意思，会表达自己的观点	□A □B □C □A □B □C □A □B □C
与人合作	1. 善于寻找和把握合作的契机 2. 明白各自在合作中的作用和优势 3. 会换位思考，能接受不同的意见和观点 4. 能控制自己的情绪	□A □B □C □A □B □C □A □B □C □A □B □C
信息处理	1. 有多种获取信息的途径和方法 2. 会进行信息的梳理、筛选、分析 3. 能使用多媒体手段展示信息	□A □B □C □A □B □C □A □B □C
思政素质	1. 提振民族自信心，厚植爱国情怀 2. 把人民群众的生命安全和身体健康放在第一位 3. 有规则意识，尊法守法	□A □B □C □A □B □C □A □B □C

专业能力测评表

专业能力	评价标准	评价结果
认知 GMP	1. 熟悉 GMP 的含义 2. 熟悉 GMP 的类型 3. 能辨识各种 GMP 的法律效力	□A □B □C □A □B □C □A □B □C
认知我国 GMP 的特点	1. 熟悉我国 GMP 的主要内容 2. 熟悉我国 GMP 的特点 3. 能辨识我国 GMP 的新要求	□A □B □C □A □B □C □A □B □C
认知飞行检查	1. 熟悉飞行检查的含义 2. 熟悉飞行检查的主要方法 3. 能正确面对飞行检查	□A □B □C □A □B □C □A □B □C

项目二

机构与人员

开宗明义2

【知识点】组织机构设置原则、关键人员、各类人员任职资格、培训内容、培训方法、人员健康要求、工作服装要求。

【技能点】绘制组织机构图、辨识各类人员任职资格、选择培训类型、制定培训计划、判断人员健康状况、选择工作服装。

【职业能力目标】

专业能力：设置组织机构、人员招聘、人员培训、人员健康管理、工作服装管理。

职业核心能力：与人交流，与人合作，信息处理，解决问题。

【思政素质目标】尊法守法，传承创新，工匠精神。

学习导航

在GMP管理中，人是最关键的因素，高素质的人员及合理的机构设置才能保证GMP的有效实施，最终保证药品质量。本章内容会带你了解如何科学制定企业组织机构、配置各层次人员、提高员工素质，知道怎样进行人员卫生管理从而减少人员对药品的污染。

引 例

长春长生疫苗事件

2018年7月国家药监局根据线索组织检查组对长春长生生物科技有限责任公司(以下简称"长春长生")生产现场进行飞行检查。检查组发现，长春长生在生产狂犬病疫苗过程中严重违反《药品生产质量管理规范》和国家药品标准的有关规定。存在以下八项违法事实：一是将不同批次的原液进行勾兑配制，再对勾兑合批后的原液重新编造生产批号；二是更改部分批次涉案产品的生产批号或实际生产日期；三是使用过期原液生产部分涉案产品；四是未按规定方法对成品制剂进行效价测定；五是生产药品使用的离心机变更未按规定备案；六是销毁生产原始记录，编造虚假的批生产记录；七是通过提交虚假资料骗取生物制品批签发合格证；八是为掩盖违法事实而销毁硬盘等证据。

处罚结果：吊销其《药品生产许可证》；撤销其狂犬病疫苗的药品批准证明文件；没收违法生产的疫苗、违法所得18.9亿元，处违法生产、销售货值金额三倍罚款72.1亿元，罚没款共计91亿元；此外，对涉案的高××等14名直接负责的主管人员和其他直接责任人员作出依法不得从事药品生产经营活动的行政处罚。涉嫌犯罪的，由司法机关依法追究刑事责任。对长春长生违法违规生产狂犬病疫苗履行监管职责不力、履行属地管理职责不力负有直接责任和领导责任的相关人员作出组织处理。

人员是组成 GMP 的第一要素，是软件、硬件系统的制定者和执行者。良好的硬件设备（施）、实用的软件系统、高素质的人员是组成 GMP 体系的重要因素，三者缺一不可。在这三要素中，人是主导因素，软件靠人来制定、实行，硬件靠人设计、使用。GMP 要求与药品生产质量有关的人员都应具有良好的素质。组织是对人员及其活动的一种设计与安排，以实现某些特定的目标。由被赋予适当权限的适当人员构成的具有精细结构的组织机构是进行质量管理活动的载体，即人员是组织机构建立和运行的基础。因此机构和人员是建立和实施质量管理体系的重要资源，是企业进行生产、质量管理和实施 GMP 的基本保障。

单元一　组织机构设置

组织是指人们为了实现一定的目标，互相协作结合而成的集体或团体，对于企业组织而言，各个机构是它最基本的组成部分。组织机构设置合理与否，直接关系到 GMP 实施的效率。

▶重点与难点
组织机构图

一、GMP 组织机构设置的原则

组织机构设置应把握"因事设人"的原则，并与企业规模相适应。

① 组织机构的设置与企业的规模、人员素质、经营和管理方式相适应。

② 根据产品品种、管理规模、资源、质量目标、职责分配等因素建立质量管理体系，明确各级管理职责并形成文件，加以实施和保持，并持续改进其有效性。

③ 功能和职责要能覆盖企业的所有常规活动，以保证事有人管、活有人干。

④ 层次要清楚，称谓要统一。

⑤ 一定要设置生产管理部和质量管理部（两部门要分设），质量管理部门可以分设质量保证和质量控制两个部门。

专家提示

　　不同的企业，部门设置数量不同，有些部门根据企业实际情况而定。各部门的管理幅度和管理层级也不一样，名称也不尽相同，常规的有生产部、质量部、财务部、设备部、销售部、综合部。综合部可称为办公室，也可称为常务部；设备部大的可称为工程部，小的可称为动力车间、设备科；供应部可称为采购部等。但生产部、质量部一般采用通用名，这样有利于监督检查时相互沟通的方便。根据企业的需要还可设：研发部、审计部、企划部、市场部等。

二、组织机构图的制定

　　建立管理机构并具有明晰的组织机构图，是组织持续稳定地进行生产管理的基本保障。药品生产企业管理者负责建立适合的组织机构，赋予质量管理体系发挥职能的领导权，并明确相应的人员职责和授权，为生产出合格产品所需的生产质量管理提供保障。组织机构包括职能部门的职责以及各级职能部门之间的关系，要求形成书面文件，一般以组织机构图示意。组织机构图要分级制定，有公司级和部门级。

◆ 技能点 ◆

绘制组织机构图

 范例 2-1　某股份制制药公司组织机构图（见图 2-1）

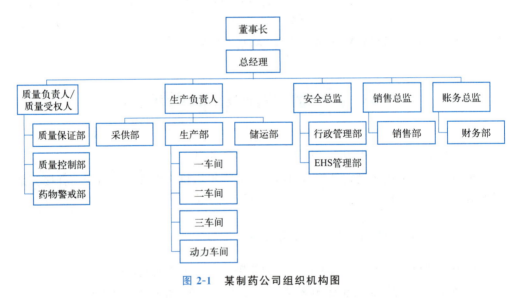

图 2-1　某制药公司组织机构图

◆ 议一议 ◆

EHS 是环境、健康、安全的英文缩写，查阅相关资料，讨论企业应如何做好 EHS 管理工作。

 范例 2-2　某制药公司生产部门岗位设置图（见图 2-2）

三、人员配置原则

　　① 岗位设置合理，职责明确，人员配置足够用，可以一岗多人，也可一人多岗。

② 生产部门负责人与质量部门负责人不得互相兼任。质量部门负责人与质量受权人可以兼任。

③ 岗位要有岗位职责说明书。

④ 职责通常不得委托给他人。确需委托的，其职责可委托给具有相当资质的指定人员。

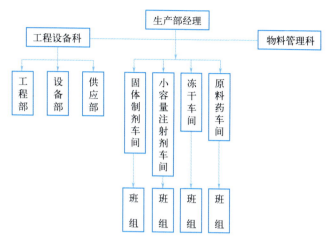

图 2-2　某制药公司生产部门岗位设置图

四、主要部门职责

企业各级部门和人员的职责须按照制定的组织机构和企业的实际情况进行确定。各部门职责一般先由人事部门和企业负责人按 GMP 要求确定部门职责初稿，再由确定的部门负责人修改补充。

1. 生产部门

根据市场对产品的需求，制定并实施生产计划，下达生产指令和包装指令，并对生产处方、物料、设备及生产场所的清洁、生产环境条件是否符合要求、人员流动及卫生行为、生产秩序、各种文件执行情况等进行监督管理。负责工艺技术文件的制定及管理，协助车间解决生产过程中所遇到的技术问题，检查车间对工艺纪律的执行情况，做好技术经济指标的统计和管理工作。

2. 质量部门

负责质量保证体系的建立和维护；参与所有与质量有关的活动；审核或批准所有与药品生产质量管理规范有关的文件，如验证管理、变更控制、偏差调查、投诉处理、产品质量年度回顾、自检、供应商管理，检查和监督车间 GMP 实施情况，审核产品工艺规程，批准岗位操作规程，审核产品批记录，制定、修订质量标准；负责对投诉、召回、偏差、自检或外部检查结果、工艺性能和质量监测趋势等进行调查并采取纠正和预防措施，以增进产品和工艺的改进；原辅料、中间产品及成品的检验；产品放行等工作。

3. 综合部

主要负责人员培训、人员档案管理（包括培训档案、健康档案）。

4. 采供部

按照质量管理部门制定的原料、辅料、包装材料的质量标准，从批准的供应商处进行采购，负责物料和成品进库、保管、出库的管理，并协助质量管理部门对主要物料供应商质量体系进行评估。

5. 设备部

主要负责提供符合要求并与生产相适应的生产设备及生产工艺所需要的一切条件（如湿度、温度、空气洁净度）、水、电、气等。负责制定各种设备的维修、使用制度及标准操作程序，培训使用设备的人员，负责计量器具的管理。

6. 销售部

根据市场的形势，制定产品经营策略，利用各种形式，向用户宣传和推销产品，并做好销售记录，负责把产品质量问题及时反映给质量管理部门和生产管理部门解决，做好产品退货和回收工作。

 时代楷模

用奋斗铸就精彩

郭平1998年进入一家制药企业从事现场质量管理工作。对于化学专业毕业的他来说，中药是陌生的。但是他没有退却，决心从头开始学习中药材知识，车间、库房、实验室总能看到他的身影。功夫不负有心人，他逐渐从职场新人成长为企业的专家骨干，走上了企业重要的管理岗位。2011年，他作为科研技术人才被引进到一家高科技制药企业从事生产管理和技术研发等工作。他通过一系列实验验证，采用低温连续动态干燥法取代了原来落后的生产工艺，使企业制药生产效率提高了三倍，成本降低了20%。他带领团队开展科技创新，获得国家专利36项，为公司节约800多万元成本。他本人也于2020年荣获全国劳动模范。

【启示】郭平二十几年如一日扎根在中医药战线上，他爱岗敬业、务实钻研、开拓创新，弘扬工匠精神、劳动精神，将激励人们争做新时代的奋斗者，在新时代新征程中立新功、创佳绩。

单元二 GMP对人员的要求

重点与难点

关键人员资质与职责

药品是特殊的商品，其质量取决于过程质量，过程质量取决于工作质量，而工作质量取决于人的素质，其一切活动都决定着产品的质量。出于对药品质量负责的需要，GMP对企业的管理人员和操作人员都提出了资质的要求：企业应配备足够数量并具有适当资质（包括学历、实践经验和所接受的培训）的管理和操作人员。我国药品GMP对关键人员的资质有明确的规定；对其他人员的资质没有严格限定要求，只提出企业除应根据其工作内容和职责自行规定相应的个人学历和工作经验外，必须要接受必要的培训。

一、关键人员

关键人员是指在药品生产与质量管理工作中，对企业的生产质量管理起关键作用、负主要责任的人员，至少包括企业负责人、生产管理负责人、质量管理负责人、质量受权人，并且应当是全职人员。这部分人员对药品质量及药品生产、质量管理起着举足轻重的作用，必须对这些人员进行更加严格的管理。企业应制定操作规程确保质量受权人独立履行职责，不受企业负责人和其他人员的干扰。

（一）企业负责人

企业负责人是指《药品生产许可证》上载明的企业负责人。企业负责人作为企业的最高管理者，是药品质量的主要负责人，全面负责企业日常管理。为确保企业实现质量目标并按照 GMP 要求生产药品，企业负责人应当负责提供必要的资源，合理计划、组织和协调，保证质量管理部门独立履行其职责。

企业负责人有资源配置的管理权和决定权，药品的质量责任由企业负责人承担，且质量管理体系的运行由企业最高管理者来指挥，这是解决质量问题的关键。

血液制品生产企业负责人应具有血液制品相关法规及相关专业知识。

（二）生产管理负责人与质量管理负责人

从事药品生产与质量管理的负责人应具有必要的技能、经验与知识。生物制品生产企业质量和生产负责人应具有相应的专业知识（细菌学、病毒学、生物学、分子生物学、生物化学、免疫学、医学、药学等），并具有丰富的实践经验以及确保其在生产、质量管理中履行其职责；中药制剂生产企业主管药品生产与质量管理的负责人应具有中药专业知识。非药学专业的相关专业者须经中药专业知识的培训和学习，如药用植物学、中药鉴定学、中药制剂学、中药炮制学、中草药植物化学等；血液制品生产企业，生产管理负责人还应具有相应的专业知识（细菌学、病毒学、生物学、分子生物学、生物化学、免疫学、医学、药剂学、药理学等），并具有丰富的实践经验。

1. 生产管理负责人

药品的质量是通过生产而实现的。药品生产企业必须遵循专业人员管理专业事务的原则，保证从事药品生产管理的人员具有必要的知识与教育背景，以确保其有足够的能力履行职责。

（1）资质 生产管理负责人应至少具有药学或相关专业本科学历（或中级专业技术职务或执业药师资格），具有至少三年从事药品生产和质量管理的实践经验，其中至少有一年的生产管理经验，接受过与所生产产品相关的专业知识培训。

（2）主要职责

① 确保药品按照批准的工艺规程生产、储存，以保证药品质量。

② 确保严格执行与生产操作相关的各种操作规程。

③ 确保批生产记录和批包装记录经过指定人员审核。

④ 确保厂房和设备的维护保养，以保持其良好的运行状态。

⑤ 确保完成各种必要的验证工作。

⑥ 确保生产相关人员经过必要的上岗前培训和继续培训，并根据实际需要调

案例
生产假药案

整培训内容。

2. 质量管理负责人

质量管理负责人全面负责药品生产的质量管理并对质量保证体系进行监控，确保其有效运作。从最开始的供应商审核，到质量投诉；从质量标准的批准到变更申报；从厂房环境的监管到企业的全面验证，质量管理负责人都负有责任。在药品生产中，质量管理要比生产管理难，所以对质量管理负责人的任职资格要求更高，职责更多。

（1）资质　质量管理负责人应当至少具有药学或相关专业本科学历（或中级专业技术职称或执业药师资格），具有至少五年从事药品生产和质量管理的实践经验，其中至少一年的药品质量管理经验，接受过与所生产产品相关的专业知识培训。

（2）主要职责

① 确保原辅料、包装材料、中间产品、待包装产品和成品符合经注册批准的要求和质量标准。

② 确保在产品放行前完成对批记录的审核。

③ 确保完成所有必要的检验。

④ 批准质量标准、取样方法、检验方法和其他质量管理的操作规程。

⑤ 审核和批准所有与质量有关的变更。

⑥ 确保所有重大偏差和检验结果超标已经过调查并得到及时处理。

⑦ 批准并监督委托检验。

⑧ 监督厂房和设备的维护，以保持其良好的运行状态。

⑨ 确保完成各种必要的确认或验证工作，审核和批准确认或验证方案和报告。

⑩ 确保完成自检。

⑪ 评估和批准物料供应商。

⑫ 确保所有与产品质量有关的投诉已经过调查，并得到及时、正确的处理。

⑬ 确保完成产品的持续稳定性考察计划，提供稳定性考察的数据。

⑭ 确保完成产品质量回顾分析。

⑮ 确保质量控制和质量保证人员都已经过必要的上岗前培训和继续培训，并根据实际需要调整培训内容。

3. 生产管理负责人和质量管理负责人共同承担的质量责任

药品生产质量管理是全面的质量管理，对于药品生产的关键生产质量文件、生产环境、验证实施、人员培训、物料管理、记录管理、生产过程控制等关键生产环节由生产和质量部门负责人共同承担控制。生产管理负责人和质量管理负责人通常有下列共同的职责：

① 审核和批准产品的工艺规程、操作规程等文件；

② 监督厂区卫生状况；

③ 确保关键设备经过确认；

④ 确保完成生产工艺验证；

⑤ 确保企业所有相关人员都已经过必要的上岗前培训和继续培训，并根据实际需要调整培训内容；

⑥ 批准并监督委托生产；

⑦ 确定和监控物料和产品的储存条件；

⑧ 保存记录；

⑨ 监督 GMP 执行状况；

⑩ 监控影响产品质量的因素。

（三）质量受权人

质量受权人是指具有相应的专业技术资格和工作经验，经企业的法定代表人授权，独立履行产品上市放行的责任，确保每批已放行的产品生产、检验均符合相关法规、药品注册要求和质量标准。保证药品生产全过程持续符合法定要求。

▶ 技能点 ◀

辨识各类人员任职资格

1. 资质

质量受权人应至少具有药学或相关专业本科学历（或中级专业技术职称或执业药师资格），具有至少五年从事药品生产和质量管理的实践经验，从事过药品生产过程控制和质量检验工作。质量受权人应当具有必要的专业理论知识，并经过与产品放行有关的培训，方能独立行使职责。

2. 主要职责

① 参与企业质量管理体系建立、内部自检、外部质量审计、验证以及药品不良反应报告、产品召回等质量管理活动。

② 承担产品放行的职责，确保每批已放行产品的生产、检验均符合相关法规、药品注册要求和质量标准。

③ 在产品放行前，质量受权人必须按照上述第②项的要求出具产品放行审核记录，并纳入批记录。

简而言之质量受权人的职责有三项：放行审核、记录审核、参与质量管理活动。

质量受权人由企业法定代表人确定，并与授权人签订授权书。质量受权人必须经过药品监督管理部门考核认可和备案后方能上岗履行其相应职责，并应主动参加所在地药品监督管理部门组织的各项培训。药品质量受权人的培训由所在地省级药品监督管理局组织，国家药品监督管理局统一编制培训教材并为各省级药品监督管理局培训师资。药品质量受权人暂行报告制度。血液制品类、疫苗类、注射剂类和重点监管特殊药品类药品生产企业应将确定的药品质量受权人的相关情况，向企业所在地省级药品监督管理部门报告。企业因故变更药品质量受权人，应及时将变更情况及相关问题向报告部门予以说明。各省级药品监督管理局应将企业提交的药品质量受权人情况报告纳入企业监管档案，作为日常监管的依据。

◎ 小试牛刀1

质量受权人与质量管理负责人的区别是（　　　）。

A.职责不同　GMP中强调的是质量管理部门的职责和责任，没有质量管理负责人的具体职责。质量受权人的职责既包括质量管理负责人的职责，也包括了质量管理部门的部分质量管理职责，特别要求行使产品放行这一核心职能，这一职能几乎贯穿整个GMP系统。

B.任职条件不同　质量受权人的资质要求更高。

C.确定方式不同　质量负责人由企业任命即可，而质量受权人需经法定代表人的书面授权，并经监管部门培训考核合格备案，授权更加正式和严格。

二、一般人员

企业为完成日常的生产、质量管理工作，除关键人员外，还需配备足够数量的一般人员，GMP对其资质无严格限定，企业可根据具体情况确定他们的学历和实践经验，但必须接受必要的培训，包括上岗前培训和继续培训（培训要求详见本项目单元三）。

1. 中层管理人员

中层管理人员如设备部门负责人、营销部门负责人、车间主任、化验室主任等，一般企业要求具有相关专业本科学历和一定的职称，并具有相应的实践经验，如某药品生产企业要求车间主任，必须具有药学或相关专业本科学历，并从事药品生产管理工作三年以上；其他中层管理人员一般需有大专以上学历，但并不绝对，可根据实际情况进行调整。

2. 其他人员

① 直接从事生产的人员（指直接接触药品的操作人员、制水及仓库管理人员）应具有高中以上文化程度并经本岗位技术培训合格，能熟练地进行生产操作。

② 中药材中药饮片验收人员应经相关知识培训，具有至少3年相关经验和中药鉴别技能。

③ 从事药品生产辅助性工作的人员应具有初中以上文化程度并经本岗位培训。

④ 专职从事质量检验的人员应具有中专以上（或高中）文化程度并经相应的专业技术培训。

⑤ 特殊工种要有相应的上岗证，如电工、锅炉工、电梯工、叉车工等。

单元三　人员培训

▶重点与难点◀

培训内容、培训方法

人员培训是提高企业员工素质和质量保障的手段，通过培训可以明确岗位职责，让员工清楚自己的岗位具体干什么；掌握必要的岗位技能，可以让员工清楚本岗位工作怎么干，如何能安全、符合要求、保证质量地干；通过培训可以提高员工素质，能准确无误地、更好地干好本职工作。目前知识更新十分迅速，员工所需要掌握的知识和技能也处于快速变化中，规章制度因法规变化而更新，设备更新带来操作的变化，观念、操作和要求方面会随着新技术和新系统的应用而发生变化。为保证员工的知识和技能能够符合环境的变化，制药企业不仅要对员工进行培训，而且要进行继续培训。

一、GMP 对培训的要求

GMP 对培训的要求：

① 企业应当指定部门或专人负责培训管理工作，应当有经生产管理负责人或质量管理负责人审核或批准的培训方案和计划，培训记录应当予以保存；

② 所有与生产质量有关的人员都要经过培训；

③ 高风险操作区（如：高活性、高毒性、传染性、高致敏性物料的生产区）的工作人员应当接受专门的培训。

企业应建立相关的培训管理操作程序，以确保：

① 确认从事影响产品质量工作的人员达到所必要的能力（知识、技能、经验）；

② 让所有人员明确并理解自己的职责，熟悉与其职责相关的 GMP 要求；

③ 提供培训或采取其他措施以满足这些能力要求和岗位要求；

④ 评价所采取措施的有效性；

⑤ 确保员工认识到所从事活动的相关性和重要性，以及如何为实现质量目标做出贡献；

⑥ 继续培训以保持教育、培训、技能和经验，并有记录。

▶ 注　意 ◀

高风险操作区人员应进行职业危害、个人职业安全防护、应急处理等方面的知识、工作技能的专门培训。

二、培训原则

培训要做到业务教育与德育教育并举，理论学习与实践运用并重。培训数量不是目的，培训质量是根本，最终的培训结果十分重要。

1. 系统性原则

GMP 的员工培训是一个全员性的、全方位的、贯穿员工职业生涯始终的系统工程。企业要有计划、有步骤地对所有的员工进行培训。在制定培训计划时要分清主次先后、轻重缓急，根据培训对象不同选择不同的内容和方式，最终可提高个人素质，并能优化群体功能。

2. 制度化原则

建立和完善培训管理制度，把培训工作例行化、制度化，保证培训工作的贯彻落实。

3. 实用性原则

GMP 培训要遵循实用性原则，企业需要什么，员工缺什么，就要针对性地培训什么。如岗位操作工首先从基本操作训练开始，在演练过程中学会发现问题、解决问题。

4. 分级原则

药品生产企业进行 GMP 的有效运作，需要不同层次的人员组成团队。在 GMP 培训时应针对不同层次的人员进行分级培训。

5. 战略原则

企业必须以战略眼光从长远发展考虑 GMP 的实施。在员工培训方面投入足够的人力、物力和财力。如某企业派送有关人员到大学或者国外接受 GMP 培训和职

▶ 点　滴 ◀

人生的高度，是自信撑起来的。

业培训。尽管这种做法需要较大的投入，但只要运用得当，它回报的不仅是巨大的经济收益，而且能为企业的长远发展注入新活力。

三、培训职责

制药企业要有专门的人员或部门承担培训的管理职责和履行培训的实施职能；生产管理负责人或质量管理负责人承担培训计划审批以及调整本部门培训内容和保证本部门员工参与必要的培训的职责。培训是全员参与的工作，培训的要求、内容和执行会涉及各个不同的岗位和部门，各部门的积极参与和大力支持才能保证培训顺利实施。因此，除了GMP中所规定的培训负责人或部门，以及生产管理负责人或质量管理负责人的培训职责外，其他人员或部门在培训活动中的责任也需要明确。所有与产品生产和质量相关的人员有责任参与企业组织的培训并按照培训计划完成培训。部门负责人有责任确认本部门员工的培训需求并保证本部门员工参与相应的培训。

四、培训范围

人员培训管理

药品生产企业各级管理人员，生产、检验、设备维修人员以及与生产活动、药品质量有关的其他人员均应接受培训教育。其中，中高层管理人员、关键技术人员、质量管理人员以及业务骨干等应作为重点培训对象。确定培训对象还需要根据人员对培训内容进行分组或分类，把同样水平的人员放在一组进行培训，这样可以避免培训浪费。

五、培训内容及类型

(一) 培训内容

1. 基础培训内容

基础培训内容是一般性的GMP要求，《药品管理法》《药品注册管理办法》等

法律法规和企业自身的基本信息，是制药企业员工应知应会的基础知识，适用于企业的全体员工，如企业负责人、财务、营销人员、综合管理人员都包括在内。基础培训内容可以由熟悉GMP、法律法规和企业情况的培训师进行培训。

2. 针对性培训内容

针对性培训内容是具体的专业操作、专业知识和特殊工种的资质培训，如岗位职责、操作方法、操作规程、工艺卫生、安全防护等。适用于各专业岗位及与此岗位相关的岗位人员，如机修人员、卫生清洁人员、工作服清洗人员、空调机管理人员、空压机管理人员等。针对性培训内容一般需要由相关方面的专家（包括来自企业内部和外部的专家）或有资质的培训机构进行培训。

（二）培训类型

1. 入职培训

凡入职的员工必须进行入职教育，主要内容有公司概况、企业文化、员工手册、岗位职责；进入与药品质量有关的岗位的人员，还要进行 GMP 方面相关知识的培训，如卫生知识、环境控制、着装、清洁程序等方面的培训。培训后，经考试合格才能上岗工作。

▶ 技能点 ◀

选择培训类型

2. 常规培训

企业全体员工每年至少进行一次常规培训，内容主要是药品生产管理的法律法规、GMP 知识、岗位 SOP、安全生产、微生物、卫生规范等方面的知识。

3. 特殊培训

针对有特殊要求的岗位进行相关的 GMP 法律法规、安全知识、操作要求等培训，如对化验员要进行实验室安全培训；有毒有害岗位开展安全防护知识，高温高压操作岗位开展正确、安全操作知识培训等；精密仪器使用的环境、操作知识的培训等。

4. 临时培训

工艺验证后，如发生工艺、操作程序的变更，一定要进行相关的培训。由验证的技术人员制定培训内容及方法，以帮助生产人员掌握检测、控制和操作经过验证的工艺。

对临时替代人员、换岗人员进行替代或所换岗位的 SOP 及职责的培训，如企业设备更新、新产品投产、工艺改变、药品相关的法律法规有新的要求或管理制度修订时，质量偏差纠正、质量缺陷得到发现时，应组织相关人员进行临时培训。

六、培训方法

制药企业可以根据培训的内容，采取适合的培训方法来实施培训，要考虑到成年人在学习时需要自主参与及实用导向的特点，让学员多做多说，使他们身心参与，得到最佳学习效果，一般培训方法有以下几种。

（1）课堂学习　培训者讲解，被培训者学习的培训形式。以单向沟通为主，学员处于被动学习状态。适用于基础培训。

（2）岗位实际操作学习　培训者讲解、演示，被培训者模仿、完成操作，同时可接受培训者的指导和纠正的培训形式。这种方法实用性强，效果较好，但只适用于需要深度学习的专业操作和技能。

（3）团队学习　以小组讨论的形式来完成培训。适用于对新法规、新动态的团队谈论形式的学习和交流。

（4）自学　员工自行完成相应的培训内容。适用于简单的培训内容和有自学能力的员工。

（5）专业机构的专项培训　对于有法规规定的特种作业，如电工及焊接、压力容器的操作工等，必须经有资质的培训机构的培训并获得相应的资质证书。

七、培训效果评估和总结

为保证员工的培训达到相应的效果，制药企业需要对员工的培训进行评估。培训的评估可以针对每次的具体培训，也可以针对全员的 GMP 素质。

评估可以采取以下方式：

① 通过每次培训时的提问或测验来评估员工对培训内容的掌握情况；

② 通过组织全员性的 GMP 考试来评估企业员工的 GMP 素质。

评估结果的分级，可以采用百分制或十分制，也可以是通过或不合格等等。无论采取何种评估方式，都需要明确员工是否达到了相应的培训效果，当效果确认不符合要求时，应重新进行培训、考核。

每年要对员工的培训情况进行总结。总结应包括培训完成情况和培训结果的评估情况。以确定员工是否按照培训计划完成了相应的培训，并且是否所有的培训均达到了相应的效果。培训流程见图 2-3。

图 2-3　培训流程图

八、培训要求

1. 培训要有计划

除临时培训外，各种培训都要有计划，年度计划或补充计划。一般是利用设备年度大修的时间进行培训。培训计划一般包含三个重要的因素：培训对象，培训内容，培训周期。企业需要设置涵盖所有培训内容的培训周期。循环的周期培训可以保证员工得到持续的培训。培训周期根据企业的实际需要设置，但是需要有企业的文件规定。

▶ 技能点 ◀
制定培训计划

> **▶ 专家提示**
>
> 在培训计划之外还可能有一些随机产生的培训需求，如因偏差、变更、法规的变化等产生的培训需求。这些培训也需要及时组织和做培训记录，并需考虑是否需要加入来年的培训计划中。

2. 培训要有文件

培训的整个流程都需要有文件记录。培训的记录一般包括：培训计划、培训方案、培训教材、培训记录（记录员工参与培训情况，包括培训日期、培训时间、培训内容、课时、培训人、被培训人、培训结果以及负责培训的部门等）、测试卷、培训总结等。培训记录要进行归档。

3. 培训要有结果

对每次的培训结果要有考评，对学习的内容、效果，讲授的方式进行评估。并对下次培训提出建议。对于培训结果的评估应根据不同的培训内容，采取课中考核、课后评估、工作阶段性评估等多种评价方式，以确认培训效果。

 范例 2-3　某制药公司人员培训程序

文件名称	人员培训程序			
起草：	年　月　日	文件编号、版本号		
审核：	年　月　日	审核：		年　月　日
批准：	年　月　日	生效日期		年　月　日
颁发部门：		分发部门：		
共　页　第　页	变更历史：			

1. 目的

建立人员培训管理程序，确保培训规范进行，提高全体员工素质。

2. 范围

适用于全体员工的培训管理。

3. 责任

综合部对实施本程序负责。

4. 程序

4.1　培训对象

公司培训为全员培训，即公司总经理、生产部、设备部、生产车间、质量部、综合部、财务部、市场部等部门经理、各职能部门技术和管理人员及各岗位员工，均需要按《药品生产质量管理规范》的要求接受培训教育。

4.2　培训要求

4.2.1　使全体员工掌握本公司的 GMP 管理文件。

4.2.2　使各级负责人具有全面的管理知识，懂得实施 GMP 的意义，了解 GMP 的内容，掌握实施 GMP 的有关知识、方法和评价的基本原则。

4.2.3　对生产、质量管理人员进行专业知识和管理知识的培训，使其在各自岗位上认真履行 GMP 所规定的本岗位职责。

4.2.4　对从事与药品生产和质量有关的各类人员进行符合本岗位要求的专业技能、操作方法以及与本岗位有关的 GMP 知识的培训，明确本岗位的质量责任。

4.2.5　对全体员工进行清洁卫生教育，使其养成良好的卫生习惯。

4.2.6　对从事洁净区净化设施管理人员、设备维修保养人员进行 GMP 知识、技能和方法的培训，使其明确本岗位的质量责任。

4.2.7　对检验及操作人员进行全面的 GMP 学习及药品检验专业知识和本岗位的操作规程、工艺流程、岗位职责的学习，使其了解本岗位的质量责任。

4.3　培训内容

4.3.1　基本内容　培训的基本内容包括基础培训内容和针对性培训内容，具体见表 2-1。

表 2-1　培训内容

分类	培训内容	具体信息	培训对象	培训师
基础培训内容	企业介绍	企业历史、企业架构、企业产品、各部门职责及负责人、其他企业相关信息和数据等	企业所有员工	企业内部培训师
	法律法规	药品管理法及其实施条例、GMP 等	企业所有员工	企业内部培训师
	质量管理	企业质量系统、质量目标、质量方针、工作职责	企业所有员工	企业内部培训师
	文件	文件系统的架构、管理、记录的填写等	企业所有员工	企业内部培训师
	卫生	一般卫生要求	企业所有员工	企业内部培训师
	变更管理	变更的定义、分类、申请、批准等	企业所有员工	企业内部培训师
	偏差管理	偏差的定义、分类、处理程序等	企业所有员工	企业内部培训师
	安全	安全责任制、安全生产和消防安全等	企业所有员工	企业内部培训师或相关方面专家
	设备操作规程	—	操作员工	相关方面专家
针对性培训内容	生产工艺	—	生产操作和过程监管相关员工	相关方面专家
	投诉和召回	投诉和召回的定义、分类及管理流程	生产、质量、库房等相关员工	相关方面专家
	分析方法、分析仪器操作	—	实验室员工	相关方面专家
	自检管理	自检的准备、实施和后续整改的管理流程	相关员工	相关方面专家
	特种作业	叉车、压力容器、电工和焊工等	相关员工	有资格的培训机构
	微生物知识	—	进出洁净区的员工(基础培训),微生物实验室员工(专业培训)	相关方面的专家

4.3.2　增加内容　每年根据不同的情况可在基本内容的基础上进行适当的调整,如新出台的法律法规、公司新的规章制度、验证后新的操作规程等。

4.4　培训方式

4.4.1　厂外培训　公司派有关人员参加厂外的各类学习班、培训班和研讨班等多种形式。

使他们成为公司的培训业务骨干力量，学习前需填写《外出培训申请表》，学习完成后需填写《外派人员培训登记表》。

4.4.2　厂内培训　采用全脱产、半脱产及现场培训方式。采用三级培训法，即集中培训、分部门培训和分班组培训。

4.5　培训管理

4.5.1　责任部门

4.5.1.1　本公司培训教育工作由质量部和综合部共同负责。

4.5.1.2　每年的年度计划由质量部负责安排培训内容，指定培训教师，组织编制培训教材、培训考核试题和组织试题的评判。

4.5.1.3　综合部负责制定GMP培训年度计划（表），并组织实施和考核工作；受训人员填写个人GMP培训记录和培训效果评价调查表。综合部负责将《外出培训申请表》、《外派人员培训登记表》、个人GMP培训记录、《培训效果评价调查表》及考核试卷汇总成员工培训档案。

4.5.2　培训纪律

4.5.2.1　不准无故迟到、缺席及中途退席。

4.5.2.2　服从安排，指定区域就座。

4.5.2.3　关掉手机或调为静音，保持课堂安静，维持正常课堂秩序。

4.5.2.4　认真做好学习笔记，积极思考，主动学习。

4.5.2.5　尊重培训教师，不得做与培训无关的事情。

4.5.2.6　综合部负责培训纪律的监督，填写人员培训统计表。

▶ **文化与素养**

猴子与香蕉

西点实验室有一个很经典的故事：有6只猴子关在一个实验室里，头顶上挂着一些香蕉，但香蕉都连着一个水龙头，猴子看到香蕉，很开心去拉香蕉，结果被水淋得一塌糊涂，然后6只猴子知道香蕉不能碰了。然后换一只新猴子进去，就有5只老猴子1只新猴子，新来的猴子看到香蕉自然很想吃，但5只老猴子知道碰香蕉会被水淋，都制止它，过了一段时间，新来的猴子也不去碰香蕉。然后再换一只新猴子，就这样，最开始的6只猴子被全部换出来，新进去的6只猴子也不会去碰香蕉。

【启示】这个故事反映的是培训的重要性和无条件的执行制度。培训的重要性：把好的经验和大家共享，培训好了，可以少犯错误、少走弯路，大家都会向同一个方向、也是正确的方向使力，这样的团队或公司会战无不胜的。制度就是要无条件执行的，因为制度是经验的总结，不遵守制度是要犯错误或受惩罚的。

单元四　人员健康与卫生管理

污染是影响药品质量安全的最重要因素，人是药品生产中最大的污染源和最主要的传播媒介，在药品生产过程中，生产人员总是直接或间接地与药物接触，对药品质量发生影响。一方面是人员的身体状况产生的，另一方面是由个人卫生习惯造成的，因此必须加强人员的卫生管理和监督，为保证药品质量提供必要条件。

人员卫生这一概念涵盖的内容包括：人员从事生产操作时所穿的服装、个人卫生、行为准则、手部的清洗和消毒、人员健康要求以及相关培训。其中人员的着装要求与所生产药品的种类，以及员工工作环境的要求相一致。

一、人员健康管理

1. 入职体检

▶ 技能点 ◀
判断人员健康
状况

人员的健康状况对药品质量、安全存在隐患。因此药品生产企业在招收员工时，要对他们进行健康检查，要确保新员工不患有急慢性传染病，还要根据员工安排的具体岗位性质再确定其他具体检查项目。

2. 健康要求

任何患有传染病或传染病的健康带菌者，均不得从事药品生产；任何有外部伤口的人员不得从事处理暴露的原料、中间体和散装成品的工作。如发现职工患皮肤病、传染病或有外伤，应马上调离与药品直接接触的生产岗位。因病暂时离开岗位的人员，康复以后必须持盖有医院印章的医生开具的合格证明，方可考虑重新上岗。如人员身体不适，应主动报告，经核实不符合要求后，调离岗位。

有些工种对从业人员有特殊的健康要求，具体的要求见表 2-2。

表 2-2　健康要求表

健康状况	不适合的工种
传染病（包括隐性传染病）、精神病、皮肤病、体表有伤口者	直接接触药品的生产人员
传染病（包括隐性传染病）、精神病、皮肤病、体表有伤口者及对制品质量有潜在不利影响者	进入生物制品生产区操作或质量检验人员、实验动物工作人员
裸视力 0.9 以下	灯检工、化验员、质管员
色弱	化验员、仓管员、验收员、发料员、质管员、领料员、包衣工、压片工、灯检工
过敏	会产生过敏的工种

3. 日常管理

① 药品生产企业要制定员工体检规程，明确职工体检的时间、项目，对药品的质量和安全有直接影响的人员要有专门的要求，直接接触药品的生产人员应每年至少接受一次体检，体检不合格者，应调离工作岗位。

▶ 练一练 ◀
设计一份员工
健康档案表

② 对员工建立个人健康档案，以便于检查、了解、追踪个人健康的状况。人员的健康档案要对职工患病情况进行详细记录，以便及时检查、了解职工的健康变化情况。健康档案应包括人员健康档案表、人员体检表等。

二、人员卫生管理

1. 手的卫生控制

手是工作时所使用的最重要的工具之一。从事药品生产过程中必须勤洗手、勤剪指甲，保持手的清洁。生产人员在进入不同级别的洁净室前，应使用流动水和液体皂洗手，皂应放在洗手池上方专用的装置里。手在洗涤后要消毒，应规定消毒剂的有效期。手消毒后，不再接触与生产无关的物品，并避免裸手直接接触药品。

2. 身体其他部位的卫生控制

人的体表经常排出很多物质，如汗液、鼻屎、耳内分泌物、眼泪等，会间接污染药品。因此药品生产人员必须定期洗澡、勤理发、不留胡须。药品生产过程中还必须对身体尤其是口、鼻、头发进行覆盖，在敞口产品附近不可讲话，不打喷嚏、不咳嗽，防止对药品产生污染。

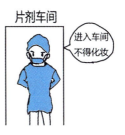

3. 个人在工作场所的卫生管理

任何人员进入生产区必须按规定更衣和着装，当生产人员离开工作场所（包括吃饭、上厕所）时，也必须更衣。进入洁净生产区的人员不得化妆、佩戴饰物和手表，工作时不携带个人物品进入生产区，不在生产区内吃东西，休息室要干净、整齐，对生产不造成污染。参观人员和未经过培训的人员以及特殊情况确实需要进入生产区的人员，应当事先对个人卫生、更衣等事项进行指导。人员的现场数量要按经验证的人数限度进行控制。

三、工作服装管理

药品生产时所用的工作服装包括帽子、手套、口罩、鞋和衣裤。工作服装的选材、式样及穿戴方式因药品生产企业、生产区域的不同而异，工作服装的功能：一是保护人员不受生产环境不良因素的危害；二是保护药品不受人员的污染；三是表明所从事的活动（例如，不同样式区别不同工种）。

1. 选材

工作服的材质要发尘量少，不脱落纤维和颗粒性物质，不起球、不断丝、不黏附粒子，质地光滑，洗涤后平整、柔软、穿着舒适；洁净室的工作服材质还需要具有良好的过滤性，保证人体和内衣的尘粒不透过，同时耐腐蚀，对洗涤和消毒处理及蒸汽加热灭菌有耐久性。不易产生静电、粒子，并且能滞留身上散发的粒子。一般生产区工作服可选用棉材料，洁净区工作服必须使用优质100％涤纶长丝＋导电纤维且通过相应密度的织造。

2. 式样和颜色

工作服的式样及颜色企业可自定，应线条简洁、色彩淡雅；各区域的工作服装式样、颜色分明，易于区分不同的生产和洁净级别区域，并有编号；不同空气洁净

▶ 议一议 ◀

生产场所为什么不能共用固体肥皂洗手？

▶ 技能点 ◀

选择工作服装

七步洗手法

药厂洁净区工作服

度级别的工作服不能混用。洁净服不设口袋，接缝处无外露纤维，领口、袖口、裤口等要加松紧口，不应有纽扣；生产人员与非生产人员，维修人员、质量人员与操作人员，参观人员的服装式样和颜色应有所区别。

3. 穿戴

根据各生产区域的规定穿戴工作服装，并遵守净化程序。穿戴工作服装后要对着镜子检查穿戴工作服装的情况，要求帽子要包盖全部头发、口罩要罩住口鼻、衣服要拉好、鞋子要提好等。离开生产场地时，必须脱掉所有工作服装。

4. 清洗

药品生产企业的工作服清洗或消毒应根据不同洁净区要求制定规程。

（1）清洗周期　一般生产区的工作服及工作鞋需要定期清洗，以保证工作服及工作鞋的洁净。如在 D 级空气洁净度级别的洁净区工作，至少每天洗一次洁净衣、裤、帽和口罩；更换品种时，必须换洗工作服装；工作鞋每周至少洗 2 次。洁净工作服装清洗后的存放周期，应经验证。

（2）清洗方法和要求　清洗工作服的方法中应明确洗涤剂的种类、用量、洗衣程序等，洗涤剂一般需采用固定的洗衣液，并对其洗涤效果进行确认。洗衣用水可使用饮用水。为防止再污染，干燥后的工作服要逐套装入衣物袋内存放。

小试牛刀2

关于药厂工作服的管理，你认为下面说法哪些是正确的？（　　　　）
A.工作服应有专人负责洗涤、保管、发放并登记
B.待清洗工作服应分区域集中装入专用容器中，并做标记
C.干净的工作服应于与使用工作服洁净度级别一致的保管室中保管
D.已清洗与待清洗的工作服应由不同通道出入
E.洁净工作服应逐套分别装于衣袋中，袋上明显标上工作服编号
F.工作服洗涤前及整理时要检查工作服有无破损，如拉链损坏、缝线脱落等
G.凡有粉尘、高致敏物质、激素、有毒有害物质等操作岗位的工作服应分别存放、洗涤、干燥、灭菌
H.工作服洗涤尽量不用固体洗涤剂，如洗衣粉类颗粒物质，防止污染环境

稳扎稳打

一、名词解释

1. 质量受权人　2. 关键人员　3. 组织

二、单项选择

1. 对质量管理负责人描述正确的是（　　　）。

    A. 由企业任命　　　　　　　　B. 经药监部门培训考核合格备案

    C. 资质要求比质量受权人高　　D. 承担产品放行

2. 人员的配置原则错误的是（　　　）。

    A. 可以一人多岗　　　　　　　B. 职责不可太多

C. 各部门的负责人可以兼任　　　D. 可以一岗多人

3. 质量受权人资质要求错误的是（　　　）。

A. 至少具有药学或相关专业本科学历

B. 具有至少五年从事药品生产和质量管理的实践经验

C. 中级专业技术职称或执业药师资格

D. 具有至少三年从事药品生产和质量管理的实践经验

4. 基础培训内容不包括（　　　）。

A. GMP 要求　　　　　　　　　B. 药品管理法及其实施条例

C. 分析方法、分析仪器操作　　　D. 企业自身的基本信息

5. 对直接接触药品的生产人员要求错误的是（　　　）。

A. 传染病的健康带菌者，可从事药品生产

B. 上岗前需要进行健康检查

C. 有传染病者不得从事药品生产

D. 每年至少接受一次体检

三、多项选择

1. 关键人员至少包括（　　　）。

A. 质量管理负责人　　　　　　　B. 生产管理负责人

C. 质量受权人　　　　　　　　　D. 企业负责人

2. 生产管理负责人应当具有（　　　）。

A. 药学或相关专业本科学历

B. 至少二年从事药品生产和质量管理的实践经验

C. 至少三年从事药品生产和质量管理的实践经验

D. 至少有一年生产管理经验

3. 质量管理负责人应当具有（　　　）。

A. 药学或相关专业本科学历（或中级专业技术职称或执业药师资格）

B. 至少三年从事药品生产和质量管理的实践经验

C. 至少五年从事药品生产和质量管理的实践经验

D. 至少有一年药品质量管理经验

4. 下列哪些情况需要及时培训。（　　　）

A. 新文件颁发后，文件生效前　　B. 发生偏差后

C. 文件修订后，文件生效前　　　D. 产品生产工艺变更

5. 工作服选材正确的有（　　　）。

A. 发尘量少，不脱落纤维和颗粒性物质，不起球、不断丝

B. 在一般生产区可选用棉材料

C. 洁净区应选用具有良好过滤性的材料

D. 洁净区必须选用防静电的材料

四、简答题

1. 简述 GMP 对企业的质量管理负责人的资质要求（包括教育背景、工作经验和所接受的培训）。

2. 简述 GMP 对生产管理负责人和质量管理负责人提出的共同承担的质量

责任。

3. 药品生产企业对员工健康方面有哪些具体要求？

温故知新2

学以致用

1. 为某制药企业设计质量管理部门岗位设置图。

2. 为某制药企业制定一份年度员工培训计划。

实训项目二

洗手、手消毒操作

一、实训目的

1. 掌握人员进入洁净区洗手、手消毒操作规程。

2. 能够正确使用洗手、手消毒设备。

3. 培养严谨、认真的工作作风和遵纪守法的职业精神。

二、实训内容

1. 洗手

2. 手消毒

三、实训步骤

1. 准备

（1）检查水槽、非接触式自来水龙头、干手器、消毒器是否完好。

（2）手部无伤口，剪平指甲，收好袖口，去掉手上饰品。

2. 洗手

（1）洗手掌　将双手润湿，取适量洗手液，掌心相对，手指并拢，相对搓洗。

（2）洗背侧指缝　手心对手背沿指缝相互揉搓，双手交换进行。

（3）洗掌侧指缝　掌心相对，双手交叉沿指缝相互揉搓。

（4）洗指背　弯曲各手指关节，半握拳把指背放在另一手掌心旋转揉搓，双手交换进行。

（5）洗拇指　一手握另一手大拇指旋转揉搓，双手交换进行。

（6）洗指尖　弯曲各手指关节，把指尖合拢在另一手掌心旋转揉搓，双手交换进行。

（7）洗手腕、手臂　揉搓手腕、手臂，双手交换进行。

（8）冲洗双手及腕部，至无滑腻感。

3. 烘干

双手至干手器下方，翻转，直至烘干。

4. 消毒

干燥的双手伸到自动感应式手消毒器下口，接住适量消毒液，均匀涂布各个部位，保证消毒液在手上停留一段时间后自然晾干或用干手器吹干。

四、实训组织

1. 观看七步洗手法视频。

2. 学生分组，每组3～5人，在GMP仿真实训车间进行洗手、手消毒操作。

3. 各组长归纳本组学生本次实训的收获和存在的问题，在班级进行发言讨论。

4. 教师答疑、总结。

五、实训报告

1. 简述七步洗手法操作步骤。

2. 总结本次实训的收获与不足。

学习评价

职业核心能力与思政素质测评表

（在□中打√，A良好，B一般，C较差）

职业核心能力与思政素质	评价标准	评价结果
与人交流	1. 会选择交流的时机、方式	□A □B □C
	2. 能把握交流的主题	□A □B □C
	3. 能准确理解对方的意思，会表达自己的观点	□A □B □C
与人合作	1. 善于寻找和把握合作的契机	□A □B □C
	2. 明白各自在合作中的作用和优势	□A □B □C
	3. 会换位思考，能接受不同的意见和观点	□A □B □C
	4. 能控制自己的情绪	□A □B □C
信息处理	1. 有多种获取信息的途径和方法	□A □B □C
	2. 会进行信息的梳理、筛选、分析	□A □B □C
	3. 能使用多媒体手段展示信息	□A □B □C
解决问题	1. 能纵观全局，抓住问题的关键	□A □B □C
	2. 能做出解决问题的方案，并组织实施	□A □B □C
	3. 分析问题解决的效果，及时改进不足之处	□A □B □C
思政素质	1. 尊重法律，敬畏规则，自觉规范自己的行为	□A □B □C
	2. 传承中医药精华，善于创造，不断推陈出新	□A □B □C
	3. 能务实肯干、坚持不懈、精雕细琢	□A □B □C

专业能力测评表

（在□中打√，A具备，B基本具备，C未具备）

专业能力	评价标准	评价结果
设置组织机构	1. 熟悉组织机构设置的原则	□A □B □C
	2. 能辨识组织机构设置的合理性	□A □B □C
	3. 能绘制组织机构图	□A □B □C
人员招聘	1. 熟悉各类人员任职资格	□A □B □C
	2. 能判断人员是否符合岗位任职条件	□A □B □C
	3. 能协助人力资源部门进行人员招聘	□A □B □C
人员培训	1. 熟悉药品生产企业员工培训内容	□A □B □C
	2. 能恰当选择培训类型及方法	□A □B □C
	3. 能初步制定企业员工培训计划	□A □B □C

专业能力	评价标准	评价结果
人员健康管理	1. 熟悉药厂对人员健康的要求 2. 能判断人员健康状况是否符合上岗条件 3. 能建立人员健康档案	□A □B □C □A □B □C □A □B □C
工作服装管理	1. 熟悉药厂工作服装的要求 2. 能初步选择工作服装的材质、式样和颜色 3. 能正确清洗工作服装	□A □B □C □A □B □C □A □B □C

项目三
厂房、设施与设备

【知识点】药厂选址环境要求、厂区布局要求、洁净区建筑要求、洁净区环境参数值、设备的选择原则、设备的除尘和防污染措施、设备状态标识、设备清洁要求、HVAC系统组成及功能、工艺用水制备及用途。

【技能点】规划厂区总体布局、进入一般生产区更衣、进入洁净区更衣、物料进入洁净区、洁净室环境参数控制、辨识设备防污染措施的适宜性、辨识设备状态标识、清洁设备、辨识HVAC系统类型、辨识送风形式、HVAC系统的清洁消毒和监测、工艺用水防污染。

【职业能力目标】

专业能力：药厂选址、布局与装修、洁净区管理、设备管理、HVAC系统管理、工艺用水设备管理。

职业核心能力：自我学习，交流合作，信息处理，解决问题。

【思政素质目标】责任担当，精业强能，安全环保。

开宗明义3

学习导航

厂房、设施与设备是药品生产的硬件条件，应为药品生产提供优良的环境。本章内容会带你了解药品生产企业厂房、设施与设备的管理要求，掌握洁净区的控制要点，知道怎样进行人员及物料的净化，并采取相应措施调控环境参数，达到防止厂房、设施、设备污染和交叉污染的目的。

引 例

药监部门对S省某生物医学科技有限公司飞行检查发现，D级净化车间的手消毒室下出风口内有纸张，企业称是维护时遗留的。净化车间空调系统初效过滤器和中效过滤器更换无文件规定。该企业厂房、设施与设备管理没有达到GMP的要求，药监部门责令公司限期整改。

药品生产企业的厂房、设施与设备是 GMP 要求的硬件内容，在设计上主要以 GMP 要求为核心，并进行优化以满足生产的需求及企业的商业利益。厂房设施主要是指生产、储存、检验所需的空间场所及该场所提供的使其状态符合要求的装置或公用设施，包括厂区建筑实体（门、窗、墙、棚等）、道路规划、绿化设计、生产企业除尘装置、洁净空调、照明、消防措施、工艺用水及蒸汽管道、防虫防鼠装置等。搞好厂房和其他设施建设是 GMP 工程系统建设中资金投入最大的部分。不论是新建厂房与设施的 GMP 建设，还是原有厂房与设施的 GMP 改造，硬件建设是否符合 GMP 和其他有关规范的要求，直接影响所生产药品的质量，而硬件建设质量的优劣又取决于设计和施工的质量，因此，按照 GMP 和其他有关规范的要求对厂房、设施和其他硬件进行设计或改造非常重要。

单元一　药品生产企业总体布局

一、厂址的选择

选择厂址是开办药品生产企业首先进行的重要决策，对企业未来的发展具有决定性的意义，是药品生产企业能否顺利实施 GMP 的基础。厂址选择必须结合建厂的实际情况及建厂条件，进行调查、比较、分析、论证，最终确定出理想的厂址。

1. 环境、气候条件和空气质量

避免选择气象灾害和地质活动频繁（例如龙卷风、地震、泥石流、山体滑坡、火山等）的区域；避免选择因采矿等原因地质结构已被破坏的区域。

药品生产企业应选择空气条件良好，大气含尘、含菌浓度低，无有害气体，自然环境好的区域，无水土污染和污染排放源的地区；远离空气中工业废气较多的工业区、化工区，如不能远离污染区时，则应位于其最大频率风向上风侧，或全年最小频率风向下风侧；尽量避免靠近公路和铁路。

2. 投资成本核算

厂址选择要考虑投资成本。第一要考虑动力成本，药品生产企业应选择电力、水力来源充足且价格低廉的区域；第二要考虑劳动力成本，当地劳动力充足，降低劳动成本；第三应交通运输便利，主要考虑可利用的各种运输工具的价格，包括各种陆路、水路、航空等工具的价格。

3. 遵守国家法规

选择厂址时应严格执行国家有关法律法规，不能影响当地居民健康生活，避免对周边环境（土壤、空气、水流等）造成严重污染，具有处理"三废"的良好措施。

选址时必须要考虑长远的规划发展，应避免选择河流发源地或其他对公司未来生存、发展具有风险的区域；应考虑该流域的总体排污限额，现有排污限额分配情况等。

4. 考虑发展空间

选址时应了解当地市政规划，包括现状和中、长期规划要求，应避免选择当地政府已经规划为其他功能区域（例如房地产开发）的用地，使企业的规划与地区的规划相适应，并预留有企业发展扩大的余地；还要保持和相邻企业的安全距离，即卫生要求距离，防火、防爆要求距离等。

> **拓展方舟**
>
> 我国很多地区规划建设医药园区，政府统筹规划土地，进行合理的布局，用地空间宽阔宽裕，配备齐全的工业设施，开发便利的道路交通，给予优惠的政策措施，创造良好的发展氛围，医药园区成为药品生产企业厂址的最佳选择。

二、厂区总体布局

厂区布局就是对药品生产企业进行总体的规划设计。厂区总体可划分为生产、行政、生活和辅助四大功能区，布局原则是"必须有整洁的生产环境；生产、行政、生活和辅助区的总体布局应合理，不得互相妨碍；厂区的地面、路面及运输等不应对药品的生产造成污染及交叉污染"。厂区布局与厂房设计的根本任务就是要能有效预防污染（交叉污染）与差错，尽量减少污染（交叉污染）与差错。

> ▶ 技能点 ◀
>
> 规划厂区总体布局

1. 按照功能划分区域

厂区应按生产、行政、生活和辅助等功能合理布局，不得互相妨碍，各区域空间与企业发展规模和人数相适应，还要留有发展空间。生产区主要有生产厂房、制水车间、物料仓储间等；行政区主要是各职能部门的办公楼；生活区分食堂、宿舍、洗浴及娱乐活动场所等；辅助区包括锅炉房、废水处理站等。各区域的划分及位置布局应针对当地气候环境及企业自身需求，由专人或部门统筹负责，避免空间的浪费或不合理布局带来相互影响。

> ▶ 点 滴 ◀
>
> 把时间分给靠谱的人和事。

2. 符合卫生要求

行政和生活区不得对车间或生产区产生污染，以免影响产品质量。

制药企业的洁净厂房应布置在厂区内环境整洁、人流物流不穿越或少穿越的地方，尽量远离交通主干道，并考虑产品工艺特点和防止生产时的交叉污染，合理布局，间距适当。洁净厂房周围道路宽敞，能通过消防车辆。

洁净厂房周围应绿化，种植树木（如常青树），不宜种花，避免对生产造成污染；宜铺植草坪，厂房与草坪间有水泥隔离带；绿化有利于保护生态环境，改善小气候，净化空气，起滞尘、杀菌、吸收有害气体和提供氧气的作用。绿化面积的比例应适宜，要尽量减少厂区内的露土面积，不能绿化的道路应铺成不起尘的硬化路面，暂时不能绿化的空地也应采取措施，杜绝尘土飞扬。

3. 符合 GMP 工艺要求

特殊区域应考虑风向问题，以减少生产污染。洁净厂房（区）应处于最多风向

（主导风向）的上风侧。严重空气污染源应处于最多风向的下风侧。例如，锅炉、"三废"处理、废渣及垃圾临时堆放点应处于最多风向的下风向。实验动物房应布置在生产区、生活区、行政区的下风方向，以利于动物生活，同时不对生产和人的活动造成污染或影响。如青霉素类高致敏性药品的生产厂房或放射性药品的生产厂房应处于厂区的下风侧。

4. 合理配套设施

必须有保证生产所需的水、电、气、热、冷等公用设施，且靠近负荷中心，使各种公用系统介质的输送距离最短，以便节省能耗。配套相应的"三废"处理系统，设置废渣及垃圾堆放点等。

5. 人流、物流分开

厂区进、出口及主要道路应贯彻人流与物流分开的原则。物料的进入和成品的运出应不影响人员的工作活动，也不应对生产环境造成严重影响。

小试牛刀1

某药品生产企业厂区总体布置如下图所示，该厂区常年为东北风向。
试分析该企业在厂区规划时考虑到了以下几点？（   ）
A.人流和物流严格分开，互不干扰
B.生产区、生活区和行政区分开
C.将污染源如锅炉房、动物房、废水处理站设计在下风向
D.原料车间易产生粉尘，洁净级别较低，设计在注射剂车间的下风向
E.考虑到企业未来的发展，各主要区域设计了预留空间
F.厂区内主要道路宽度适宜，建筑物周边留有足够的绿化空间

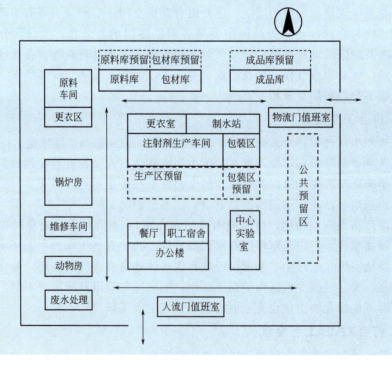

单元二 厂房、设施的设计与布局

生产厂房布局是根据生产工艺流程、设备、空调净化、给排水、各种设施及各种规范、规章要求的综合设计结果，体现着设计的规范性、技术性、先进性、经济性和合理性，是 GMP 硬件的重要组成部分。

药品生产环境分为一般区和洁净区，控制生产环境的途径是靠洁净区和其管理实现的。

一、洁净区

洁净区是指需要对环境中尘粒及微生物污染进行控制的房间（区域），其建筑结构、装备及其使用均具有防止该区域内污染物的引入、产生和滞留的功能。

（一）洁净区的建筑要求

1. 墙体与地面

洁净室内墙与墙、墙与地面、墙面与天棚连接处应形成弧度，做到平整、光洁、无裂缝、接口严密、无颗粒物脱落，达到不易积灰、便于清洁的效果。总体要求见表 3-1。

表 3-1　洁净室内部表面要求一览表

项目	使用部位			要求	材料举例
	吊顶	墙面	地面		
发尘性	√	√	√	材料本身发尘量少	金属板材，聚酯类表面装修材料、涂料
耐磨性	／	√	√	磨损量少	水磨石地面、半硬质塑料板、环氧树脂自流平
耐水性	√	√	√	受水浸不变形、不变质，可用水清洗	铝合金板材
耐腐蚀性	√	√	√	按不同介质选用对应材料	树脂类耐腐蚀材料
防霉性	√	√	√	不受温度、湿度变化而霉变	防霉涂料
防静电	√	√	√	电阻值低、不易带电，带电后可迅速衰减	防静电塑料贴面板，嵌金属丝水磨石
耐湿性	√	√	／	不易吸水变质，材料不易老化	涂料
光滑性	√	√	√	表面光滑，不易附着灰尘	涂料，金属、塑料贴面板
施工	√	√	√	加工、施工方便	

2. 门窗

洁净室的门窗表面应光洁，不要求表面抛光，但应易于清洁并密封。典型材料有涂漆钢门窗、不锈钢门窗、铝合金门窗，不宜采用木质材料，以免发霉生菌或变形；腐蚀性区域，可使用玻璃钢、增强塑料。对外应急门要求密封并具有保温性能。厂房内门如需满足风平衡漏风要求，则不需要完全密封。洁净级别不同的区段间的联系门要紧密、平装、造型简单。洁净室的门应由洁净度级别低的区域向洁净度级别高的区域开启，其门框不应设门槛。

▶ 议一议 ◀

洁净室门框为什么不应设门槛？

外墙窗户要求密封，不能开启，防止空气的渗漏和水汽的结露，并具有保温性能。窗与墙面应平整，不留窗台；如有窗台时宜呈斜角，防止积灰并便于清洁。洁净室与参观走廊相邻的玻璃窗应采用大玻璃窗，便于参观和生产监测。

3. 顶棚与技术夹层

洁净室的顶棚要求密封无缝、整洁、无脱落物产生，可承受室内压力，顶棚材料应选择易于清洁的无孔材料。根据工艺和整体厂房设计需要，在洁净室的顶棚之上，设置技术隔层（或称技术吊顶），以铺设水、气管路及空调管道和电力管线等。技术隔层可采用硬吊顶或软吊顶两种形式。硬吊顶为钢筋混凝土结构，可承载较大的荷重，安装检修方便，维修费用低；也可采用拉杆吊顶，自重轻，拉杆最大距离可达 2 米，载荷完全可满足安装要求。软吊顶系采用铝合金轻钢龙骨为基本结构，下面用石膏板、石棉石膏板、塑料板等封闭，此结构用料经济，但维修麻烦。生产车间的层高为 2.8～3.5 米，技术层净高不应低于 0.8 米（具有横梁而影响夹层中工作的应扣除计算），一般应留出 1.2～2.2 米。

给排水支管及消防喷淋管道穿过洁净室棚顶处应设置套管，管道与套管之间必须有可靠的密封措施，如使用橡皮泥、硅胶填充的方法以预防不同区域间的交叉污染。

4. 电气照明设施

洁净区内的配电设备，应选择不易积尘、便于擦拭、外壳不易锈蚀的小型暗装配电箱及插座箱；电气管线管口，以及安装于墙上的各种电器设备与墙体接缝处均应有可靠密封。洁净区内的电气管线宜暗敷，电气线路保护管宜采用不锈钢管或其他不宜腐蚀的材料。接地线宜采用不锈钢材料。对于易燃易爆岗位则应设有报警信号及自动切断电源措施。

洁净区内应选用外部造型简单、不易积尘、便于擦拭、易于消毒杀菌的照明灯具。一般照明灯具宜明装，采用吸顶安装时，灯具与顶棚接缝处应采用可靠的密封措施。如需要采用嵌入顶棚暗装时，除安装缝隙应可靠密封外，其灯具结构必须便于清扫，便于在顶棚下更换灯管及检修。对照度有特殊要求的生产部位可设置局部照明。厂房内应设置供人员疏散用的应急照明。在安全出口、疏散口和疏散通道转角处应按现行国家标准设置疏散标识。在专用消防口处应设置红色应急照明灯。灯具开关应设在洁净室外，室内宜配备比第一次使用数为多的插座，以免临时增添造成施工上困难。

（二）厂房布局要求

1. 符合生产工艺流程

① 生产区域的布局要顺应工艺流程，布局紧凑、合理，减少生产流程的迂回、

往返，以利物料迅速传递，便于生产操作、管理和最大限度地防止差错和交叉污染。

② 应有与生产规模相适应的生产区和储存区。生产区内设置必要的工艺设备，不允许放置与操作无关的物料。储存区不得用作非区域内工作人员的通道。

③ 同一厂房内以及相邻厂房之间的生产操作不得相互妨碍。

④ 制剂生产车间除应具有生产的各工序用室外，还应配套足够面积的生产辅助用室，如原辅料暂存室（区）、称量室、备料室，中间产品、内包材料等各自的暂存室（区），工器具与周转容器的洗涤、干燥、存放室，清洁用具的洗涤、干燥、存放室，工作服的洗涤、整理、保管室，并按需配置制水间、空调净化机房、中控室等。

 范例 3-1　　某药品生产企业片剂生产车间区域布局

片剂的生产操作过程依次为配料、粉碎、过筛、混合、造粒、干燥、压片、包衣、包装等。房间布局如下：

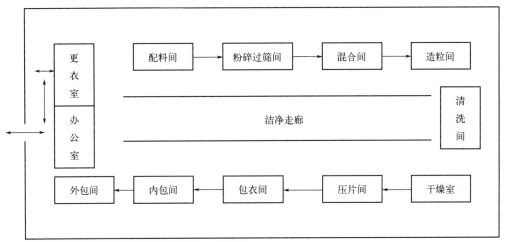

2. 人流物流走向合理

人流指人员进出洁净室（区）及在其内部的流动。物流是指药品生产所需的物料与所产生的中间体、半成品等物资出入洁净室（区）并在其内部的流动。

人员和物料进入洁净厂房要有各自的净化室或设施，出入门必须分别设置，净化室的设置要求与生产区的洁净级别相适应。人员和物料使用的电梯宜分开设置，不能混用。

原辅料和成品的出入口宜分开。极易造成污染的物料和废弃物，必要时可设置专用出入口，洁净厂房内的物料传递路线尽量缩短。生活用室包括厕所、淋浴室、休息室可根据需要设置，宜设在洁净区外，不得对洁净区产生不良影响。

（1）人流规划　主要涉及人员有生产人员、参观人员、维修人员、管理人员。人员从一般区进入洁净区必须先经人员净化系统，按相应的净化程序净化，以防止污染。不同洁净级别人员使用各自的净化房间或措施，不可混用。人流净化措施主要有更衣室、风淋门和缓冲室。

① 更衣室　更衣室应有足够的功能用空间及更换专用洁净服的设施，依洁净室的级别而异，还可包括洗涤和消毒设施等。更衣间不能用于在区域之间运送产品、物料或设备，更衣室应有足够的换气次数，更衣室后段的静态级别应与其相应洁净区的级别相同。通常情况下，更衣间应按性别分别设置。

一更：员工从室外区进入生产区内一般区环境，人员需进行第一次更衣（一更），脱掉外衣和鞋子，更换统一的工衣和工鞋。通常在一更室为每位员工设置专用的衣柜，员工脱外衣和鞋子与穿统一的工服和工鞋可在同一个区域内依次进行。一更室没有空气洁净度的要求，保持通风、干燥、洁净即可。一更后，人员可进入一般区，如外包装区、储存区、办公室等。一更的工衣和工鞋没有特殊要求，通常需要穿着舒适，耐磨防潮，便于工作，颜色和样式由企业自行决定。一更流程如图3-1所示。

一般生产区更衣流程

▶ 技能点 ◀
进入一般生产区更衣

图3-1　一更流程图

二更：员工从一般区进入洁净区需进行第二次更衣（二更），其目的是保护产品不受操作人员的污染，如操作人员脱落的皮屑、头发；保护产品不受洁净区外部环境的污染，主要污染源来自工鞋、衣服；防止洁净室外空气的进入；保护操作人员不受产品影响；减小不同物料或产品之间的交叉污染，防止在离开洁净区时带出吸附在衣服上的产品和物料。

洁净区更衣流程

二更更衣室通常分为两个区域，非洁净更衣区和洁净更衣区，人员在非洁净更衣区脱下一更的工装和工鞋，洗手或消毒后，通过一物理障碍物（标志线、凳、房间门），进入洁净更衣区，更换洁净衣和鞋，手部消毒后，进入洁净生产区。更衣室的两个区域可以设置在两个房间内，也可以在同一房间内，气流方向从洁净更衣区到非洁净更衣区。更衣室的两扇门应设计为互锁，防止两扇门同时打开，造成空气污染。这种互锁在火灾报警时应自动禁用。更衣室内应设置必要的镜子、标志和图示，以确保人员能正确着装；以及配套自动感应水龙头、干手器和手消毒器等设施。二更流程如图3-2所示。

▶ 技能点 ◀
进入洁净区更衣

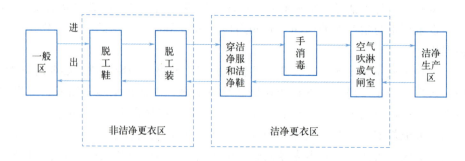

图3-2　二更流程图

从室外经更衣后直接进入洁净区，经过合理的更衣程序和空调的设计，依然能够达到洁净更衣的目的，这是进入洁净区的另一途径，简化了人员进入洁净区需二次更衣的操作程序，节省了时间，为许多国家的药监部门和药品生产企业所接受。

三更：员工从洁净区进入无菌区，需第三次更衣（三更）。进入和离开无菌区宜采用不同路线通过更衣室，避免对无菌环境和无菌衣的污染；在无菌更衣的整个过程不用水作为洗手剂，避免微生物的污染；无菌更衣室后段的静态级别应与其相应洁净区的级别相同。三更流程如图 3-3 所示。

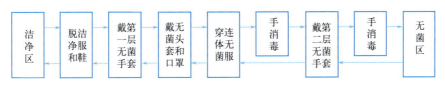

洁净区 → 脱洁净服和鞋 → 戴第一层无菌手套 → 戴无菌头套和口罩 → 穿连体无菌服 → 手消毒 → 戴第二层无菌手套 → 手消毒 → 无菌区

图 3-3　三更流程图

② 风淋门　风淋门见图 3-4，也称风淋室，是人员进入洁净室前进行身体除尘的常用净化设备，可与所有的洁净室和洁净厂房配套使用。风淋门启动后，若干个可旋转喷嘴喷射出强劲洁净的空气，有效而迅速清除附着在衣服上的灰尘、头发、皮屑等杂物，风淋门可以减少人员进出洁净室所带来的污染问题。风淋门的两道门电子互锁，可以兼起气闸室的作用，阻止外界污染和未被净化的空气进入洁净区域。

③ 缓冲室　缓冲室是为保持洁净室内的空气洁净度和正压控制而设置的房间。缓冲室两侧的门不应同时打开，可采用互锁系统，互锁两侧门可采用相互可视或配备指示装置的方式提示操作人员是否可开启互锁门。

图 3-4　风淋门

对生产青霉素等高致敏性药品、某些甾体药品、高活性药品及有毒有害药品人员的更衣室，应采取防止有毒有害物质被人体带出的净化措施。某药厂分别设置进退两个更衣室，人员进入时，洁净更衣间采用正压气室，防止生产区内的活性物料或产品流进更衣室；人员退出时，在另一更衣室脱衣，并采用负压气室，防止附着在衣物上的活性物料或产品流出更衣室。

你认为这样设计科学吗？

（2）物流规划　物料自身的状态、物料流动的载体、物料使用时的变化、物料性质的改变等因素都会引起洁净室（区）内空气洁净度的变化。一是物料与载体自身附着的尘埃粒子和微生物；二是物料的流动、物料的转化过程等都会产生尘埃粒子；三是物料的运动会导致空气流动的变化。因此，物料成为洁净室（区）乃至药品生产的又一主要污染源。

① 传递窗　主要用于洁净室之间或洁净室与非洁净室之间传递物料或物品，两门不能同时开启，避免相邻两个房间空气的串通，并保证两个房间之间的封闭，以减少污染。通常，传递窗内设有紫外杀菌灯，开启一定时间，对传递的物料及物品进行杀菌消毒。

② 缓冲室　缓冲室也可用于物料的净化，同时保持备料室的洁净度和正压，如在缓冲室去除物料的外包装，将物料表面的微粒稀释后，再转移至洁净室。

药品生产的物流净化系统采用带有互锁设施的缓冲室或传递窗，不得作人流通道。

物料净化程序如图 3-5 所示。

传递窗

▶ 技能点 ◀

物料进入洁净区

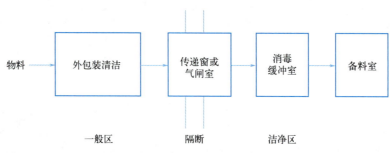

图 3-5　物料净化程序

3. 洁净级别设置合理

（1）洁净级别　洁净区的洁净级别分为 A 级、B 级、C 级和 D 级，各洁净级别对空气悬浮粒子和微生物有严格要求，其标准见表 3-2、表 3-3。

表 3-2　各洁净级别空气悬浮粒子标准

洁净度级别	悬浮粒子最大允许数/立方米			
	静态[①]		动态[②]	
	≥0.5μm	≥5μm	≥0.5μm	≥5μm
A 级	3520	20	3520	20
B 级	3520	29	352000	2900
C 级	352000	2900	3520000	29000
D 级	3520000	29000	不作规定	不作规定

① 静态是指所有生产设备均已安装就绪，但没有生产活动且无操作人员在场的状态。

② 动态是指生产设备按预定的工艺模式运行并有规定数量的操作人员在现场操作的状态。

表 3-3　各级洁净区微生物监测的动态标准

级别	浮游菌/(cfu/立方米)	沉降菌(φ90 毫米)/(cfu/4 小时)	表面微生物	
			接触碟(φ55 毫米)/(cfu/碟)	5 指手套/(cfu/手套)
A 级	<1	<1	<1	<1
B 级	10	5	5	5
C 级	100	50	25	—
D 级	200	100	50	—

药品的各生产环节有不同的环境要求，其空气洁净级别也不尽相同，无菌药品及生物制品的洁净级别划分见表 3-4～表 3-6。

表 3-4　最终灭菌无菌药品生产操作洁净级别划分

洁净度级别	生　产　岗　位
C 级背景下的局部 A 级	高污染风险[①]的产品灌装（或灌封）
C 级	产品灌装（或灌封） 高污染风险[②]产品的配制和过滤 眼用制剂、无菌软膏剂、无菌混悬剂等的配制、灌装（或灌封） 直接接触药品的包装材料和器具最终清洗后的处理
D 级	轧盖 灌装前物料的准备 产品配制和过滤（指浓配或采用密闭系统的稀配） 直接接触药品的包装材料和器具的最终清洗

① 此处的高污染风险是指产品容易长菌、灌装速度慢、灌装用容器为广口瓶、容器需暴露数秒后方可密封等状况。

② 此处的高污染风险是指产品容易长菌、配制后需等待较长时间方可灭菌或不在密闭容器中配制等状况。

表 3-5　非最终灭菌无菌药品生产操作洁净级别划分

洁净度级别	生　产　岗　位
B 级背景下的 A 级	处于未完全密封[①]状态下产品的操作和转运，如产品灌装（或灌封）、分装、压塞、轧盖[②]等 灌装前无法除菌过滤的药液或产品的配制 直接接触药品的包装材料、器具灭菌后的装配以及处于未完全密封状态下的转运和存放 无菌原料药的粉碎、过筛、混合、分装
B 级	处于未完全密封[①]状态下的产品置于完全密封容器内的转运 直接接触药品的包装材料、器具灭菌后处于完全密封容器内的转运和存放
C 级	灌装前可除菌过滤的药液或产品的配制 产品的过滤
D 级	直接接触药品的包装材料、器具的最终清洗、装配或包装、灭菌

① 表示轧盖前产品视为处于未完全密封状态。

② 表示轧盖也可在 C 级背景下的 A 级送风环境中操作。A 级送风环境应至少符合 A 级区的静态要求。

表 3-6　生物制品生产操作洁净级别划分

洁净度级别	生　产　岗　位
B 级背景下的局部 A 级	无菌制剂的非最终灭菌产品规定的各工序 无除菌过滤的不同组分的合并等
C 级	体外免疫诊断试剂的阳性血清的分装、抗原与抗体的分装
D 级	原料血浆的合并、组分分离、分装前的巴氏消毒 口服制剂其发酵培养密闭系统环境（暴露部分需无菌操作） 酶联免疫吸附试剂、胶体金试剂、聚合酶链反应试剂（PCR）、纸片法试剂等体外免疫试剂的配液、分装、干燥、内包装

（2）环境参数控制

① 温度和湿度　洁净室的温度与相对湿度应与药品生产要求相适应，并保证药品的生产环境和操作人员的舒适感。当药品生产无特殊要求时，洁净室的温度范围可控制在 18～26℃，相对湿度控制在 45％～65％。A 级和 B 级洁净区可设计温度 20～24℃，相对湿度 45％～60％。当工艺和产品有特殊要求时，如粉剂产品有吸湿性，可降低相对湿度控制值；生物制品的质量受温度影响较大，可对温度实施严格限定。

② 静压差　洁净区与非洁净区之间、不同级别洁净区之间的压差应当不低于 10 帕斯卡。必要时，相同洁净度级别的不同功能区域（操作间）之间也应当保持适当的压差梯度，并应有指示压差的装置。一般情况下，洁净室（区）的空气必须维持一定的正压。易产生粉尘的生产区域，如固体口服制剂的配料、制粒、压片等工序的洁净室（区）的空气压力，应与其相邻的室（区）保持相对负压。

③ 新风量　新风量即新鲜空气量，是指空调系统单位时间内送入室内的新鲜空气总量。洁净室（区）内应保持一定的新风量，其数值应取下列风量中的最大值：

a. 单向流洁净室总送风量的 2％～4％；紊流洁净室（区）总送风量的 10％～30％；

b. 补偿室内排风和保持室内正压值所需的新鲜空气量；

c. 保证室内每人每小时的新鲜空气量不小于 40 立方米。

④ 噪声　洁净室（区）动态测试时不宜超过 75 分贝。当超过时，应采取隔声、消声、隔震等控制措施。

⑤ 照明　洁净室主要工作室的照度不低于 300 勒克斯；辅助工作室、走廊、气闸室、人员净化和物料净化室可低于 300 勒克斯，但不低于 150 勒克斯。

（3）管理要求　依据产品质量要求，各生产区域的洁净级别设置要合理。非无菌原料药精制、干燥、粉碎、包装等生产操作的暴露环境应按照 D 级标准设置。口服液体和固体制剂、腔道用药（含直肠用药）、表皮外用药品等非无菌制剂生产的暴露工序区域及其直接接触药品的包装材料最终处理的暴露工序区域，应当按照 D 级洁净区的要求设置。

洁净室（区）内安装的水池、地漏不得对药品产生污染。A 级洁净室（区）内不得设置地漏。B 级、C 级洁净室应少设置地漏，必须设置时，地漏材质不易腐蚀，内表面光洁，易于清洗，有密封盖，并应耐消毒灭菌。洁净区内不宜设电梯，以减少空气的污染。空气洁净度 B 级、C 级的洁净室（区）不应设置排水沟。排水立管不应穿过 A 级和 B 级洁净室（区），穿过其他医药洁净室（区）时，不得设置检查孔。

各洁净区内，洁净服清洗、灭菌房间的洁净级别应与使用房间尽量保持一致；洁具存放间的洁净级别也应与使用房间保持一致，不同洁净级别的洁具不能混用，避免交叉污染。

4. 防虫防鼠措施

常见的防虫措施包括风幕、灭虫灯、粘虫胶。防鼠措施包括灭鼠板、超声波驱鼠器、捕鼠笼、外门密封条、挡鼠板等，尽量不要使用灭鼠药，以防给物料和产品带来影响。企业需要建立防虫防鼠的管理制度，对防虫防鼠设施的选择和布置进行规划。有专业负责人对防虫防鼠设施进行定期检查和维护，及时清理捕获物，保证设施运行正常、有效，并追踪记录，一旦发现异常情况，要及时报告质量部门，分析原因，采取应对措施。

在虫害严重的季节，应对制药车间建筑物周边环境的虫害进行治理。建筑物内部墙面和地面出现裂缝，要及时修补，避免形成虫害藏匿之地。

二、仓储区

结合企业自身特点，仓储区应有与生产规模相适应的存储空间；合理分区，避免人流、物流的路线交叉，防止混淆、污染和交叉污染；采取相应的仓储措施，以保证物料及产品的质量。

1. 环境要求

仓库设计一般采用全封闭式，可采用灯光照明和自然光照明。仓库周围一般设置窗户，通常不开启，防积尘及鼠、虫进入。

为防止细菌滋生，仓库内不设地沟、地漏。仓库内设洁具间，放置专用清洁工具。仓库内人车通道走向设置合理，宽度适当。

2. 库房分区

按仓储物质不同，库房可分为原辅料库、包装材料库、中间产品库和待包装产品库、成品库，或在同一仓储区内划分不同区域摆放不同的物料或产品，各区域间有明显的隔离措施和标识，防止混淆和差错。

在原辅料、包装材料进口区应设置取样间或取样车，取样设施常装有层流装置。取样间内只允许放置一个品种一个批号的物料，以免物料混淆。仓储区的取样区洁净级别应与生产要求一致。

依据储存条件，仓库可分为一般库、常温库、阴凉库、冷库、有特殊储存条件的其他库，以及化学危险品库和特殊药品库等。常温库的温度为 $10\sim30℃$，阴凉库为不超过 $20℃$，冷库为 $2\sim10℃$，仓库内应安装温度调控设备。对于储存条件或安全性有特殊要求的物料或产品（特殊的温度、湿度要求或"毒、麻、精、放"药品），仓储区应有特殊储存区域以满足物料或产品的储存要求，如头孢类、青霉素类、激素类产品应分开放置，并需要吸塑包装，以免交叉污染；酸性物料与碱性物料一般分库储存；腐蚀性大的物料、易挥发性物料应单独存放等。

▶ 议一议 ◀

某物料存放条件要求为 ≤ 35℃，是否可以存放在温度为 10~ 30℃ 的库房？

3. 设备与设施

仓储区应配置相应的设备与设施，以确保物料、产品得到快速、有效的装运，并保障药品质量不发生变化。

（1）装卸设施设备　叉车、提升机、升降移载机、输送机、货梯、电梯等装卸搬运类设施、设备等。

（2）保管设施设备　货架或托盘、储罐、安置空调、除湿机、加湿器、阴凉库和冷库的制冷及温度监控系统、自动喷淋系统、安全柜、保险柜、标签打印机、条码扫描器、冷藏运输箱等。

（3）计量设施设备　电子秤、台秤或地磅、计量泵等。

（4）养护设施　拖把、抹布、吸尘器、清扫机、水池等。

（5）通风照明设施　普通照明灯具、排风扇（应配置防虫网）等。

（6）消防安全设施　消火栓、灭火器、灭火毯、紧急逃生通道、紧急逃生图（包括逃生路线、逃生通道，紧急联系人和电话等内容）、紧急出口指示装置等消防设施和器材，亦可采用自动化程序较高的防盗报警系统、火灾自动报警系统、火灾喷水灭火系统，实现自动化控制。

（7）劳动保护设施　头部防护的安全帽、眼睛防护的眼罩、面部防护的面罩、呼吸防护的防毒面具、身体防护衣物等。在接触酸、碱及易挥发性有毒有害类物料时，应特别注意该类劳动防护设备的配备和使用。

三、实验室

制药企业的质量控制实验室规模和布局可根据企业实际工作量的大小，以及生产药品的主要检验控制内容和检测项目进行设置，能够避免混淆和交叉污染。

质量控制实验室应与生产区分开，通常可分为办公区、检验区、留样区、动物房等。检验区的房间布局与功能设置应考虑企业生产品种与检测项目，可分为化学分析室、仪器分析室、生物检定室、无菌检查室、微生物限度检查室、抗生素效价测定室等，辅助房间有清洗室、称量室、高温实验室、培养室等。

1. 试剂存放间

通常试剂存放间独立设置，其设计应满足相关化学品存放要求，对于易燃、易爆试剂的存放应符合相关安全规范，并有防爆和防止泄露的设施。试剂存放间内所存放的化学品能满足日平均使用量即可，大量的化学品应储存在专门独立的房间或建筑物内。试剂存放间应该具备通风设施，普通化学试剂和毒性化学试剂应分开存放。对照品或标准品、基准试剂应按规定存放，专人管理，使用及配制应有记录。有温湿度储存要求的场所应有温度、湿度记录装置。

2. 化学分析实验室

化学分析实验室是主要的分析检测场所，用于原料、中间品、成品的化学测试和检验及试剂配制、滴定分析等。操作台应防滑、耐酸碱、表面易于清洁，且具备一定的缓冲作用，不易引起玻璃容器的破碎。洗刷池应耐酸碱，表面易于清洁。配备通风和避光设施，例如，加酸、碱和挥发性试剂的操作台，可安装局部通风橱，其内部不设电源插座、开关，使用有机溶剂的还应该配备防爆电机和开关。

3. 仪器分析实验室

仪器分析实验室通常分为普通仪器室、精密仪器室等。普通仪器室，主要放置溶出仪、紫外分光光度计、旋光仪、酸度计等。精密仪器室放置高灵敏度仪器，如气相色谱仪、液相色谱仪、红外光谱仪、原子吸收光谱仪等。某些需要使用高纯度气体的仪器，应设立独立的气体存储间，并符合安全环保规定。

天平室应单独设置，天平台要牢固防震，室内干燥明亮，送风口远离操作台。

4. 高温实验室

高温实验室是用于放置干燥箱、烘箱、马弗炉等高温设备的房间，一般应远离试剂存放间及冷藏室，房间设置温感、烟感报警器，并设置机械排风。考虑到散热和安全，高温设备离墙应有一定距离。

5. 微生物实验室

微生物实验室一般由微生物检测室及相配套的培养间、准备间、清洗间、灭菌间等构成。微生物实验室是洁净区域，人员出入应通过更衣室及缓冲间，物料或物品出入也应通过缓冲间（或传递窗），培养皿、培养基等均需进行灭菌方能进入。微生物实验室在能直接被外界观察到的地方，可设置观察窗，方便对操作人员安全观察。

微生物检测室可分为无菌检查室、微生物限度检查室和阳性对照室、生物效价室等。检测室的内部应简洁无杂物，易于清洁和消毒。对无菌制剂及非无菌制剂的微生物检测环境可以采用 C 级洁净背景下的局部 A 级来实现。

6. 留样观察室

▶ 议一议
药品生产企业为什么要设留样观察室？

留样观察室是质量控制区中实施留样观察的场所，包括原辅料、包装材料及成品的留样。留样观察室可分为常温留样观察室、阴凉留样观察室、冷藏留样观察室。留样观察室的存放条件与产品规定的储存条件一致，应有温湿度监测装置和记录，可分开、分区设置。

加速、长期稳定性考察室宜与留样观察室分开设置。若进行加速、长期稳定性考察时，采用恒温恒湿箱储存样品，房间满足一般区域要求即可。

行业先锋

响应"双碳"战略，践行绿色发展理念

党的二十大报告提出"推动绿色发展，促进人与自然和谐共生""积极稳妥推进碳达峰碳中和"。上海上药中西制药有限公司2021年启动"双碳"工作，规划绘制企业碳达峰、碳中和实施路径图。依托ISO 50001能源管理体系和现有能源管理系统、电力实施监控系统、空压机群控系统等实现节能目标管理、能效对标管理，改进和优化能源平衡，切实推进节能降碳目标。

2022年6月，依据上海市节能环保服务协会发布的《零碳工厂创建与评价技术规范》（T/SEESA 009—2022）团体标准，开展零碳工厂创建工作，报告期内顺利通过上海市经济信息化委员会零碳工厂评审，成功入选上海市第一批零碳创建标杆企业名单。

【启示】我国已进入新发展阶段，做好"双碳"工作是推动制药企业高质量发展的必然要求，制药企业应主动响应党和国家关于碳达峰、碳中和部署要求，踔厉奋发，主动作为，在推动"双碳"目标任务落实中贡献智慧力量。

单元三　设备管理

设备是药品生产中物料投入其中转化成产品的工具或载体。药品质量的最终形成是通过生产而完成，无论药品生产的质量保证还是数量需求都需要获得设备系统的支持。设备的管理是全过程、全方位的，包括从选型、采购到安装、试车；从验

▶重点与难点
设备除尘和防污染、状态标识、设备清洁

证、使用到清洁、维修与保养；从现场管理到基础管理等。

一、设备的选择原则

1. 材质要求

直接接触药品设备多选用超低碳奥氏体不锈钢 316L 材质，不接触药品的重要部位选用 304 不锈钢。非金属材料多采用聚四氟乙烯、聚偏氟乙烯、聚丙烯等。橡胶密封材料多采用天然橡胶、硅橡胶等化学特性比较稳定的材料。凡与药物直接接触的设备、容器、工具、器具应不与药物反应、不释放微粒、不吸附药物，内表面平整光滑无死角及砂眼，易清洗、消毒或灭菌，设备消毒或灭菌后不变形、不变质；禁止使用含有石棉的过滤器材及易脱落纤维的过滤器材，过滤器材质不得吸附药液中的组分或向溶液释放异物而影响药品质量；设备所用润滑剂、冷却剂等不得对药品或容器造成污染。

2. 生产要求

设备选择要考虑其性能满足生产工艺流程、各项工艺参数的要求。设备最大生产能力应大于设计工艺要求，避免设备长期在最大能力负荷下运行。设备的最高工作精度应高于工艺精度要求，对产品质量参数范围留有调节余量。

设备结构设计应尽可能简单，以便于操作和维修。操作人员活动距离尽量缩短，活动空间适当，不易发生操作错误；有足够的维修空间拆装零部件，易损零件应便于拆装，有逻辑关系的传动系统零位有明确标记；模具更换和需清洗的部件，应易拆、易装、耐磨损并且定位准确，零件上和安装部位有清晰可见的零件号和定位标记，以保证零件安装正确，避免错位。

用于生产和检验的仪器、仪表、量具、衡器等，其适用范围和精密度应符合生产和检验要求，有明显的合格标识。

3. 安全与卫生要求

考一考

粉尘爆炸的条件有哪些？

生产中发尘量大的设备，如粉碎、过筛、混合、制粒、干燥、压片、包衣等设备，应设计或选用自身除尘能力强、密封性能好的设备，必要时局部加设防尘、捕尘装置设施。对产生粉尘、易燃挥发性气雾的设备环境需充分考虑设计防爆、防静电装置。生产尾气除尘后排空，出风口应有防止空气倒灌的装置。

易燃、易爆、有毒、有害物质的生产设备、管道需有安全卸压装置、防腐防泄漏装置、防爆防静电装置、困境通信装置、紧急故障切断功能。用于加工处理活生物体的生产设备应便于清洁和去除污染，能耐受熏蒸消毒。灭菌柜宜采用双扉式，并具有对温度、压力、蒸汽自动监控、记录的装置，其容积应与生产规模相适应。

二、设备的安装

药品生产设备的安装，应符合生产要求，易于清洗、消毒和灭菌，便于生产操作和维修保养，并能预防、减少污染（交叉污染）和差错。

① 设备的安装布局要与生产工艺流程、生产区域的空气洁净级别相适应，并且做到安装整齐、流畅、有效。

② 同一台设备的安装如穿越不同的洁净区域，两区域间则应保证良好的密封性，并根据穿越部位的功能与运转方式进行保护、隔离、分段分级单独处理。

③ 与设备连接的管道要做到排列整齐、牢固，标识正确、鲜明，并指明内容物和流向，预防差错。

④ 需要包装的设备或管道，表面应光滑平整，不得有物质脱落的现象出现，可采取以合适材料再包装的方式使其得到保证。

⑤ 设备的安装要考虑到清洁、消毒、灭菌的可操作性与效果，如合适的位置、相应的配套设施等。

⑥ 设备的安装应从方便操作和安全保护方面考虑，保持控制部分与设备的适当距离，有利于工艺执行和生产过程的调节与控制，预防差错。

⑦ 设备的安装应考虑维修和保养的方式与位置。设备之间、设备与墙面之间、设备与地面之间、设备与顶面之间都要保持适当的距离。

⑧ 设备的安装还应考虑相关的安全、环保、消防等方面的法律法规与专业要求，并予遵守。

三、设备的除尘和防污染措施

药品生产过程中，发尘量大的称量、粉碎、过筛、压片、充填、原料药干燥等岗位，若不能做到全封闭操作，要设计必要的捕尘、除尘装置，还应考虑设计缓冲室（气锁间），以避免对邻室或共用走道产生污染。尤其是固体物料，产生的粉尘会造成污染和交叉污染。因此，需要采取适宜的措施，控制这种污染。

▶ **技能点** ◀
辨识设备防污染措施的适宜性

① 尽量使用密闭式固体加料系统，在不打开反应罐的情况下加料，通常适合用于原料药的干燥及包装生产、不同制剂的配料过程。

② 在配料称量区，根据称量物料的暴露等级设置专门的称量间。在向下的层流装置中进行配料称量或使用手套箱等，以控制粉尘扩散。

③ 磨粉经常是开放性操作，粉尘很大。对高活性物料的磨粉，可在层流罩下或隔离器内进行，以降低产品暴露和员工接触的风险，并可以降低对外周房间区域的污染。

④ 制粒操作是发尘量较大的过程，操作时尽量保持密闭，同时房间应保持相对负压。

⑤ 固体制剂在干燥完毕后，如果是手工从干燥床的卸料口中转移物料，操作者容易接触大量粉尘。流化床采用真空卸料，保证操作过程中无粉尘暴露。配备在线清洗功能，保证清洁过程中操作者不会接触大量粉尘。

⑥ 粉料以不同的方式加入到压片机和胶囊机上，压片机和胶囊机的填充区会有暴露的药品粉尘，设备内应配有除尘器，设备操作时开启除尘器，以除去机器上积累的药粉。

四、设备的使用

设备操作人员需要先接受岗位培训，然后才能正确使用设备，使用时应及时填写记录，并进行及时有效的清洁，防止污染与交叉污染。

设备的日常使用及巡检

1. 设备的使用

针对设备的功能、关键结构、工作原理、操作过程、清洁方法及要求、注意事项等内容对设备使用人员进行培训，在实际操作训练考核合格后，方可上岗操作设备。正常操作设备过程中，依据设备标准操作规程，正确使用、清洗和维护。

2. 设备状态标识

药品生产中，不同功能的设备所处的状态也不尽相同，有性能完好正在运行的设备，也有待修停止运转的设备，需要有明显的状态标识准确表明设备的性能及状态，可避免生产人员的错误操作。常见的状态标识如下。

技能点
辨识设备状态标识

生产中、运行中：表示设备正在进行生产操作，状态卡应注明产品名称及批号。

待清洁：表示性能完好尚未清洁的设备，如更换产品、批号，或产品连续生产至规定时间需要清洗，或设备维修、试机后尚未清洁时使用的标识。

已清洁：表示性能完好已清洁合格的设备，可以进行生产活动，标识应写明清洁日期，如超过有效期，需重新进行清洁。

待修：表示设备出现故障，尚未修理的设备，不能启动使用。

维修中：表示设备正在维修状态下。维修结束后，生产设备状态为"待清洁"，维修人员应及时通知相应的生产人员及时进行清洁，使该设备及时恢复到"已清洁"状态。

试机：表示设备正在进行生产设备或物料的调试，试机结束后，生产设备状态为"待清洁"。生产人员应及时进行清洁，使该设备及时恢复到"已清洁"状态。

停用、备用：表示因更换品种或因技术原因一定时间内不需要使用的设备，如长期不用，可移出生产区。

状态标识应挂在明显的位置，也可以用不同的颜色进行区别，如"生产中""运行中""已清洁"使用绿色；"待清洁""待修""维修中""试机"使用黄色；"停用""备用"使用红色。生产设备状态标识卡更换后即由操作人员销毁处理，不进行存档。

五、设备的清洁

技能点
清洁设备

1. 清洁要求

当更换生产品种或同一品种更换批号时，一定时间内生产结束时，或新设备在安装、调试结束后，需进行设备清洗。设备清洁过程：确定需清洁的污染物性质和类型—清除所有前一批次残留的标识、印记—预冲洗—清洗剂清洗—冲洗、消毒—干燥—记录—正确存储和使用。主要生产和检验设备都应当有明确的清洁操作规程，规定具体而完整的清洁方法、清洁用设备或工具、清洁剂的名称和配制方法、去除前一批次标识的方法、已清洁设备在使用前免受污染的方法、已清洁设备最长的保存时限、使用前检查设备清洁状况的方法等。清洁操作规程使操作者能以可重现的、有效的方式对各类设备进行清洁。如需拆装设备，还应当规定设备拆装的顺

某药企洗塞机清洁消毒标准操作规程

序和方法；如需对设备消毒或灭菌，应当规定消毒或灭菌的具体方法、消毒剂的名称和配制方法，及设备生产结束至清洁前所允许的最长间隔时限。

维修工作结束后，要对设备进行清洁，必要时进行消毒或灭菌。

已清洁的生产设备应当在清洁、干燥的条件下存放，防止设备清洁后被污染。

2. 清洁工具

清洁设备使用的容器和工具应不脱落纤维和微粒，可以洗涤、消毒和干燥；不同洁净级别的工具应有明显的状态标识，不可混放、混用；特殊药品生产区的清洁工具应单独存放；清洁工具应能防潮、防腐、不易滋生微生物，不可使用竹、木质、铁质、含棉等材料。

3. 清洁方法

可选择热水、蒸汽和清洁剂等，配制好的清洁剂使用期限为 24 小时，清洁剂擦拭设备内外表面后，需用清水擦拭或冲洗，残留物不得对后续生产使用造成污染；普通设备可用高压水流冲洗内外表面；蒸汽适用于设备不做拆卸的在线清洗。如使用消毒剂，应选择两种以上消毒剂交替使用，防止产生耐药菌株；消毒剂应无毒且对设备、物料和成品不产生污染。

六、设备的维护与维修

设备维修助力药企精益求精

设备在使用过程中会逐渐磨损，产生材料性能与强度的变化，加工精度和功能也会受到影响，甚至产生故障，带来安全隐患。设备维护的目的就是为了降低设备发生故障的概率，为设备可以持续生产出高质量的产品提供保证。设备的维护分为预防性维护和故障维修。预防性维护是进行日常的检查和后续的跟踪过程，设备一旦发生故障或存在隐患而采取的纠正措施，就是故障维修。企业的设备维护或使用人员应定期对设备与工具进行维护保养，防止设备故障或污染对药品质量的影响。

企业应对主要设备制定预防性维护计划及维修操作规程，规定维修项目和维修频次，由专人或部门定期进行设备保养，并做记录，记录按 GMP 文件要求进行管理和存档。

设备的预防性维护管理

单元四 空调净化系统的管理

采暖通风与空气调节（heating ventilation and air conditioning，HVAC）系统，在我国药品 GMP 中称为空调净化系统。HVAC 系统主要通过对进入室内的空气进行处理，控制药品生产环境的空气温度、湿度、悬浮粒子、微生物、压差等指标，确保环境参数符合药品质量的要求，避免空气污染和交叉污染的发生，同时为操作人员提供舒适的环境，减少和防止药品在生产过程中对人造成的不利影响，并且保

▶重点与难点
空调净化系统的组成、功能及管理

护周围的环境。

一、空调净化系统的组成及类型

1. 组成

空调净化系统整体机组及其各部件应依据环境要求进行设计。机组主要包括加热、冷却、加湿、除湿、过滤等各个功能段，其他组成部件，包括排风机、回风机、热能回收系统等，见图3-6。HVAC系统内部结构不能有脱落物产生，缝隙尽可能小，以防止尘埃聚集。HVAC系统必须容易清洁，能耐受必要的熏蒸和消毒。

空调净化系统

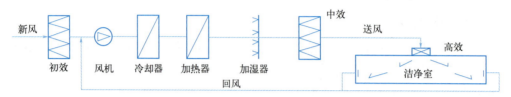

图3-6　空调净化系统空气处理基本流程图

2. 类型

▶ 技能点 ◀
辨识 HVAC 系统类型

空调净化系统可划分为直流型空调系统（图3-7）和再循环型空调系统（图3-8）。直流型空调系统，即将经过处理的、能满足空间要求的室外空气送入室内，然后又将这些空气全部排出，系统全部使用室外新风。再循环型空调系统，即洁净室送风由部分经处理的室外新风与部分从洁净室空间的回风混合而成。由于再循环型空调系统具有初投资和运行费用低的优势，故在空调系统设计中应尽可能合理采用再循环型空调系统。下列特殊生产区的空气不能循环使用：

① 生产过程散发粉尘的洁净室（区），室内空气如经处理仍不能避免交叉污染时；

② 生产中使用有机溶剂，且因气体积聚可构成爆炸或火灾危险的工序；

③ 病原体操作区；放射性药品生产区；

④ 生产过程中产生大量有害物质、异味或挥发性气体的生产工序。

图3-7　直流型空调系统　　　　**图3-8　再循环型空调系统**

一种药品生产区通常可分为若干不同洁净等级的区域，不同洁净区域应配备独立的空气处理机组。各个空调系统实现物理分隔，以防止产品之间出现交叉污染。独立空气处理机组还可用于不同的产品区，或分隔不同的区域，通过严格的空气过滤实现对有害物质的隔离，防止通过风道系统产生交叉污染，如生产区、辅助生产区、仓储区、行政管理区等应分别设置空气处理机组。对于运行班次或使用时间不同，对温湿度控制要求差别较大的生产区域，其空调系统亦应分开设置。

二、空调净化系统的功能

1. 加热与冷却

生产环境应与生产要求相适应，在洁净室空调系统中，可采用带有传热翅片的冷热盘管、管状电加热等方式对空气实现加热与冷却，将空气处理至洁净室所要求的温度。

2. 加湿与除湿

需要较低的相对湿度生产环境时，可应用除湿机和后冷却器进行除湿。较高湿度的生产环境，可利用工厂蒸汽、纯化水制备的纯蒸汽或通过蒸汽加湿器来维持。夏季的室外空气应先经过冷却器冷却后再经加热器做等湿加热，用以调节相对湿度。如需要控制室内静电，则应在寒冷或干燥气候条件下考虑增湿。

3. 过滤

新风及回风中的尘埃粒子和微生物数量能通过 HVAC 系统中的过滤器降至最低限度，使生产区达到正常的洁净要求。在空调净化系统中，空气过滤一般分为预过滤、中间过滤和最终过滤三级，每级使用不同材质的过滤器。预过滤效率最低，安装在空气处理机的初端，可捕集空气中较大颗粒（粒径 3 微米以上）。中间过滤位于预过滤的下游，安装在空气处理机组中部、回流空气进入的位置，用于捕集较小的微粒（粒径 0.3 微米以上）。最终过滤设在空气处理机组排出段，可保持管道清洁、延长终端过滤器的使用寿命。

当房间洁净级别较高时，最终过滤下游设有高效过滤器作为终端过滤装置。终端过滤装置位于空气处理机末端，安装在房间的天花板或墙上，可保证供应最清洁的空气，用于稀释或送出房间内释放的微粒，如 B 级洁净区或 B 级背景下的 A 级空气送风口。

4. 压力控制

大多数洁净室保持正压，而通向这个洁净室的前室依次保留越来越低的正压，直到非受控空间（一般建筑物）的零基准水平。洁净室维持的正压，可通过送风量大于排风量来实现，改变送风量可调节各室间的压差。特殊药品生产，如青霉素类药品产尘量大的操作区域应当保持相对负压。

三、送风形式

1. 单向流

单向流洁净室的进风面布满高效过滤器，整个送风面是一个大送风口，送风气流经静压箱和高效过滤器的均压均流作用，从送风口到回风口气流流线彼此平行，充满全室断面，以匀速向前推进，把室内原空气排入回风口，以达到净化室内空气的目的。由于气流的运动流线几乎是平行的，无涡流，因此称为单向流（或层流）。单向流形式空气净化能力强，转换空气所需时间短，并且通常在空调机组末端使用高效过滤器，因此，单向流适用于 A 级洁净房间或 B 级、C 级背景下的 A 级洁净区。

按照空气流动方向，单向流又分为垂直单向流（图 3-9）和水平单向流（图 3-10）。

▶ 技能点 ◀
辨识送风形式

气流方向取决于工作形式或操作步骤，特别是要考虑操作人员的影响和其他潜在的污染源，核心的岗位操作活动必须尽量靠近单向流保护面，同时使操作人员置于下风向（图 3-11）。如果送风过滤器安装位置过高，空气到达关键操作面之前，气流流型可能会变差，所以送风口应保持小面积，并使高效过滤器尽可能靠近关键位置。

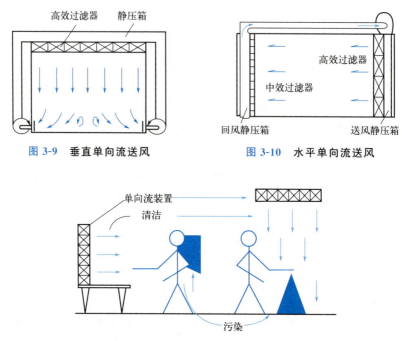

图 3-9　垂直单向流送风　　　　　图 3-10　水平单向流送风

图 3-11　水平单向流与垂直单向流的比较

2. 紊流

紊流洁净室从送风口经散流器进入室内的洁净空气气流迅速向四周扩散，与室内空气混合，稀释室内污染的空气，并与之进行热交换，在正压作用下，从下侧回风口排走。室内气流因扩散、混合作用而非常紊乱，有涡流，所以称为紊流（或乱流），见图 3-12；紊流洁净室自净能力较低，适用较低的空气洁净度级别（C 级和 D 级），最高可达到 B 级，换气次数一般在 10～100 次/小时，其一次投资与运行费用均较低。紊流送入的洁净空气必须与房间空气充分混合以达到稀释的作用，在房间的角落区域，空气流动性较差，往往会成为微粒浓度非常高的地方。送入房间的空气必须比房间需要保持的洁净级别更高，通过洁净空气的送入、混合与排出，可将空间所产生的微粒带出，并保持动态的环境条件。

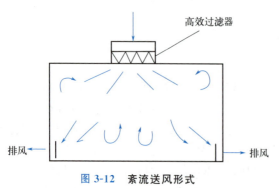

图 3-12　紊流送风形式

四、排风系统

洁净室（区）的排风系统，应符合下列规定：

① 应采取防止室外气体倒灌的措施；

② 排放含有易燃、易爆物质气体的局部排风系统，应采取防火、防爆措施；

③ 对直接排放超过国标排放标准的气体，排放时应采取处理措施；

④ 青霉素等特殊药品生产区的空气均应经高效空气过滤器过滤后排放；二类危险度以上病原体操作区及生物安全室，应将排风系统的高效空气过滤器安装在洁净室（区）内的排风口处；

⑤ 采用熏蒸消毒灭菌的洁净室（区），应设置消毒排风设施。

排风可采用独立系统，用以去除工作区的固体微粒、气体或蒸汽等空气中的污染物。下列情况的排风系统，应单独设置：

① 不同空调净化系统；

② 散发粉尘或有害气体的区域；

③ 排放介质毒性为现行国家相关标准规定的中度危害以上的区域；

④ 排放介质混合后会加剧腐蚀、增加毒性、产生燃烧和爆炸危险性或发生交叉污染的区域；

⑤ 排放易燃、易爆介质的区域。

五、空调净化系统的管理

1. 清洁和消毒

将已经清洁的设备及风管先密封再进行安装。在设备和风管的安装过程中，HVAC 系统必须尽可能保持干净，容易清洁，而且能耐受必要的熏蒸和消毒，但随着时间的延长，HVAC 系统内污物累积也会导致微生物滋生，所以系统应定期清洗和消毒。方法如下：

① 采用能够杀死微生物的溶液清洗 HVAC。

② 用消毒剂完整地擦拭风管，消毒剂不能降解其接触到的物质。

③ 对部分或全部系统用消毒剂进行熏蒸。

④ 在生产区进行消毒剂循环熏蒸，例如采用高效的过氧乙酸、甲醛作为熏蒸剂，需要后续通风以有效地排除熏蒸残留物。

▶ 技能点 ◀

HVAC 系统的清洁消毒和监测

2. 定期监测

为验证 HVAC 系统是否运行有效，需要对洁净区的空气悬浮粒子进行静态、动态的监测，对洁净区的微生物进行动态监测，如果发生了超过正常操作范围的变化，但还是在工艺限度之内，此时需要额外的环境监控。例如，送风机风量过小，或房间压力小于正常值，必须增加其他重要参数的收集，以判断房间环境是否依然受到有效控制。必要时对 HVAC 系统进行全面彻底的清洁和消毒，或更换和调整某些部件等。

单元五 制药工艺用水设备的管理

▶重点与难点

工艺用水的应用及防污染措施

药品生产过程离不开水，而且水用量极大，严格水系统的设计，加强工艺用水的制备、储存和使用等管理，确保工艺用水的质量，是保证药品质量的关键因素。工艺用水是指药品生产中使用并符合国家标准的水，主要分为饮用水、纯化水、注射用水。饮用水为天然水经净化处理所得的水，其质量必须符合国家标准。

一、工艺用水的制备及用途

制药用水系统

制药用水最低应符合饮用水标准，以饮用水为原料，采用过滤、反渗透、离子交换、电渗析及大孔树脂法或化学方法，制得纯化水，纯化水的电解质几乎完全去除，水中不溶解的胶体及微生物、溶解气体、有机物等也已去除至很低程度，其质量应符合《中国药典》纯化水项下的规定。再经过蒸馏法，则生成注射用水。注射用水必须在防止细菌内毒素产生的设计条件下生产、储存及使用。其质量应符合《中国药典》注射用水项下的规定。纯化水和注射用水的主要区别在于细菌内毒素的限制，注射用水要求严格，而纯化水没有要求。工艺用水制备流程如下：

$$饮用水 \xrightarrow[\substack{过滤法 \\ 反渗透法 \\ 离子交换法 \\ 电渗析法}]{} 纯化水 \xrightarrow{蒸馏法} 注射用水$$

注射用水制备工艺流程如下：

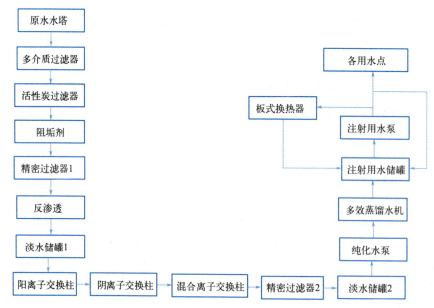

不同制剂的工艺用水的要求各不相同，饮用水、纯化水、注射用水在制药生产中的应用情况见表 3-7。

表 3-7　饮用水、纯化水、注射用水的应用

类别	应用范围
饮用水	药品包装材料粗洗用水； 中药材和中药饮片的清洗、浸润、提取用水； 药材净制时的漂洗、制药用具的粗洗用水
纯化水	非无菌药品的配料，直接接触药品的设备、器具和包装材料最后一次洗涤用水； 非无菌原料药精制用水； 注射用水的制备用水； 直接接触非最终灭菌棉织品的包装材料的粗洗用水； 普通药物制剂配制的溶剂或试验用水； 中药注射剂、滴眼剂等灭菌制剂所用饮片的提取溶剂； 口服、外用制剂配制用溶剂或稀释剂； 非灭菌制剂用器具的精洗用水； 非灭菌制剂所用饮片的提取溶剂
注射用水	直接接触无菌药品的包装材料的最后一次精洗用水； 无菌原料药精制工艺用水、直接接触无菌原料药的包装材料的最后洗涤用水、无菌制剂的配料用水； 注射剂、滴眼剂配制的溶剂或稀释剂及容器的精洗用水

二、工艺用水设备的管理

纯化水与注射用水在储存与使用过程中，应避免污染，使各项指标达到要求，更重要的是减少微生物滋生或污染，因此应关注：设备与管道内表面的材质及光洁程度；设备的密封性；设备内管道连接处是否有死角；水温及水流速度控制是否适当；如需循环，是否形成循环回路；设备消毒方法、消毒设施是否安全可靠等。

▶ **技能点** ◀

工艺用水防污染

 范例 3-2　某药品生产企业注射用水储罐及管路清洁消毒操作规程

题目	注射用水储罐及管路清洁消毒操作规程		
颁发部门	生产部	分发部门	质保部、动力车间
制定：	年　月　日	审核：	年　月　日　　编号：SOP－QJ1063
批准：	年　月　日	生效日期	年　月　日　　共1页　第1页

目的：建立注射用水储罐及管路清洁消毒操作规程，保证工艺用水质量。

应用范围：适用于注射用水储罐及管路清洁消毒操作。

责任人：水站操作工。

内容

1. 清洁对象

注射用水储水罐及管路。

管路指储罐出口处至送车间各使用点的循环供水管路，该系统管路具有最低点的排放口。

2. 清洁工具

清洁布、毛刷、清洁盆、橡胶手套。

3. 清洁剂

0.05%～0.1%洗洁精溶液（外部）、1%氢氧化钠溶液（内部）。

4. 消毒剂

纯蒸汽、2%～3%双氧水。

5. 清洁消毒地点

在线清洁消毒。

6. 清洁消毒频次及方法

6.1 每天生产结束后用清洁布将储水罐、管路及其配套设施外表面的污迹清除，用纯化水反复擦拭后擦干，保持表面光洁。

6.2 每周生产结束后清洁消毒

6.2.1 外部清洁：首先将污迹去除，然后用清洁布或毛刷蘸0.05%～0.1%洗洁精溶液反复擦拭储水罐、管路及其配套设施外表面，待清洁剂停留5分钟以上时，用清洁布和大量纯化水反复擦拭至无滑腻感，然后再用洗净的清洁布将各处擦干，保持表面光洁。

6.2.2 内部消毒：纯蒸汽消毒，不低于105℃至少保持1小时。

6.3 注射用水管路停止循环24小时以上，储液前要进行一次纯蒸汽消毒，不低于105℃至少保持1小时。

6.4 每三个月储罐和管路清洁消毒

6.4.1 取化学纯试剂氢氧化钠5千克用少量热注射用水溶解后，倒入储水罐内加水至500升稀释，配制成1%氢氧化钠溶液，作为清洁剂。

6.4.2 启动水泵进行管路循环30分钟后，停泵。放掉管路和储罐一部分清洁剂，剩约50L，用长毛刷蘸清洁剂反复刷洗各储水罐内壁，最后排掉，接水约500升进行管路循环至少30分钟，将水排掉。

6.4.3 用大量注射用水冲洗至pH值呈中性后，再进行一次纯蒸汽消毒，不低于105℃至少保持1小时。

6.5 任一点微生物限度检测不合格时储罐和管路清洁消毒

6.5.1 取化学纯试剂氢氧化钠5千克用少量热注射用水溶解后，倒入储水罐内加水至500升稀释，配制成1%氢氧化钠溶液，作为清洁剂。

6.5.2 启动水泵进行管路循环30分钟后，停泵。放掉管路和储罐一部分清洁剂，剩约50升，用长毛刷蘸清洁剂反复刷洗各储水罐内壁，最后排掉，接水约500升进行管路循环至少30分钟，将水排掉。

6.5.3 取30%双氧水35～50升倒入储水罐中，加注射用水约500升稀释，作为消毒剂。

6.5.4 启动水泵进行管路循环30分钟后，停泵，用长毛刷蘸双氧水反复刷洗储水罐内壁，然后排掉双氧水，管路的消毒剂在各使用点进行排放。储水罐内加水约500升，启动水泵，用水进行管路循环30分钟，冲洗罐内壁，将水排掉。

6.5.5 最终冲洗水pH值测试在5～7之间后，化验室取样进行水质全相检测，合格后投入使用。

7. 清洁消毒效果评价

外表面光洁、无污物、无油迹、无残渣，周围干净，最终冲洗水pH值测试合格，化验室取样进行全项检验，应合格。

⊙ 拓展方舟

　　为防止微生物滋生，通常利用循环或保温循环的措施，使工艺用水处于流动状态。当支管长度过大，主管水的流动不能将支管内所有水带出，就会有残留水滞留在支管内，形成"死水"，则易滋生微生物。

　　"6D"原则即主管中心点到支管阀门的距离应小于支管直径的6倍。风险越高的产品，设计死管应更短。在使用点采用零死角阀门，减少使用点形成菌膜、污染的风险。管道设计应基于风险的原则进行评估。如果不经常冲洗或消毒，任何系统都会存在死角。

为保证工艺用水质量，在设备管道设计与管理方面应关注下列6个方面问题，某药厂采取了A～G七项措施，你认为分别对应哪方面，请连线。

关注问题

1 设备与管道内表面材质应无毒、耐腐蚀
2 设备与管道内表面应光滑
3 设备与管道应密封良好无泄漏
4 设备内、管道连接处无死角
5 水温及水流速度控制适当。如需循环，应形成循环回路
6 严格管理

采取措施

A 制定工艺用水系统清洁和消毒规程，规定清洁频次、方法、程序等，并经方法验证。

B 与纯化水和注射用水接触的表面采用电抛光并用酸碱钝化。接管和焊缝保证无死角和砂眼。

C 通风口安装0.2微米孔径疏水性过滤器，避免因水位下降引起压力变化而产生微粒和微生物污染。

D 储罐采用立式结构减少死水容积。管道支管长度符合"6D"原则。

E 纯化水采用循环，注射用水采用70℃以上保温循环。水系统分配采用一个循环回路，最小返回流速控制在0.9米/秒。

F 对纯化水和注射用水关键用水点的质量参数进行在线监测和定期监测。

G 储罐和管道采用316/316L不锈钢材料；密封材质采用无毒、无脱落制药级硅胶，耐高温场合采用聚四氟乙烯材质。

稳扎稳打

一、名词解释

1. 洁净区　2. 缓冲室　3. 再循环型空调系统　4. 单向流

二、单项选择

1. 洁净区的洁净级别分为A级、B级、C级和D级，最终灭菌无菌药品生产中，直接接触药品的包装材料和器具的最终清洗室洁净级别应为（　　）。

　　A. A级　　　　　　　　B. B级
　　C. C级　　　　　　　　D. D级

2. 一般情况下，洁净室温度应控制在（　　）。

　　A. 20～24℃　　　　　　B. 18～26℃

C. 18～24℃   D. 20～26℃

3. 洁净区与非洁净区之间、不同级别洁净区之间的压差应当不低于（   ）。

    A. 5 帕斯卡   B. 8 帕斯卡

    C. 10 帕斯卡   D. 12 帕斯卡

4. 易产生粉尘的生产区域，洁净室的空气压力，应与其相邻的房间保持（   ）。

    A. 相对负压   B. 相对正压

    C. 相同压力   D. 无压力要求

5. 下列哪个洁净室（区）内不得设置地漏。（   ）

    A. A 级   B. B 级

    C. C 级   D. D 级

6. 阴凉库温度应为（   ）。

    A. 2～30℃   B. 不超过 20℃

    C. 2～8℃   D. 10～30℃

7. 单向流适用于下列哪种洁净级别。（   ）

    A. A 级   B. B 级

    C. C 级   D. D 级

8. 无菌制剂的配料用水使用（   ）。

    A. 饮用水   B. 纯化水

    C. 注射用水   D. 去离子水

9. 药品仓储区的防鼠措施不可采用（   ）。

    A. 防鼠板   B. 老鼠药

    C. 电猫   D. 鼠夹

10. 因更换品种或因技术原因一定时间内不需要使用的设备，使用"停用""备用"状态标识，其颜色应为（   ）。

    A. 绿色   B. 黄色

    C. 红色   D. 蓝色

三、多项选择

1. 洁净室（区）除控制空气悬浮粒子，还应监测以下哪些参数。（   ）

    A. 温度   B. 湿度

    C. 新风量   D. 压差

2. 下列洁净级别的洁净室（区）不应设置排水沟的是（   ）。

    A. A 级   B. B 级

    C. C 级   D. D 级

3. 厂区内的环境不应对药品质量产生影响，可采取下列措施进行规划的是（   ）。

    A. 可种植各类树木和花草，绿化环境

    B. 可建水池与喷泉，美化环境

    C. 绿化面积的比例应适宜，要尽量减少厂区内的露土面积

    D. 可铺设水泥路面，以减少尘土飞扬

4. 与药物直接接触的设备、容器、工具、器具应具备哪些条件。（   ）

    A. 不与药物反应、不释放微粒、不吸附药物

    B. 内表面平整光滑无死角及砂眼，易清洗、消毒或灭菌

    C. 设备所用润滑剂、冷却剂等不得对药品或容器造成污染

    D. 易产生粉尘的设备，应采取防尘除尘措施，并设在非洁净区

5. 药品生产企业厂区总体布局，应符合以下哪些要求。（   ）

    A. 生产、办公、生活和辅助各区域布局合理，不得相互妨碍和影响生产

    B. 水、电、气、热、冷等公用设施配置合理，远离生产中心

    C. 人流与物流分开，不得相互污染

    D. 厂区环境整洁，不得对药品生产造成污染及交叉污染

6. 下列何种情况，设备的状态标识为"待清洁"。（   ）

    A. 更换产品品种及相同品种更换批号时

    B. 产品连续生产至规定时间需要清洗时

    C. 设备"维修""试机"后尚未清洁时

    D. 因故障不能启动，尚未修理的设备

7. 下列哪些情况不能采用再循环型空调系统。（   ）

    A. 生产过程散发粉尘的洁净室（区），室内空气如经处理仍不能避免交叉污染时

    B. 生产中使用有机溶剂，且因气体积聚可构成爆炸或火灾危险的工序

    C. 病原体操作区、放射性药品生产区

    D. 生产过程中产生大量有害物质、异味或挥发性气体的生产工序

8. 空调净化系统具有下列哪些能力。（   ）

    A. 调节室内压力   B. 增加室内温度

    C. 降低室内湿度   D. 消除室内噪声

9. 紊流送风方式具有如下哪些特点。（   ）

    A. 洁净室自净能力较低

    B. 一次投资与运行费用相对较高

    C. 适用 B、C、D 级洁净房间或 A 级的背景区域

    D. 换气次数一般在 10～100 次/小时

10. 为避免工艺用水污染，药厂常采用哪些方法。（   ）

    A. 注射用水采用循环，纯化水采用 70℃以上保温循环

    B. 减少设备内、管道连接处死角

    C. 保持设备与管道内表面光洁

    D. 消毒液擦拭、紫外线或臭氧消毒储罐

四、简答题

1. 生产厂房设计时，哪些药品的生产区域要严格分开？

2. 洁净区操作人员需要进行怎样的净化程序，才能到达工作岗位？

3. 简述药品生产人员由洁净区到无菌区的更衣过程。

4. 洁净区需要控制哪些参数指标，应怎样进行控制？

学以致用

1. 为某药品生产企业规划厂区总体布局，画出平面示意简图。

2. 为药品生产车间的设备设计各种状态标识，并说明使用方法。

实训项目三

人员进出洁净室更衣操作

一、实训目的

1. 掌握人员进入一般生产区和洁净区的更衣操作流程。

2. 能按照更衣标准操作规程，更衣进入一般生产区和洁净区。

3. 培养科学、严谨、认真的工作作风和遵纪守法的职业精神。

二、实训内容

1. 穿一般区工作服。

2. 穿洁净区工作服。

3. 脱洁净区工作服。

4. 脱一般区工作服。

三、实训步骤

1. 进入一般生产区更衣

(1) 进入更鞋室，坐在门口换鞋凳（鞋柜）上脱鞋，将鞋放进下面鞋柜。

(2) 坐着身体旋转180度，取出换鞋凳（鞋柜）下面的一般生产区工作鞋，穿上。整个过程双脚不能着地。

(3) 进入更衣室，戴工作帽，穿工衣和工裤，对镜整理衣帽。进入洗手室，按照"七步洗手法"进行手部清洁并烘干。

(4) 更衣结束，进入一般生产区。

2. 进入D级洁净区更衣

(1) 在一更室的非洁净区域，脱去一般生产区工作衣帽，挂在指定位置。

(2) 坐在换鞋凳（鞋柜）上脱一般生产区工作鞋，放入非洁净区域鞋柜。

(3) 坐着身体旋转180度，从朝向洁净区的鞋柜内取出洁净区工作鞋，穿上。

(4) 按照"七步洗手法"进行手部清洗并烘干。

(5) 进入二更室，穿洁净区工作服。戴口罩（遮住口鼻）、穿洁净衣，戴洁净帽（遮住全部头发和双耳）。拉上拉链，扣好粘扣。穿洁净裤，并把上衣塞在工裤里，工裤不要拖蹭地面。

(6) 按照"七步洗手法"，进行手部清洗并烘干。进入手消毒室，用75%乙醇溶液喷淋手部，双手搓擦，自然晾干。

(7) 更衣结束，进入洁净区。在洁净区内注意保持手部清洁，不再接触与工作无关的物品。

3. 出洁净区

(1) 按照进入洁净区更衣相反流程，脱去洁净区工作服，放入有状态标识的桶内，盖上盖子，穿上一般生产区工作服。

（2）进入更鞋室，坐在换鞋凳（鞋柜）上脱下洁净区工作鞋，放入规定鞋架内，坐着转身180度，穿上一般生产区工作鞋，整个过程双脚不能着地。将一次性口罩等杂物放进垃圾桶。离开D级洁净区，进入一般生产区。

4. 出一般生产区

（1）按照进入一般生产区更衣相反流程，脱去一般区工作服，挂在指定位置。

（2）进入更鞋室，坐在换鞋凳（鞋柜）上脱下一般区工作鞋，放入规定鞋架内，坐着转身180度，穿上自己的鞋子，整个过程双脚不能着地。离开一般生产区。

四、实训组织

1. 观看一般生产区更衣流程和洁净区更衣流程视频。

2. 班级学生分组，每组3~5人，每人练习从室外进入一般生产区，再进入洁净区的更衣操作。

3. 练习从洁净区到室外的更衣操作。

4. 组长归纳本组学生更衣操作训练的收获和存在的问题，在班级进行发言讨论。

5. 教师答疑，总结。

五、实训报告

1. 画出人员进出一般生产区更衣流程图。

2. 画出人员进出洁净区更衣流程图。

3. 总结本次实训的收获与不足。

学习评价

职业核心能力与思政素质测评表

（在□中打√，A良好，B一般，C较差）

职业核心能力与思政素质	评价标准	评价结果
自我学习	1. 能制定合理的学习计划 2. 会管理时间 3. 有适合自己的学习方式和方法	□A □B □C □A □B □C □A □B □C
交流合作	1. 能把握交流的主题 2. 明白各自在合作中的作用和优势 3. 会换位思考，能接受不同的意见和观点	□A □B □C □A □B □C □A □B □C
信息处理	1. 有获取药品监管信息的方法 2. 会进行信息的梳理、筛选、分析 3. 能使用多媒体手段展示信息	□A □B □C □A □B □C □A □B □C
解决问题	1. 能纵观全局，抓住问题的关键 2. 能做出解决问题的方案，并组织实施 3. 分析问题解决的效果，及时改进不足之处	□A □B □C □A □B □C □A □B □C
思政素质	1. 坚持原则，认真负责,心有大志,行有大德 2. 努力学习,勤于实践,磨炼本领 3. 具有安全生产和环境保护意识	□A □B □C □A □B □C □A □B □C

专业能力测评表

专业能力	评价标准	评价结果
药厂选址、布局与装修	1. 能对厂址选择给出初步意见	□A □B □C
	2. 能对厂区总体布局给出初步意见	□A □B □C
	3. 能对洁净区的建筑施工提出要求	□A □B □C
洁净区管理	1. 熟悉人员进入洁净区更衣程序	□A □B □C
	2. 熟悉物料进入洁净区净化程序	□A □B □C
	3. 能对洁净室环境参数进行控制	□A □B □C
设备管理	1. 熟悉设备选择原则	□A □B □C
	2. 能恰当运用设备的除尘和防污染措施	□A □B □C
	3. 能按设备清洁消毒 SOP 清洁设备	□A □B □C
HVAC 系统管理	1. 熟悉 HVAC 系统的组成和功能	□A □B □C
	2. 熟悉 HVAC 系统清洁和消毒方法	□A □B □C
	3. 能对 HVAC 系统按操作 SOP 进行定期监测	□A □B □C
工艺用水设备管理	1. 熟悉工艺用水的制备及用途	□A □B □C
	2. 能对工艺用水设备及管道采取防污染措施	□A □B □C
	3. 能对工艺用水储罐及管路进行清洁消毒	□A □B □C

项目四

物料与产品管理

【知识点】物料分级，物料供应商审计内容，物料接收内容，物料储存要求，物料放行审核项目，物料放行原则，印刷包装材料管理内容，返工，重新加工，产品放行，产品出库原则，药品运输过程控制要点，药品召回分类分级，药品召回流程。

【技能点】物料供应商审计，填制接收记录，填制取样记录，物料储存，物料放行审核，物料发放，辨识药包材类别，标签验收，标签发放，成品放行审核，药品出库操作，药品运输操作，执行药品召回标准操作规程。

开宗明义4

【职业能力目标】

专业能力：物料供应商审计，物料储存，物料放行、发放，包装材料管理，成品放行，药品发运，药品召回。

职业核心能力：交流合作，信息处理，解决问题，革新创新。

【思政素质目标】生命至上，责任担当，廉洁自律。

学习导航

物料是生产药品的基础物质，其质量水平决定了药品的质量水平。为保证药品安全可靠，必须从物料抓起。本章内容将带你了解物料、产品、药品包装的管理要求，知道如何审计供应商的资质，如何对产品放行、发运与召回。

引 例

1937年，美国一家公司的主任药师瓦特金斯（Harold Wotkins）为使小儿服用方便，用二甘醇代替酒精作溶剂，配制色、香、味俱全的口服液体制剂，称为磺胺酊剂，用于治疗感染性疾病。到这一年的9~10月间，美国南方一些地方开始发现患肾功能衰竭的病人大量增加，共发现358名病人，死亡107人（其中大多数为儿童），成为20世纪影响最大的药害事件之一，后来才发现是二甘醇造成的结果。可见，物料对药品的质量安全有至关重要的影响。

药品生产是将物料加工转换成产品的一系列实现过程，包括从物料购入、接收、检验、储存、发放和使用的全过程。产品质量基于物料质量，形成于药品生产的全过程，物料质量是产品质量的先决条件和基础。因此，物料与产品管理是药品生产全过程中主要管理系统之一。物料指药品生产所需的原料、辅料、包装材料及其他辅助材料；产品指中间产品、待包装产品和成品。

单元一　物料管理

▶重点与难点

物料供应商的审计、物料接收、储存和发放

药品生产企业物料管理应做到规范购入、合理储存、控制放行、有效追溯，现场状态应始终保持整齐规范、区位明确、标识清楚、卡物相符，以保证物料的输入到输出的整个过程，严格防止差错、混淆、污染的发生。

物料管理的基本流程及职责见图 4-1。

图 4-1　物料管理流程及职责

一、物料购入

日常采购
管理流程

（一）物料分级

药品生产企业根据物料对产品质量影响的风险程度，确定物料的级别，通常将物料分为 A、B、C 三级，分级原则见表 4-1。

表 4-1　物料分级原则

物料级别	特点	举例
A 级	对产品质量有重大影响的物料	1. 原料药生产用起始物料 2. 药物制剂生产用原料药 3. 无菌产品直接接触成品的内包装材料
B 级	对产品质量有一定影响或其影响可在后续步骤中去除的物料	1. 非无菌产品直接接触成品的内包装材料 2. 药物制剂生产中用量较大、对工艺运行及产品质量有一定影响的辅料 3. 药品说明书、标签、印刷（内）包装材料
C 级	对产品质量影响较小或无影响的物料	1. 原料药合成过程用到的 pH 调节剂、工艺助剂 2. 药物制剂生产中用量小、对工艺运行及产品质量影响轻微的辅料 3. 发运用外包装材料,如发运纸箱、内托等

（二）供应商审计

首先由质量管理部门对品种涉及的物料进行风险评估，确定物料的安全级别，再由质量管理部门制定不同级别物料供应商需审计的内容和标准。供应商审计方法为基于现有信息的基础信息评审，进行资质审计与现场审计。审计合格后签署购货合同及质量协议，在协议中应明确双方所承担的质量责任，并建立供应商质量档案。

供应商选择

如果供应商生产处方工艺、生产条件等发生变更，必须及时通知生产企业，企业根据供应商的变更，对采购的物料进行风险评估，如有必要，可再次组织对供应商进行现场质量体系审计。如发生供应商变更，则要重新进行供应商质量体系审计。

📝 范例 4-1　某药品生产企业对其供应商的审计流程

某药品生产企业生产化学药制剂、中药制剂，有片剂、胶囊剂、口服液、散剂等剂型。该企业的供应商审计流程如下。

（一）首先由质量管理部门对品种涉及的物料进行风险评估

根据物料对产品质量影响的风险程度确定物料的级别。

① 直接影响药品质量的物料为原料，包括甲芬那酸、维生素 C、马来酸氯苯那敏、薄荷脑、阿司匹林、氯化铵、冰片、对乙酰氨基酚、人工牛黄、葡萄糖酸钙、酮洛酚等原料及所用的中药材和饮片，经风险评估后定位 A 级。

供应商审计

② 对药品质量有一定影响的物料为滑石粉、硬脂酸镁、淀粉、糊精、活性炭、色素、香精、虫白蜡、药用碳酸钙、蔗糖、蜂蜜、薄膜包衣粉、药用 PVC 硬片、铝箔、空心胶囊、药品包装复合膜、口服固体聚乙烯瓶、口服固体聚酯瓶，中药材炮制用的盐、酒、醋等经风险分析后定为 B 级。风险较大的辅料空心胶囊、硬脂酸镁、淀粉、糊精、滑石粉、药用乙醇、蜂蜜、薄膜包衣预混剂、药用 PVC 硬片、铝箔、药品包装复合膜、口服固体聚乙烯瓶、口服固体聚酯瓶等必要时需现场审计。

③ 对药品质量没有直接影响的物料为包装用纸箱、油墨、热收缩膜、盒子、标签、说明书、打包带、打印（批号、生产日期、有效期）色带、监管码等为 C 级。

（二）由质量部门制定不同级别物料供应商需审计的内容和标准

1. 对 A 级物料供应商的审计内容和认可标准（见表 4-2）

▶ 技能点 ◀

A 级物料供应商审计

表 4-2　A 级物料供应商的审计内容和认可标准

分类		审计内容	认可标准
资质审计	原料	药品生产许可证、营业执照、药品注册批件、质量标准、样品检验报告；进口原料的进口批件、样品的检验报告书（包括口岸药检所的检验报告书）、海关证明文件等。如从经营企业购进除审计以上资质外，还需审计营业执照、经营许可证、业务员授权委托书等	有并在有效期内，生产或经营的范围包括拟供货的原料
	辅料	生产许可证、营业执照、药品注册批件或生产批件、质量标准、样品检验报告；进口辅料的进口批件、样品的检验报告书（包括口岸药检所的检验报告书）、海关证明文件等。如从经营企业购进除审计以上资质外，还需审计营业执照、经营许可证、业务员授权委托书等	有并在有效期内，生产或经营的范围包括拟供货的辅料
	Ⅰ类包装材料	生产许可证、营业执照、药包材注册证（进口药包材注册证）、业务员授权委托书、质量标准、检验报告书	有并在有效期内

分类		审计内容	认可标准
现场审计	机构与人员	提供质量保证体系图	是
		质量管理部门是否独立于其他部门	是
		质量管理部门是否配备足够的人员负责相应的工作	是
		关键人员的学历情况以及质量受权人姓名,如有变更是否及时告知	是
		技术人员和质量管理人员的比例适当	是
		直接接触产品人员是否具有健康档案并定期体检	是
		是否制定企业年度培训计划,是否落实培训计划	是
	厂房与设施、设备	厂房所处的环境是否易造成对物料或产品的污染	否
		厂区是否整洁	是
		厂房布局是否合理,能否防止交叉污染	是
		厂房的洁净级别是否符合生产要求	是
		是否采取必要的防虫、防鼠措施	是
		提供关键设备及检验仪器一览表	是
		是否为专用车间,如不是,是否列出其他产品名录	是
		企业的生产能力是否满足供货需求	是
		是否对厂房设施、设备按规定进行维护保养	是
		是否进行了空调净化系统、工艺用水系统及关键设备的相关验证	是
	物料管理	提供关键物料清单	是
		是否对关键物料供应商进行了审查	是
		关键物料来源是否固定,如有变更,是否及时告知	是
		所有起始物料是否有相应标准,抽查关键物料检验报告书	是
		物料验收、取样、检验、放行是否符合规定	是
		包装、仓储条件、物料的管理是否得到有效控制	是
	生产管理	提供生产工艺流程图	是
		批的划分原则、批号的管理是否有可追溯性	是
		批的划分及每批的批量是否符合规定	是
		混批的控制是否符合要求	是
		生产量和供货量是否匹配	是
		是否建立书面的清场、清洁及消毒SOP,执行是否有记录	是
		是否有相应的SOP控制不合格品,抽查落实情况	是
		溶剂或母液的回收是否建立了相应的质量标准	是
		是否有偏差控制SOP,并严格执行	是
		是否建立返工、再加工SOP,并严格执行	是
		贴签和包装的管理是否符合要求	是
	产品运输	产品运输中,其包装及运输条件是否适当,产品不会变质或受到污染	是
	变更控制	是否建立变更控制的规程	是
		对于影响质量的变更是否及时通知物料的使用企业	是

分类		审计内容	认可标准
现场审计	质量管理	查看质量标准和检验方法,提供成品质量标准作为审计报告附件	是
		成品是否按质量标准实施全项检验	是
		检验能力是否满足质量控制要求,抽查检验报告及原始记录	是
		是否保存用户反馈、投诉记录及处理情况	是
		是否建立 OOS 控制的 SOP,抽查落实情况	是
		是否有委托检验,如有,是否得到有效控制	是
		是否对杂质(有机杂质、无机杂质和残留溶剂等)进行了有效控制	是
		是否建立退货产品处理的 SOP,并严格执行	是
		成品放行是否得到有效控制	是
		是否按自检频率的规定定期自检	是
		留样及稳定性实验是否符合规定	是
		外包材生产企业的审计是否有印刷模板的控制及清场的管理	是
		是否建立不合格产品处理 SOP,并严格执行	是
		内包材企业的检验能力是否与其质量标准相匹配	是

注：所有资料必须加盖生产/经营单位公章。

2. 对 B 级物料供应商的审计内容

(1) 资质审计

① 滑石粉、硬脂酸镁、淀粉等辅料

审计内容：营业执照、生产许可证、辅料注册生产批件、质量标准、样品的检验报告书、经营许可证、经营授权书、业务员资料。

合格标准：有以上资料，并在有效期内，生产或经营的范围包括拟供货的物料。

② 药品包装复合膜、口服固体聚乙烯瓶、铝箔等

审计内容：营业执照、生产许可证，内包材注册生产批件、质量标准、样品检验报告书、经营许可证、经营授权书、业务员资料。

合格标准：有以上资料，并在有效期内，生产或经营的范围包括拟供货的物料。

(2) 现场审计（必要时）

① 滑石粉、硬脂酸镁、淀粉等辅料

审计内容：人员机构、厂房设施和设备、物料管理、生产管理、质量管理、售后服务。

合格标准：可参照 A 级物料供应商现场审计项目制定。

② 药品包装复合膜、口服固体聚乙烯瓶、铝箔等

审计内容：企业可以自己确定，如印刷品版本号的管理，防止混淆的措施等。

合格标准：可参照 A 级物料供应商现场审计项目制定。

3. 对 C 级物料供应商的审计内容

C 级物料对药品内在质量无影响，故审核其资质即可。

资质审计内容：营业执照、生产/经营许可的证明文件。

由于药品物料质量要求的严格性，配货与运输条件应能满足药品特性要求，根据物料的理化性质、生物学特性等，对运输条件，如温度、湿度、光照等严格限定，确保物料的质量。

外包材供应商资质审计内容：营业执照、印刷许可证、商标印刷许可证、条码印刷许可证、质量保证体系情况（包括质量认证证书、质量管理网络图、质量管理人员情况等）、防止印刷差错或混淆的管理制度等。

（三）签订质量协议及建立供应商档案

药品生产企业对物料供应商进行资质审核及现场审核后，经评估如符合要求，批准将供应商及对应的物料列入"合格供应商清单"，同时需要与物料供应商签订质量协议，在协议中应明确双方所承担的质量责任。企业应对每家物料供应商建立质量档案，档案内容应包括供应商的资质证明文件、质量协议、质量标准、样品检验数据和报告、供应商的检验报告、现场质量审计报告、产品稳定性考察报告、定期的质量回顾分析报告等。

（四）定点采购

为保证所有物料质量稳定，实行定点采购。定点采购的对象及范围为经批准的"合格供应商清单"。新增物料及供应商须履行变更控制程序，经批准进入"合格供应商清单"后方可采购。

二、物料接收

物料接收是储存管理的关键环节，能够防止伪劣物料入库，保证质量合格。因此，在物料运输到达药品生产企业后，对其质量和数量必须进行严格的检查验收，按批核查。

（一）验收

1. 书面凭证检查与核对

物料到库后，仓储管理人员首先核实送货单是否与采购订单一致，是否具有合

格的检验报告等。除中药材外的物料每批都要有厂家的检验报告，一些特殊物料，如有协议，其他相关证明也可被接受。特别注意核查物料是否来自经批准的供应商。

2. 外观检查

对到货的每个或每组包装容器进行外观检查，是否有污染、破损、渗漏、受潮、水渍、虫咬等。确认包装容器的完整性，封签是否完整，是否有人为的破坏、损坏等。如果发现外包装损坏或其他可能影响物料质量的问题，及时向质量管理部门报告，并启动相关调查。

3. 标识信息核对

核实物料名称、规格、数量、供应商。清点物料数量是否与采购订单相符，如

果不符，核实数量是否在合理偏差范围内。

4. 填写接收记录

在接收后及时填写接收记录。每次接收均应当有记录，内容包括：

▶ 技能点 ◀

填制接收记录

① 交货单和包装容器上所注物料的名称；

② 企业内部所用物料名称和（或）代码；

③ 接收日期；

④ 供应商和生产商（如不同）的名称；

⑤ 供应商和生产商（如不同）标识的批号；

⑥ 接收总量和包装容器数量；

⑦ 接收后企业指定的批号或流水号；

⑧ 有关说明（如包装状况：包装容器是否封闭、是否破损等）。

记录要及时，信息真实准确，注明接收结论，并由负责人签名。

接收的物料放入仓储区货位时，要按品种、批号码放整齐，仓库管理人员填写货位卡。内容主要包含：物料名称、物料编号、货位号、企业内部编号、规格、供应商、入库数量和时间、发出数量、结存数量、收发人和日期等。货位卡是用于标识一个货位一单批物料的名称、规格、批号、数量和来源去向的卡片，是识别货垛的依据，能记录和追溯货位的来源和去向。

物料验收及入库操作流程

如接收物料属于难以按批号分开的大批量、大宗原料、溶剂等在与已入库物料混合前，应该按规定验收检验，合格后才能入库。

◎ 小试牛刀 ▶

作为一名仓库管理人员，在验收环节应注意下列哪些方面问题？（　　　　）

A. 特殊条件的物料，如温度控制的物料，要检查运输条件是否符合要求

B. 特殊生产物料，如易制毒化学品或贵重物料，需每批称重、双人复核

C. 进行特殊生产物料外包装卫生清洁时，应佩戴防护工具

D. 对特殊生产物料外包装清洁结束后，应转移至特殊物料仓库

E. 严格执行麻醉药品、精神药品、毒性药品验收入库管理制度

（二）物料暂存、待检

1. 物料暂存

经过接收环节的物料，无论合格与否，放进仓库暂存。仓库管理员根据物料储存条件的要求放入相应的仓库或区域内，按批号码放整齐。在仓库物料管理规程中建立"五防"（防火、防爆、防盗、防鼠虫害、防潮）的具体实施措施，如一些防火基本知识和技能，能熟练操作消防设施等。

▶ 注　意 ◀

如一次接收数个批次物料，应按批取样、检验、放行；如同一批物料分数次接收，每次接收后应分别取样、检验。

2. 物料待检

物料在入库暂存后，即处于待检隔离状态。隔离方法可以根据企业物料管理的实际情况安排，可采用物理隔离区域或计算机控制物料系统。同时，仓储部门填写请验单，送交质量管理部门。

三、物料取样检验

企业质量管理部门在接到仓储部门的请验单后，通知经授权的取样员按规定的方法取样。企业应设立单独的物料取样区。取样区的空气洁净度级别应与生产要求一致。如在其他区域或采用其他方式取样，应能够防止污染或交叉污染。

取样的合理性直接影响检验结果的真实性，抽取的样品要代表物料的整体状况，需全面考虑其科学性、真实性与代表性。经过培训的取样人员根据企业制定的取样规程取样，取样后，取样人员在包装容器上贴上取样标签，表明已被取过样，然后再密封容器。样品需要有取样标签标明所取样品的相关信息，最后填写取样记录。无论是原辅料、中间体、包装材料还是成品的取样都不能在取样后放回物料容器中。

 范例 4-2　某药品生产企业取样记录（表 4-3）

表 4-3　取样记录

年			品名	批号	规格	总件数（件、箱）	取样件数（件）	取样总量	分样量			取样编号	取样地点	供应商厂家	取样人	备注
月	日								理化	微生物/无菌	留样					

注：取样过程中未涉及的项目，划"—"。

样品经检验后，质量检验部门将检验结果报质量管理部门审核。

四、物料放行

物料放行是指对一批物料进行质量评价，作出批准使用或其他决定的操作。

质量管理部门（通常是 QA 部门）负责物料放行，物料的放行决定是基于物料采购、接收、贮存及质量评价活动的审核结果做出的，各环节审核的内容见表 4-4。

表 4-4　物料放行各环节审核内容

环节	要求
采购	1. 物料数量、规格正确 2. 物料来自于经批准的供应商 3. 物料符合既定质量标准
接收	1. 随货资料齐全，标识清晰完整 2. 运输条件符合要求 3. 包装完整性、密封性良好

环节	要求
贮存	1. 存放区域正确,环境条件符合要求 2. 标识清晰、完整、正确 3. 特殊物料的贮存符合法规要求、安全管理要求
质量评价	1. 供应商分析报告符合要求 2. 质量检验结果符合既定质量标准

 范例 4-3 **某药品生产企业物料放行审核单**（见表 4-5）

表 4-5 物料放行审核单

品名		规格		批号	
数量		物料编码		报告单编号	

供货单位：

	审核项目	审核结果
QA审核员审核	物料是否由有资质的供应商提供,关键物料的供应商是否经过企业内部审计合格	是□ 否□
	物料进库验收情况说明,包括品名、规格、批号、数量、有效期等内容是否与原厂检验报告单一致,包装完好且符合合同规定的内容	是□ 否□
	原厂检验报告单、送货单等随货凭证齐全,原厂检验报告单、检验项目、检验结果是否符合本企业的内控采购标准	是□ 否□
	待验物料的储存条件是否符合该物料储存条件的要求	是□ 否□
	请验程序正确,取样操作过程及取样环境是否符合取样相关 SOP 要求,取样是否科学、合理且具有代表性;取样数量能否满足全检及留样的要求	是□ 否□
	取样样品在进行检验前,其储存条件是否符合该物料储存条件的要求	是□ 否□
	检验项目齐全,检验结果符合企业内部物料质量标准的规定	是□ 否□

QA 审核员签名： 年 月 日

结论	同意放行 □ 不同意放行 □ QA 主任签名： 年 月 日
备注	

经批准放行的生产物料,由质量管理部门发放检验合格报告书、合格标签和物料放行单,并将结果通知仓储部门。仓储部门根据结果对物料进行处理,除去原来的标签和标识,对合格的物料将物料状态由"待检"变为"合格",挂上绿色标识,移送至合格品区储存。不合格的物料将物料状态由"待检"变为"不合格",挂上红色标识,移送至不合格品区,按规定程序进行处理。

五、物料储存及仓库区域管理

原辅料应按照有效期或复验期储存,并在规定使用期限内使用。仓储区应当有足够的空间,确保有序存放各类物料和产品。

▶ 技能点 ◀

物料储存

(一) 物料储存

1. 分类储存

物料须按类别、性质、储存条件分类储存，避免相互影响和交叉污染。GMP的分类原则是：

① 常温、阴凉、冷处及冷冻等分开；

② 固体、液体原料分开储存；

③ 串味的、挥发性原料避免污染其他物料；

④ 炮制、整理加工后的净药材与未加工、炮制的药材严格分开；

⑤ 特殊管理物料按相应规定储存和管理并立明显标志；

⑥ 印刷性包装材料要单独存放；

⑦ 危险品应专库储存；

⑧ 贵细原料药应单库存放，采取双人双锁核发制。

2. 储存条件

注　意

不正确储存会导致物料变质分解和有效期缩短，甚至造成报废。

物料应按其性质在规定的储存条件下储存。

（1）温度　冷藏：2～10℃；阴凉：不超过20℃；常温：10～30℃。

（2）相对湿度　一般为45％～75％，特殊要求按规定储存，如空心胶囊（10～25℃，35％～65％）。

（3）储存要求　遮光、干燥、密闭、密封、通风等。

3. 码放原则

注　意

中药材仓库储存量一般最高不超过三个月生产所需量。少数原料因运输（不可抗拒的自然现象）等原因的影响，最高不超过半年的生产所需量。

① 一个货位上只能存放同一品种、同一规格、同一批号、同一状态的物料。

② 高架库一个单元只能储存一种规格的一种物料。

③ 同一仓库内不同物料应有明显标识，除了有一定距离外，最好有物理隔断。

4. 状态标识

物料质量状态标识通常要求合格、不合格和已取样物料进行逐个包装标识。

物料的质量状态有：待验、已取样、合格、不合格，使用黄、绿、红三种不同颜色色标区分。

待验、已取样——黄色，标识物料在允许投料或出厂前所处的搁置、已取样等待检验结果的状态。

合格——绿色，标识被允许使用或被批准放行。

不合格——红色，标识不能使用或不准放行。

> **拓展方舟**
>
> 物料的使用期限：物料经过考察，在规定储存条件下一定时间内质量能保持相对稳定，当接近或超过这个期限时，物料趋于不稳定，甚至变质。
>
> 储存期内如有特殊情况应及时复验。
>
> 药品有效期：经过药监部门批准的药品在规定储存条件下的允许使用期限，药品的销售使用不得超过有效期。

（二）仓储区域的管理

为规范仓储区域的管理，企业应遵循以下基本原则：

① 每一仓库画出平面示意图，标识出仓库中的所有配置设施，例如消防栓、门的方位，灭虫灯的位置及编号，粘鼠板的位置及编号等；

② 接收的物料要确保包装完整、清洁，标识清楚，正确填写货位卡。

③ 仓库内所有物料的账、卡，由相应仓库管理员保管，仓库管理员应及时填写相应的台账，确保账、卡、物一致。

④ 仓储区要保持清洁、干燥，定期通风，制定合理的清洁周期及清洁责任人。一般情况下仓储区裸露地面每天均要清洁一次，进出物料如果发生洒落应及时清洁，并对发生洒落的物料进行处理；非裸露地面根据企业情况建立合适的清洁周期，一般一周一次。取样车每取完一种物料均要进行清洁，确保产品不受到污染；货架、托盘要保持清洁，托盘要定期进行清洁；消防器材也需制定合适的清洁周期，以保持清洁干燥。

⑤ 仓储区要合理分区，标识明确，最好用物理的方法隔离出待检、合格、不合格区。一般情况下，物料接收后，首先存放于待检区，悬挂待检标识。经检验合格后移至合格品区，悬挂合格品标识。如不合格应移至不合格专区。

⑥ 储存中要确保物料包装完好、标识清晰、密封，防止物料受到污染和交叉污染。

六、物料发放

1. 发放原则

物料经批准放行后方可发放。物料应根据其性质有序、分批储存和周转，发放时遵循"先进先出"和"近期先出"的原则，减少物料的储存期限。实际操作过程中还应执行"零头先发"原则。"零头"即上一次产品生产结束后，退回仓库的剩余物料，通常零头多为开封的物料，为避免长时间储存可能带来的质量风险，原则上应最先使用。

2. 发放程序

生产车间按照生产需要填"领料单"送仓库，物料保管员依照"领料单"所列内容，将所需物料备齐。领料员逐件核对所备物料，在"领料单"上签字后，将物料送到车间指定位置。

操作要点：

① 依据生产、包装指令发放。

② 发放、领用需要复核，防止差错。

③ 及时登记卡、账，便于追溯，使账（物料账）、卡（货位卡）、物（实物）相符。

④ 物料拆零环境应与生产环境相适应，防止污染。

考一考
消防栓的使用方法你了解吗？

物料发放及退库操作流程

技能点
物料发放

范例 4-4　某药品生产企业物料发放操作规程

名称	物料发放操作规程	制定依据	GMP(现行版)	编号	SOP-WL-00601
制定人		制定日期		共　页	第　页
审核人		审核日期		版本号	
批准人		批准日期		复制份数	
分发部门					
颁发部门				生效日期	

目的：建立物料发放标准操作程序，避免差错，保证产品质量。

范围：本规程适用于本公司仓库所有合格物料（原辅料、包装材料）的发放工作程序。

职责：物料保管员、领料员执行本操作程序，质管员监督本程序的执行。

内容：

1. 发料原则

1.1　必须有质量管理部发放的"检验合格报告单""合格证"的物料（原辅料、包装材料），方可发放。待验、不合格、退货物品严禁发放。

1.2　发放时，领料员手续、凭证单据齐全正确。

1.3　先进先出，按批号（批次）限额发料（原辅料、包装材料）。发放时应先发放生产退回的尾料。

1.4　每件物料上应贴有"合格证"标识（原辅料、包装材料）。

1.5　处理后使用的物料，必须经质量管理部门批准后才能发放。

1.6　超过规定储存周期的物料，无复验结果"符合规定"的检验报告书，不得发放。

2. 发料程序

2.1　备料、领料

2.1.1　车间领料员根据生产指令核算所需准备的物料，填写"领料单"，一式四联（仓库、财务、领用部门、统计），经生产车间（工序）负责人核准签字后，领料员将"领料单"交给物料保管员。

2.1.2　物料保管员检查核对领料员填写的"领料单"，检查是否已由生产车间（工序）负责人审核、签字，是否符合发料原则。

2.1.3　物料保管员依照"领料单"所列的物料名称、物料代码、规格，填上应发物料的批号、进厂编码等，按"领料单"的数量将所需物料备齐，置备料区（发料区），同时填写货位卡。

2.1.4　车间领料员逐件核对所备物料的品名、规格、批号（进厂编码）、数量、合格证等，在"领料单"上签字。由领料员送到车间指定位置，将外包装清洁后堆放整齐。

2.1.5　原辅料发放　依次限额发放原辅料，称量按《原辅料称量操作规程》操作。

2.1.5.1　库房具备与生产要求相同条件的分样室时，可在分样室内称量后，双层包装密封，并做好标记发放。

2.1.5.2　库房不具备与生产要求相同条件的分样室时，进入洁净区物料应整包装发放。少量必须存放于生产车间的整包装原辅料或试剂，以最小包装量领取后，每次启封使用剩余的物料应及时密封，由操作人在容器上注明启封日期、剩余数量及使用者签名。

2.1.5.3　凭批生产指令定额发放的物料，若只能以整包或最小包装发放（超额发放）给车间（工序），下一次仓库按批生产指令（领料单请领量按批定额量填写）发放该物料到该车间（工序）时，应扣除未结退料前多领的物料量。

2.1.6　直接接触药品的内包材应整包装发放。

2.1.7　标签、说明书、印有与标签内容相同的药品包装物必须凭包装指令限额发放，如机用的采用减量法，手工包装的采用计数法。车间专人（物料员）领取及保管，计数发放，发料人、领料人均须核对，并由双方签名，做好仓库发放记录。

2.1.8　注意事项

2.1.8.1　物料发放过程中应不损坏和弄脏外包装，并避免物料受潮。

2.1.8.2　库房应配备磅秤、天平等计量设备，并定期校准、定期检定，用后清理干净，保证其准确好用。用磅秤称量的原辅料，在称量过程中应有领、发双方同时在场，并预先校对计量器具，其称量精度要精确到0.1千克；用电子天平称量的物料精确到0.1克。

2.1.8.3　凡进货为桶装、袋装的原辅料，如以千克计量的原辅料应精确到0.1千克。

2.1.8.4　凡进货的原辅料以克计量的原辅料应精确到0.1克。

2.1.8.5　发料后物料保管员应将剩余的物料及时送到原货位上码放整齐。

2.1.8.6　如遇有需要拆包装发放的原辅料时，应先将原辅料外包装进行灭菌处理后，放入取样车内进行分装（分装时执行取样车取样操作规程）。发放剩下的原辅料经称量后将袋口封好，再用一个新塑料袋从袋口方向套上封好口，放在原货位上码放整齐，并做好标记，下次发料时，先发出去。

2.2　整理账卡

2.2.1　物料保管员及时填写台账，坚持日清月结。

2.2.2　将发料票据装订入档保存。

2.2.3　贵重原料等需双人备料，双人送（领）料，双人收料，物料封口要加封条。

单元二　包装材料管理

包装是指待包装产品变成成品所需的所有操作步骤，包括分装、贴签。在药品生产、储存、运输、销售等各环节中，无论是原材料还是成品，都离不开包装，包装所使用的材料在保护药物免受光、空气、水分、微生物等外界因素影响而变质或外观改变等方面起着决定性作用。同时，药物的包装也可以让使用者明确辨认出所使用的药品的种类、规格、浓度和剂量等。

▶重点与难点

印刷包装材料的管理

与药品直接接触的包装材料和印刷包装材料的管理和控制要求与原辅料相同。

一、包装材料的分类

药品包装材料包括与药品直接接触的包装材料和容器、印刷包装材料，不包括发运用的外包装材料。按与所包装药品的关系程度，可分为三类：

▶技能点◀

辨识包装材料类别

① 内包装材料。指用于与药品直接接触的包装材料，也称为直接包装材料或初级包装材料，如注射剂玻瓶、铝箔、油膏软管等。内包装应能保证药品在生产、运输、储存及使用过程中的质量，并便于医疗使用。

② 外包装材料。指内包装以外的包装，按照由里向外分为中包装和大包装，如纸盒、木桶、铝盖等。外包装应根据药品的特性选择不易破损的材料，保证药品从流通到使用过程中的质量。

③ 印刷性材料。具有特定式样和印刷内容的包装材料，如印字铝箔、标签、说明书、纸盒等。这类材料可以是外包装材料也可以是内包装材料。

二、包装材料的管理

包装材料能够起到保护药品的作用，但如果选用不当，或者受到污染，会严重危及药品质量。例如，出于工艺水平的局限或是成本考虑，如果采用低硼硅玻璃安瓿，其与中性、高硼硅玻璃安瓿相比，耐水性和耐酸性较差，其内表面与药品直接接触，易被药品吸附，出现玻璃脱片现象，进而影响药品质量，同时在常规检查时一般不易被发现，而且更容易破损。生产药品所需的直接接触药品的包装材料和容器，应当符合药用要求，其质量、安全及功能应该满足药品制剂的需要，符合保障人体健康、安全的标准。

药品上市许可持有人

（1）我国实行药包材药用辅料与药品关联审评审批制度，就是将药包材和辅料与药品注册申请一并审评审批。

（2）药品生产企业，应当对使用的直接接触药品的包装材料和容器供应商或者生产企业进行审核，通过生产全过程控制保证产品质量，降低潜在风险。

（3）经批准或者通过关联审评审批的直接接触药品的包装材料和容器的生产企业，应当遵守国家药品监督管理部门制定的质量管理规范以及关联审评审批有关要求，确保质量保证体系持续合规。

（4）药包材发生改变处方、工艺、质量标准等影响产品质量的变更时，其生产企业应主动开展相应的评估，及时通知药品生产企业，并按要求向药品监督管理部门报送相关资料。

（5）为了避免因供应商问题对药品质量产生影响，药品生产企业应选择信用好、服务质量好和产品质量好的药包材生产企业；在双方信息沟通方面建立机制，确保及时获取变更信息；要在双方协议中提出对药包材变更方面的要求。

（6）凡直接接触药品的包装材料和容器（包括盖、塞、内衬物等）除抗生素原料药用的周转包装容器外，均不准重复使用。

（7）包装材料应当由专人按照操作规程和需求量发放。

三、印刷包装材料的管理

药品生产中使用的印刷包装材料，有标签、说明书、直接印刷的包装材料、内包装容器说明物、封签、装箱单、合格证、外包装容器说明物等。印刷性包装材料直接给用户和患者提供了使用药品所需的信息，因此对印刷包装材料必须进行严格管理。

1. 标签的设计与印制

▶议一议◀

药品生产车间剩余的印有批号的标签，为什么要销毁而不能退回仓库？

（1）标签设计与印制应与药品监督管理部门批准的内容一致并符合《药品包装管理办法》规定。

（2）印有文字的包装材料（如复合袋、铝箔等）的制定程序与标签、说明书、印有标签内容的包装材料相同。

（3）企业质量部门对标签、说明书、印有标签内容的包装材料的设计是否符合产品质量标准的要求，国家政策、法规等要求及文字内容、颜色、样式、材质等的正确性负责。

（4）在订制标签时应与供应商签订合同，防止标签外流，印制过程中的废品应受控销毁。

（5）将批准后的标准样稿送印刷厂进行印制，标准样稿必须有质量部门的审核签字。

（6）印刷厂制版后将初印的小样寄回药品生产企业，经企业质量部门审核签字确认后再进行批量印制。

（7）印刷厂按数印刷，每包/件包装数量固定。对印刷中产生的废标签、说明书、印有标签内容的包装材料或需要报废的标签、说明书、印有标签内容的包装材料应按照批准及严格受控的规程销毁，并有记录，有效防止标签的外泄。

2. 标签和说明书的变更

（1）标签和说明书在生产使用中，如有新版药典或国家药监部门有新的规定颁布，该品种内容有所变更时，标签和说明书也须及时相应变动。

（2）变更标签、说明书、印有标签内容的包装材料由质量部门审核确定。

（3）标签、说明书、印有标签内容的包装材料更改后，原模版向印刷厂方收回销毁或者印刷厂按照批准且受控的规程销毁并保存好销毁记录。

3. 标签的验收储存

（1）质量部门应对每批标签检查是否注明生产单位、注册商标、批准文号、品名、规格、生产批号、装量、用法、剂量、生产日期、效期等内容。毒剧等特殊药品应按规定明显标志。并按企业所订标准样本要求核对内容，还应检查印刷质量，符合要求后，签发检验合格证。

▶ **技能点** ◀

验收标签

（2）印刷质量的检查：标签进厂后，按标准样检查外观、尺寸、式样、颜色、文字内容，查看有否污染、破损。对不符合要求的，点数封存，经审批后指定专人及时销毁，做好记录，并由监销人审查签字。

（3）标签必须按品种、规格、批号分类专柜存放，并上锁专人管理。

（4）每批新印的标签必须留样存档并注明印刷单位、印刷日期、印刷数量和验收入库日期。

4. 标签的发放使用

（1）各种药品标签应按计划由车间专职人员领取，仓库保管员按车间填写的"领料单"发放，并填写标签发放记录，领、发料人均应在"领料单"上签字。

原辅料及
包材的放行

（2）车间专职领取人员核对品名、规格或批号、数量，并检查印刷质量，做好验收记录并负责保管。

（3）包装工序填报实用数量。如果实用数与领用数发生差额时，应查明差额原因，并做好记录。

（4）标签不得改作他用或涂改后再用。

（5）计数

① 标签用量不大时可以逐张清点。

② 标签在喷码过程中，喷码机自动计数。

③ 对于批数量较大且没有自动计数装置的包装工艺，可以先计数一定数量后称重，计算出每张的平均重量，然后再称取每批领用量，用领用量除以每张均重，即可得到每批的领用张数。

5. 标签的退库与销毁

（1）车间剩余的没有打印批号且完好的标签和说明书、印有标签内容的包装材料退库应清洁、完整、整齐，经仓库保管员核对无误后，由车间标签保管员填写退料单，办理退库手续。

（2）车间或贴签工序剩余的印有批号的标签，不得退回仓库，指定两人核对数量后销毁，并做好销毁记录。

（3）由印刷厂印好批号的标签，发剩时或该批号取消时，仓库指定专人及时销毁，做好记录，并由监销人审查签字。

单元三　产品管理

产品的概念包含中间产品、待包装产品、成品。产品的管理理念和程序与物料管理基本相同。

一、中间产品的管理

质量管理部门根据药品生产过程及结果评价中间产品是否正常，是否符合企业内控质量标准，并决定是否流转和使用。

1. 生产过程控制

中间产品的质量取决于生产过程中的质量控制，包括：

① 产品是否按批准的生产工艺生产；

② 人员培训是否到位；

③ 机器设备有无对中间产品产生影响；

④ 厂房、环境、尘粒、微生物是否达标等。

生产部门应在生产过程中采取合理措施确保中间产品符合企业内控标准。

2. 流转过程控制

生产部门应依据中间产品的特性确保包装容器的清洁度和密封性，保证中间产品在运输传递途中不受尘粒或微生物的污染。

3. 储存管理

为防止发生混淆和差错：

① 仓储区域要有足够的空间保证产品的存放。

② 中间产品和待包装产品，应做好标识，至少标明名称、企业内部代码、批号、数量或重量、生产工序、产品的质量状态（如待检、合格、不合格、已取样等）。

二、产品的返工、重新加工与回收管理

1. 返工

返工指将某一生产工序生产的不符合质量标准的一批中间产品或待包装产品、成品的一部分或全部返回到之前的工序，采用相同的生产工艺进行再加工，以符合预定的质量标准。

不合格的中间产品、待包装产品和成品一般不得进行返工。只有不影响产品质量、符合相应质量标准，且根据预定、经批准的操作规程以及对相关风险进行充分评估后，才允许返工。如在颗粒剂的生产中，在制粒过程中，主药含量发生重大偏差，不得返工；但若是水分含量超标，则可以返工。返工应当有相应的记录。

2. 重新加工

重新加工指将某一生产工序生产的不符合质量标准的一批中间产品或待包装产品的一部分或全部，采用不同的生产工艺进行再加工，以符合预定的质量标准。重新加工虽然采用了不同于正常生产工艺的其他工艺，但这个工艺也必须是正式的工艺，必要时也须经过工艺验证。

▶ 注　意 ◀

制剂产品不得进行重新加工。

3. 回收

回收指在某一特定的生产阶段，将以前生产的一批或数批符合相应质量要求的产品的一部分或全部，加入到另一批次中的操作。产品的回收需经过预先批准，并对相关的质量风险进行充分评估，根据评估结论决定是否回收。回收应当按照预定的操作规程进行，并有相应的记录。回收处理的产品应当按照回收处理中最早批次产品的生产日期确定有效期。

药品入库
操作流程

对返工或重新加工或回收合并后生产的成品，质量管理部门应当考虑进行额外相关项目的检验和稳定性考察。

三、产品的放行管理

产品放行是指对一批产品进行质量评价，作出批准使用或投放市场或拒绝决定的操作。企业应建立产品批准放行的操作规程，明确批准放行的标准、职责，并有相应的记录。

▶ 技能点 ◀

产品放行审核

中间品及
成品的放行

1. 产品放行流程

产品放行主要通过对批生产、包装记录和批检验记录开展审核来实现，只有生产过程严格受控，过程控制及产品质量符合既定标准的产品才能被放行。产品放行审核流程见图4-2。

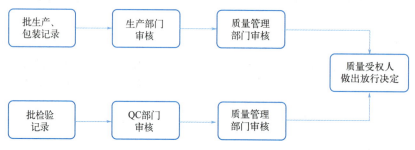

图 4-2　产品放行审核流程图

质量管理部门审核批生产、包装记录和批检验记录，放行要求如下：

① 生产用物料得到合适的质量评估并放行；

② 相关设施、设备已经确认合格；

③ 生产工艺和分析方法已经验证合格；

④ 已完成所有必需的检查、测试和评估，包含因偏差或变更引发的额外测试，无菌产品的无菌检查结果合格；

⑤ 所有必需的生产和质量控制均已完成并经相关主管人员签名；

⑥ 所有与本批有关的异常，包括偏差、检验结果超标等，均已按照程序调查、评估并处理，变更已纳入控制。

质量受权人放行要求如下：

① 质量管理部门的审核工作不存在疏漏或错误，偏差、检验结果超标处理得当；

② 产品及其生产过程符合注册标准和GMP要求；

③ 批生产及检验相关变更已按照规程处理，需要经药监部门批准的变更已得到批准；

④ 产品检验结果符合放行质量标准。

2. 产品放行职责

质量受权人是产品最终放行的决策者，每批药品均应当由质量受权人签名批准放行。质量受权人应掌握药品生产过程和质量控制的所有关键信息，这要求相关部门（质量管理部门和生产部门等）承担起相应的职责，将可靠的过程控制、偏差调查及评价、变更影响评估等信息传递给放行决策者，从而保证其正确地开展放行决策。所以，质量受权人、质量管理部门和生产部门都是产品放行职责的主要承担者。

范例 4-5　某药品生产企业成品放行审核单（见表 4-6）

表 4-6　成品放行审核单

品　名		规　格		批　号		
数　量		生产车间		报告单编号		
审核项目						审核结果

	审核项目		审核结果
生产审核	1. 生产指令及主配方	①起始物料有合格证,物料领用数量符合指令要求 ②生产配方与工艺规程相符	是□　否□
	2. 生产所用物料	①生产所使用的物料有合格证 ②投料量与配料单要求一致,投料次序正确,工艺参数正常	是□　否□
	3. 批生产指令	①记录齐全、书写正确、数据完整,有操作人、复核人签名 ②生产符合工艺要求,生产状态、清场合格证等均符合要求 ③中间产品有检验报告或 QA 确认,结果符合内控标准	是□　否□
	4. 批包装指令	①所用说明书、标签、合格证均正确,打印批号及有效期正确 ②记录齐全、书写正确、数据完整,有操作人、复核人签名	是□　否□
	5. 物料平衡	①物料平衡计算公式正确 ②各工序物料平衡、收率结果符合标准	是□　否□
	结论	符合规定□　　不符合规定□ 审核人：　　　　　　　年　　月　　日	
质量审核	1. 批生产记录	①记录齐全、书写正确、数据完整,有操作人、复核人签名 ②清场记录及清场合格证有 QA 签字 ③中间产品按规定取样、检验,检验结果符合要求	是□　否□
	2. 批包装记录	①记录齐全、书写正确、数据完整,有操作人、复核人签名 ②清场记录及清场合格证有 QA 签字 ③所用说明书、标签、合格证均正确,打印批号及有效期正确	是□　否□
	3. 物料平衡	①物料平衡计算公式正确 ②各工序物料平衡、收率结果符合标准	是□　否□
	4. 监控记录及取样记录审核	①记录齐全、书写正确、数据完整,有监控人签名 ②监控项目齐全,结果符合规定,取样单及取样数量正确	是□　否□
	5. 偏差	①生产偏差执行偏差处理程序,处理结果符合要求 ②检验偏差执行 OOS 调查程序,处理结果符合要求	是□　否□
	6. 批检验记录	①记录齐全、书写正确、数据完整,有检验人、复核人签名 ②检验报告单项目及结果符合内控标准 ③检验报告单有批准人签字及盖有"质检专用章"	是□　否□
	结论	符合规定□　不符合规定□ 审核人：　　　　　　年　　月　　日	

符合规定,同意放行　□
不符合规定,不同意放行　□
质量受权人：　　　　　　　　　年　　月　　日

四、产品的发运管理

药品生产完成经检验合格放行后，通过发货运输进入流通环节，再经过销售进入使用环节。药品发运是指药品生产企业将产品发送到经销商或用户的一系列操作，如配货、运输等。其中药品出库、运输是关系到药品质量的重要环节。

1. 药品出库管理

药品生产企业要制定药品出库检查与复核的管理制度，制定科学合理的药品出库复核程序，明确相关人员的质量责任。对药品出库的原则、药品出库的质量检查与校对的内容、出库复核记录及其管理、相关人员的责任等都要明确下来。

（1）出库原则　药品出库应遵循"先产先出""近期先出"和按批号发货的原则。先产先出、近期先出以保证药品在有效期内使用；按批号发货以保证出库药品有可追踪性。

▶ 技能点 ◀
药品出库操作

药品出库
操作流程

（2）过程控制

① 药品出库时必须进行复核和质量检查。复核和检查时，应按发货凭证对实物进行质量检查和数量、项目的核对，做到出库药品质量合格且货单相符。麻醉药品、一类精神药品、医疗用毒性等特殊管理药品出库时应双人复核。

② 药品发运的零头包装只限两个批号为一个合箱，合箱外应当标明全部批号，并建立合箱记录，以确保每批药品都可以追踪。

③ 每批产品均应当有发运记录。发运记录内容应包括：产品名称、规格、批号、数量、收货单位和地址、联系方式、发货日期、运输方式等。根据发运记录，应能够追查每批产品的销售情况，必要时应当能够及时全部追回，发运记录应当至少保存至药品有效期后一年。

④ 不能出库发货的情况：药品包装内有异常响动和液体渗漏；外包装出现破损、封口不牢、衬垫不实、封条严重损坏等现象；包装标识模糊不清或脱落；药品已超出有效期等。如果发现以上问题应停止发货，并报企业质量管理部门处理。

📝 范例 4-6　某制药公司成品药接收、入库、发货管理制度

文件名称	成品药接收、入库、发货管理制度		编码	
制定人		审核人	批准人	
制定日期		审核日期	批准日期	
制定依据			页数	
制定部门		营销部	版本号	
分发部门		成品仓库、质管部、生产部	实施日期	

1. 目的
规范成品药的接收、入库、发货管理。
2. 适用范围
成品仓库管理。
3. 责任
成品仓库管理员对制度的执行负责，仓库主管对本制度的执行承担监督检查责任。

4. 内容

4.1 成品药的接收及储存

4.1.1 车间将包装好的成品交仓库待验寄库,仓库管理员核对车间填写的《成品进仓单》中的品名、规格、数量、批号,包装与实际是否相符,检查产品外包装是否清洁、完好无损。

4.1.2 待检寄库的成品应存放在待验区中,并挂上黄色待检牌,按《物料定置管理规定》存放。

4.2 入库

4.2.1 仓库管理员根据化验室出具的成品检验报告单,及质管部签发的《成品放行审核单》办理入库或退库手续。

4.2.2 将合格的成品移入成品合格区域,仓库管理员填写库存货位卡和《进销存账》。

4.2.3 不合格的成品移至成品不合格区域,按《不合格品管理制度》的有关规定执行。

4.3 成品药的出库

4.3.1 药品出库遵循"先产先出""近期先出"和按批号发货的原则。

4.3.2 仓库管理员审核销售部门签发的提货单,核对产品名称、数量、规格、收货单位、收货地点、开票人员签名,确认准确无误后,准予提货。

4.3.3 根据提货单位所需的品种、规格、包装规格及数量,在合格品区找出应发运品种的批号及货位。

4.3.4 每次发货后要在库存货位卡做好发货记录。

4.3.5 填写销售记录,做到账、物、卡相符。

2. 药品运输管理

药品的运输应遵循"及时、准确、安全、经济"的原则,遵照国家有关商品运输的各项规定,规范药品运输行为,合理地组织运输工具和力量,实现物流的畅通,确保药品运输质量,把药品安全及时地运达目的地。

(1) 运输要求 运输机构或人员必须具备一定的资质,运输人员应当经过有关药品以及药事法规知识的培训。应具备保证药品质量的条件,尤其对于冷藏药品,应具有防雨、避光、防高温高湿、防冻、防干燥、防颠簸、防偷盗等装置。对有温度要求的药品的运输,应根据季节的温度变化和运程在运输途中采取必要的保温或冷藏措施。

(2) 过程控制 在药品运输时,根据药品流向、运输线路条件和运输工具状况、时间长短及运输费用高低,进行综合研究,在药品能安全到达的前提下,选择最快、最好、最省的运输办法,努力压缩待运期。针对运送药品的包装条件及道路状况,采取相应措施,防止药品的破损和混淆。特殊管理药品和危险品的运输应按国家有关规定办理。

▶ 技能点 ◀
药品运输操作

① 药品发运前必须检查药品的名称、规格、单位、数量是否与随货同行发票相符;有无液体药品与固体药品合并装箱的情况,包装是否牢固和有无破漏;衬垫是否妥实,包装大小重量等是否符合运输部门的规定。

② 填制运输单据,做到字迹清楚,项目齐全,发运药品按每个到站(港)和每个收货单位分别填写运输交接单,也可用发货票的随货同行联代替。拼装整车必须分别给各收货单位填写运输交接单,在药品包装上应做明显标识以示区别。

③ 药品在装车前需按照发运单核对:发送标志和药品标志有无错漏,件数有无差错,运输标志选用是否正确,然后办好运输交接手续,作出详细记录,并向运输部门有关人员讲清该批药品的搬运装卸的注意事项。

④ 搬运、装卸药品应轻拿轻放,严格按照外包装图示标志要求堆放和采取保

护措施。药品包装为玻璃容器的情况下，易碎、怕撞击和重压，所以搬运装卸时必须轻拿轻放，防止重摔，液体药品不得倒置。如发现药品包装破损、污染或影响运输安全时，不得发运。

⑤ 各种药品在途中运输和站台堆放时，应注意防止日晒雨淋，以免药品受潮湿、光、热的影响而变质。

⑥ 定期检查发运情况和待运药品情况，防止漏运、错运，保持单据完备。对规定发运期限的药品，单据上要做明显的标志。

 药你知道

药品召回管理办法

为更好地贯彻落实《中华人民共和国药品管理法》《中华人民共和国疫苗管理法》等法律法规要求，国家药监局组织修订了《药品召回管理办法》（简称《办法》）。新版《办法》于2022年11月1日起施行。

药品上市许可持有人是控制风险和消除隐患的责任主体，对存在质量问题或者其他安全隐患的药品应及时主动召回，将可能的药品安全隐患消除在萌芽或初起阶段，切实履行药品全生命周期管理义务。坚持人民至上、生命至上，更好地保障公众用药安全。

五、药品召回

药品召回是指按照规定的程序收回已上市的存在质量问题或者其他安全隐患的药品，并采取相应措施，及时控制风险、消除隐患的活动。

召回在实际工作中具体表现为由于产品存在缺陷或该产品被报告有严重的不良反应等原因，需从市场或临床试验中收回一批或者几批产品。根据召回活动发起主体的不同，药品召回分为企业主动召回和监管部门责令召回两类。

主动召回：持有人通过信息的收集分析、调查评估，根据产品质量事件的严重程度，在没有官方强制的前提下主动对存在安全隐患的药品作出召回。

责令召回：药品监督管理部门通过调查评估，认为存在潜在安全隐患，持有人应当召回药品而未主动召回的，药品监督管理部门责令持有人召回药品。

根据药品的安全隐患、危害的严重程度，药品召回分为以下三级。

一级召回：使用该药品可能或已经引起严重健康危害的；

二级召回：使用该药品可能或已经引起暂时的或者可逆的健康危害的；

三级召回：使用该药品一般不会引起健康危害，但由于其他原因需要召回的。

药品召回

持有人应建立产品召回系统和召回程序，明确召回相关人员、产品及记录等的要求。建立和完善药品召回制度，收集药品安全的相关信息，对可能具有安全隐患的药品进行调查、评估，召回存在安全隐患的药品。在发现药品质量问题后，在尚无任何质量事故或药害事件发生时，在公众和药监部门尚未获得任何信息时，应当主动召回对患者健康存在风险的产品。

召回流程的制定要根据制药企业自己的实际情况，为保证召回流程的顺利执行，制药企业需要明确各部门在召回流程中的职责，召回流程一般至少包含以下几个因素。

1. 召回决策

召回决策由企业高层管理者（包括质量管理负责人）在相关领域专家的支持下进行。召回决策应当基于对产品安全隐患的调查与评估。一般情况下，调查和评估应包括以下内容：

① 药品质量是否符合国家标准，药品生产过程是否符合 GMP 等规定，药品生产工艺与批准的工艺是否一致；

② 产品储存、运输是否符合要求；

③ 产品主要使用人群的构成及比例；

④ 可能存在安全隐患的产品批次、数量及流通区域和范围；

⑤ 对客户是否有不利影响，是否遵守对客户的承诺；

⑥ 该产品引发危害的可能性，以及是否已经对人体健康造成了危害；

⑦ 对主要使用人群的危害影响；

⑧ 对特殊人群，尤其是高危人群的危害影响；

▶ 考一考 ◀

什么是高危人群？

⑨ 危害的严重与紧急程度；

⑩ 危害导致的后果（短期与长期）。

各企业可以根据实际情况及所生产的产品的具体特点，对不同级别的召回进行具体的有针对性的工作。

2. 召回准备

在做出药品召回决策后，企业应立即成立召回任务小组，立即制定召回计划并组织实施召回计划。必要时召回任务小组可要求任何部门提供协助。召回计划应当包括以下内容：

① 药品生产销售情况及拟召回的数量；

② 执行召回的具体内容，包括实施的组织、范围和时限等；

③ 召回信息的公布途径与范围；

④ 召回的预期效果；

⑤ 药品召回后的处理措施；

⑥ 联系人的姓名及联系方式。

召回计划需上报省级药品监督管理部门备案（一级召回在 1 日内，二级召回在 3 日内，三级召回在 7 日内），上报的召回计划变更时，应立即通知药品监督管理部门。

3. 召回启动

通过预先确定的沟通方式（如电话、传真、邮件，或通过宣传媒介如电台、电视台、报纸等），在规定时限内通知客户（包括产品经营企业、使用单位、使用者等）召回相关产品，一级召回在 1 日内，二级召回在 3 日内，三级召回在 7 日内通知完成。同时向所在地省、自治区、直辖市药品监督管理部门报告。

实施召回的过程中，召回小组应该：一级召回每日，二级召回每 3 日，三级召回每 7 日，向药品监督管理部门报告药品召回的进展情况。召回过程中企业应对公司仍有库存的相关产品立即封存，隔离存放，设置清晰醒目的标志。召回过程中做好相关记录，包括通知客户的记录，客户反馈的记录，召回产品到货记录，并及时对召回情况进行评估等。

4. 召回产品的接受与处理

接收召回产品时，需要有相应的记录，记录包括：客户的名称/地址，召回产品的品名、批号、数量、召回日期和召回原因，应召回和实际召回数量的平衡关系等。接收的召回产品应隔离存放，设置清晰醒目的标识。召回任务小组还应对召回产品的情况进行及时总结，对本次召回产品的质量是否受到影响进行评估，提出召回产品的具体处理方案并报请召回决策小组批准。药品召回处理决定需要同时报告药品监督管理部门进行备案或批准。必须销毁的药品，要在药品监督管理部门的监督下销毁。

5. 召回总结并报告

召回完成后，召回任务小组应提出完整的召回总结报告，包括售出产品及召回产品之间的数量平衡计算；对召回活动、召回效果、召回产品的处理情况等做出评价，并向药品监督管理部门提交召回总结报告。

6. 召回文件

持有人对召回药品的处理应当有详细的记录，记录应当保存 5 年且不得少于药品有效期后 1 年。

7. 召回系统有效性评估

为了使召回行动在必要时能够及时有效地启动，应当定期对召回系统进行评估，确保其有效性。评估可以通过模拟召回的方式进行演练，演练的过程和结果应进行记录。用于评价产品召回系统有效性的模拟召回演练与真实的产品召回可采用相似的流程图，区别仅在于召回的启动原因以及与外界的沟通活动都是虚拟的。

 范例 4-7　某制药公司药品召回标准操作规程

题　目			药品召回标准操作规程		
起草：	年　月　日		文件编号		
审核：	年　月　日		审核：		年　月　日
批准：	年　月　日		生效日期		年　月　日
颁发部门：			分发部门：		
共　页　第　页		变更历史：			
1. 目的 建立药品召回的标准操作规程,规范药品召回流程,便于公司召回任何一批已发运的药品。 2. 范围 适用于本公司已上市销售的存在质量问题或者其他安全隐患需要收回的药品。					

3. 责任人

总经理、质量负责人、质量管理部人员、销售人员。

4. 内容

4.1 药品召回决策

4.1.1 由药品召回负责人负责对存在安全或质量隐患的药品进行调查和评估,决定是否召回和召回级别,填写《药品召回申请表》报总经理批准,立即启动召回程序。

4.1.2 对于责令召回可以不经总经理批准直接启动药品召回程序。

4.1.3 召回决策应基于对药品质量问题及安全隐患的调查评估。一般包括的内容有药品工艺、贮存运输、可能存在安全隐患的批次、数量及流通领域。

4.2 药品召回小组的组成及职责

4.2.1 召回小组组成

由公司总经理、质量负责人、质量管理部经理、销售部经理组成。

4.2.2 召回小组的职责

全面负责召回工作的有效执行,必要时召回工作小组可要求任何相关部门提供协助。召回小组名单及联系方式应根据实际变动情况及时更新,确保其有效性。

4.2.3 召回小组成员职责

总经理负责全过程的领导决策,负责签发召回指令。

质量负责人负责召开产品召回的会议,负责召回计划批准实施,并向药监部门报告。

质量管理部经理负责组织对可能存在隐患的药品的调查、评估,负责药品召回过程的管理。

销售部经理负责向相关经销单位、药品使用单位发出召回通知。负责填写召回计划表、召回过程中信息的反馈、收回存在安全隐患的药品。

4.3 制定召回计划

4.3.1 对需要召回药品基本情况了解清楚后由 QA 主管制定召回计划,报召回负责人批准。

4.3.2 召回计划至少应当包括以下内容:

4.3.2.1 召回药品的具体情况,包括名称、规格、批次等基本信息;

4.3.2.2 召回的原因;

4.3.2.3 召回等级;

4.3.2.4 召回要求,如立即暂停生产、放行、销售、使用;转发召回通知等。

4.3.2.5 召回处理措施,如召回药品外包装标识、隔离存放措施、储运条件、监督销毁等。

4.4 召回的启动

4.4.1 由召回小组负责,预先确定沟通方式(如电话、邮件,或其他宣传媒介),一级召回在 1 日内,二级召回在 3 日内,三级召回在 7 日内,通知客户召回相关药品;同时向药监部门报告,提交调查评估报告和召回计划。

4.4.2 对于召回药品企业仍有库存的应封存,隔离存放,均有明显的状态标识牌。

4.4.3 召回过程中 QA 人员应及时做好相关记录,包括通知客户的记录、客户反馈的记录、召回药品到货记录,并及时对召回情况进行评估等。

4.4.4 接收召回的药品,仓库保管人应及时做好相关记录,记录包括:品名、批号、规格、退货数量、退货单位、退货日期、退货原因等。召回药品存放于退货区,挂上黄色状态标识牌,等待最终处理决定。

4.4.5 召回过程中,一级召回每日,二级召回每 3 日,三级召回每 7 日,向所在地省、自治区、直辖市人民政府药监部门报告药品召回进展情况。

4.5 召回药品的处理及总结报告

4.5.1 当药品召回小组评估召回项目已经达到了效力所及,只剩下已经在顾客手中并且没有能力召回的药品,表明公司的任务已基本完成。

4.5.2 召回工作小组负责召回药品的情况总结,并对质量影响因素进行评估,提出具体的处理方案,报质量负责人及总经理批准执行。

4.5.3 一般情况下,针对存在质量风险的召回药品处理决定,还需要报告当地药监部门进行备案或批准。

技能点

执行药品召回标准操作规程

4.5.4　召回小组应及时执行处理决定,并按要求做好记录。必须销毁的药品,需要在质量管理部或药监部门或公证机构的监督下销毁。

4.5.5　召回工作完成后,负责相关工作的人员要做好召回总结报告,包括销售数量、实际召回数量以及数量平衡关系、召回原因、影响程度、处理措施等,对召回过程、召回效果、药品处理情况等做出评价并形成报告,经质量负责人批准后报总经理及上级主管部门。

4.6　制定纠正措施和预防措施

4.7　文件归档

召回工作正式完成后,对所有相关的文件交质量管理部进行归档,记录保存 5 年,做好相应的召回台账。

4.8　模拟召回

4.8.1　如两年内无召回发生,质量管理部负责组织对药品召回进行一次模拟召回,模拟召回应包含挑战最差条件。对药品召回系统有效性进行评估。

4.8.2　质量负责人确定模拟召回的品种,各种剂型交替进行模拟召回,按药品召回程序启动模拟召回。

4.8.3　销售部通知相关区域营销网络的医药公司时需申明是模拟召回。

4.8.4　调查评估报告、药品召回计划、药品召回通知、药品召回记录需备注"模拟召回"。

4.8.5　药品召回结束后,质量管理部负责对召回系统的有效性进行评估报告。

六、不合格产品、退货产品、废品的管理

1. 不合格产品

不合格产品的处理流程通常为"不合格品的标识→存放→处置"。不合格产品的每个包装容器上均应有清晰醒目的标识,存放在有明确标识的隔离区域,并且人员的进出和不合格品的出库均应严格遵守相应的流程规范操作。不合格品的处置应由质量管理部门批准,并做处置记录。

2. 退货产品

企业应建立药品退货操作规程,并有相应的记录,内容至少包括:名称、批号、规格、数量、退货单位和地址、退货原因和日期、最终处理意见。同一产品同一批号不同渠道的退货应当分别记录、存放和处理。

退货接收后应立即单独隔离存放在符合储存条件的退货区域,并标识为待验状态,直到经质量管理部门评估、确定处理意见后进行处理。其储存同常规的产品一样进行管理。

只有经过检查、检验和调查,有证据证明退货产品质量未受影响,且经质量管理部门根据操作规程评价后,方可考虑将退货重新包装、重新发运销售。评估的因素至少应包括药品的性质、所需的储存条件及药品的现状、历史以及发运与退货之间的间隔时间等因素。

不符合质量标准、储存和运输要求的退货,应在质量管理部门监督下予以销毁。对退货质量有怀疑时,不得重新发运。

3. 废品

药品生产企业中废品的来源通常为:生产工序的废料尾料、验证物料、实验室的废弃物、工程的废弃物等。

废品的收集可根据不同部门、来源及性质分开收集。对废品应进行清晰明确的

标识，之后及时转移至相对独立的区域。废品的转移和存放应防止对其他物料和产品的污染和交叉污染，可分库存放。

废品的处置主要分为回收与销毁。可回收的一般为废弃的纸质包装材料和包装容器、废弃金属、废弃塑料。销毁的一般为含药品的废弃物、实验室的废弃物、工程的废弃物等。最为有效、同时兼具经济和环保的方式为通过废品回收以达到废品的再利用，同时从源头上控制废品产生。整个处理过程应有相关记录。

稳扎稳打

一、名词解释

1. 物料　　2. 产品放行　　3. 包装材料　　4. 返工　　5. 重新加工　　6. 回收

二、单项选择

1. 下列属于供应商资质考核内容的是（　　　）。

    A. 企业法人营业执照　　　　　　B. 生产能力

    C. 质量控制能力　　　　　　　　D. 市场信誉

2. 物料状态标识体现的是（　　　）。

    A. 物料的质量状态　　　　　　　B. 物料身份信息的识别

    C. 物料流转过程的可追溯性　　　D. 三者都体现

3. 采用不同于正常生产工艺的其他工艺，对不符合质量标准的中间产品进行再加工属于（　　　）。

    A. 返工　　　　　　　　　　　　B. 重新加工

    C. 回收　　　　　　　　　　　　D. 三者都不属于

4. 不符合质量标准的退货，应在哪个部门监督下予以销毁。（　　　）

    A. 质量管理部门　　　　　　　　B. 生产管理部门

    C. 销售管理部门　　　　　　　　D. 仓储管理部门

5. 持有人作出药品召回决定的，一级召回、二级召回、三级召回应分别在几日内发出召回通知。（　　　）

    A. 1、3、7　　　　　　　　　　B. 2、4、6

    C. 1、5、7　　　　　　　　　　D. 1、5、10

三、多项选择

1. 药品生产所使用的物料标准有（　　　）。

    A. 药品标准　　　　　　　　　　B. 包装材料标准

    C. 生物制品规程　　　　　　　　D. 其他有关标准

2. 物料应当根据其性质有序分批储存和周转，发放应当符合的原则是（　　　）。

    A. 近期先出　　　　　　　　　　B. 先进先出

    C. 急用先出　　　　　　　　　　D. 零头先发

3. 下列做法正确的是（　　　）。

    A. 物料供应商确定后，可以变更

    B. 采购物料时，需向物料生产或经营企业索取产品检验合格证

C. 药品生产所用物料无国家法定标准的，需向药品监督管理部门备案

D. 同一批物料分数次接收入库，每次接收后都要分别取样、检验、放行

4. 下列做法不正确的是（　　）。

    A. 印刷性包装材料与固体、液体原料同库存放

    B. 同一仓库内不同物料有明显标识，并有物理隔断

    C. 合格物料用黄色色标标识

    D. 空心胶囊储存在常温库，相对湿度控制在 35％～65％

5. 应做记录的环节是（　　）。

    A. 标签的发放　　　　　　　　　B. 标签的使用

    C. 标签的销毁　　　　　　　　　D. 标签的运输

四、简答题

1. 黄、绿、红三种不同色标分别表示物料何种质量状态？

2. 简述物料的发放程序。

学以致用

1. 为某制药公司设计一份物料货位卡。

2. 根据所学知识，为某制药公司起草一份成品发货标准操作规程。

3. 根据所学知识，为某制药公司制定药品一级召回管理规程。

温故知新4

实训项目四

物料供应商审计

一、实训目的

1. 掌握 B 级物料供应商应提供的资料，判断供应商的合法性和质量保证能力。

2. 熟悉质量管理岗位的职责。

3. 培养严谨、认真负责的工作态度和互相协调、配合的良好职业素养。

二、实训内容

1. 设计供应商审批表。

2. 审核供应商资料。

3. 履行审批手续。

三、实训步骤

1. 查验供应商调查问卷（本企业提供，生产商填写并盖章）

2. 查验物料供应商资质证明材料

① 药品生产许可证复印件（正、副本及变更页）。

② 企业法人营业执照复印件（正、副本）。

3. 查验拟采购原料药资质证明及相关材料

① 药品注册证（或药品再注册证）复印件。

② 药品注册补充申请（如果有）复印件。

③ 原料药登记号（国家药品监督管理局药品审评中心）。

④ 质量标准（企业标准和法定标准）。

⑤ 三批样品及相应的检验报告书。

4. 查验供应商销售人员的法人授权委托书

5. 查验使用授权书、质量保证协议

以上资料逐页加盖企业公章原印章。

6. 质量管理人员对供应商的资质和质量管理水平初步评估后，进行资质材料审计，填写供应商审批表。交由质量管理部负责人、质量受权人审核签字。

四、实训组织

1. 由教师扮演某 B 级物料供货商销售员，提供相关资料。

2. 学生分成几个小组，每组 4～5 人，分别扮演质量管理人员、质量部负责人、质量受权人。

3. 每位同学首先扮演质量管理人员，对物料供应商销售人员提供的材料进行审核，填写供应商审批表。分别交由其他同学扮演的质量部负责人、质量受权人审批。然后自己分别扮演其他各个角色，对其他同学填写的供应商审批表进行审核、批准。

4. 组长归纳本组学生本次实训的体会和存在的问题，在班级进行发言讨论。

5. 教师答疑，总结。

五、实训报告

1. 设计、填写供应商审批表。

2. 总结本次实训的收获与不足。

实训项目五

药品模拟召回

一、实训目的

1. 掌握药品召回的分类分级。

2. 熟悉药品召回流程及要求。

3. 能够按照召回标准操作规程进行药品模拟召回。

4. 培养科学、严谨、认真的工作作风和遵纪守法的职业精神，以及互相协调、配合的职业素养。

二、实训内容

1. 制定召回计划、设计召回活动所需记录。

2. 执行召回计划、填写记录。

3. 评估召回活动，起草《召回总结报告》。

三、实训步骤

1. 对发生质量问题或其他安全隐患的药品进行初步风险评估，决定是否启动召回，确定召回级别和范围。

2. 明确各部门职责。

3. 召回负责人组织制定召回计划，在规定时限内汇报给药监局。提交《召回计划》和《安全隐患调查评估报告》。

4. 销售员负责向相关的经销单位、药品使用单位发出召回通知，停止销售并下架该药品。

5. 召回负责人评估召回效果，撰写《召回总结报告》汇报给药监局。

6. 评价本次召回的效果，讨论发现的问题和不足，制定纠正措施和预防措施。

四、实训组织

1. 教师发布信息：本企业××胶囊在留样观察实验中检测到 20231112 批次水分超标。

2. 学生分组，每组 5~6 人，分别扮演召回负责人、质量管理部、生产部、销售部、仓管物流部和药监部门人员。

3. 召回负责人（小组长）组织开展活动。

4. 活动结束，组长发言汇报，班级讨论。

5. 教师答疑，点评。

五、实训报告

1. 提交药品召回计划、实施过程记录及召回总结报告。

2. 总结本次实训的收获与不足。

学习评价

职业核心能力与思政素质测评表

（在□中打√，A 良好，B 一般，C 较差）

职业核心能力与思政素质	评价标准	评价结果
交流合作	1. 能准确理解对方的意思，会表达自己的观点 2. 善于寻找和把握合作的契机 3. 能控制自己的情绪	□A □B □C □A □B □C □A □B □C
信息处理	1. 有多种获取信息的途径和方法 2. 会进行信息的梳理、筛选、分析 3. 能使用多媒体手段展示信息	□A □B □C □A □B □C □A □B □C
解决问题	1. 能纵观全局，抓住问题的关键 2. 能做出解决问题的方案，并组织实施 3. 分析问题解决的效果，及时改进不足之处	□A □B □C □A □B □C □A □B □C
革新创新	1. 关注新技术、新方法以及课程领域内的问题 2. 能提出创新的想法和见解 3. 改进方案实施效果好	□A □B □C □A □B □C □A □B □C
思政素质	1. 把人民群众的生命安全和身体健康放在第一位 2. 切实履行责任，对待工作尽职尽责 3. 自觉遵守法规、遵守职业道德	□A □B □C □A □B □C □A □B □C

专业能力测评表

（在□中打√，A 具备，B 基本具备，C 未具备）

专业能力	评价标准	评价结果
物料供应商审计	1. 熟悉物料分级标准 2. 熟悉供应商审计的内容 3. 能判断供应商的合法性	□A □B □C □A □B □C □A □B □C
物料储存	1. 熟悉物料储存要求 2. 熟悉物料仓储区域管理原则 3. 能合理储存物料	□A □B □C □A □B □C □A □B □C
物料放行、发放	1. 熟悉物料放行审核项目 2. 能判断物料是否符合放行条件 3. 能按照物料发放原则发放物料	□A □B □C □A □B □C □A □B □C
包装材料管理	1. 能辨识包装材料类别 2. 能验收标签 3. 能对印刷包装材料控制发放	□A □B □C □A □B □C □A □B □C
成品放行	1. 熟悉成品放行要求 2. 熟悉成品放行审核的项目 3. 能初步判断一批成品是否能够放行	□A □B □C □A □B □C □A □B □C
药品发运	1. 熟知药品出库、运输原则和要求 2. 能进行复核和质量检查 3. 能填制发运记录、运输单据	□A □B □C □A □B □C □A □B □C
药品召回	1. 熟知药品召回的分类、分级及召回要求 2. 熟悉在药品召回活动中相关部门及人员的职责 3. 能执行药品召回标准 SOP	□A □B □C □A □B □C □A □B □C

项目五
文件管理

开宗明义5

【知识点】文件类型、文件编码方法、文件编写原则、文件使用管理的内容、技术标准文件包括的项目、管理标准文件的项目、操作标准文件的特性。

【技能点】识别文件类型、文件编码、文件使用管理、解读工艺规程、解读管理规程、解读标准操作规程、填制记录。

【职业能力目标】

专业能力：文件编码、文件生命周期管理、解读标准操作规程、设计填写记录。

职业核心能力：自我学习，交流合作，信息处理，解决问题。

【思政素质目标】敬畏规则，实事求是，科技兴药。

学习导航

在企业生产过程中，员工的行为和生产操作程序要受到文件的约束和规范，文件管理是每个企业的核心管理内容之一。本章内容会带你了解文件管理的具体要求、文件制定程序，知道怎样统筹设置文件系统、设计文件格式、编写文件内容。

引　例

国家药品监督管理局对某中药饮片有限公司飞行检查发现该企业熟地黄批生产记录真实性存疑。检查当年生产的5批熟地黄的批生产记录，批记录中的每个工序均有QA人员"马××"的审核签字。检查组调取了马××与该公司签订的《××中药饮片有限公司用工合同》，其中显示马××的工作岗位为化验员，并非车间QA岗位。GMP规定，企业所有的原始记录文件必须真实、及时、正确，具有可追溯性。

文件系指一切涉及药品生产管理、质量管理的书面标准和实施过程中结果的记录。文件是质量保证体系的基础，它涉及药品 GMP 的方方面面。文件管理是质量管理系统的基本组成部分，使企业各项质量活动有法可依、有章可循，使行之有效的质量管理手段和方法制度化、法规化。一个运行良好的制药企业不仅需要先进厂房、设备等硬件的支撑，也需要管理软件的支持，管理软件的基础是附着在 GMP 管理网络上的文件系统。药品生产企业实施 GMP，硬件是基础，软件是保证，人员是关键。企业的各种软件以文件形式为依托，主要作用是保证企业生产经营等各项活动的全过程按书面规定进行运转，保证与生产经营有关的所有人员知道做什么、何时做，保证质量受权人具有足够的资料决定一批药品是否发放，对有缺陷产品的历史，可提供进行调查的线索。

单元一 概述

一、文件类型

贯穿药品生产和经验管理全过程的连贯有序的系统文件，称为文件系统。制药文件系统通常分为质量方针、管理规程、操作规程、报告和记录四个层次，越上层的文件越精炼，要求高层管理者的参与度越高；越下层的文件越细化，对于日常生产质量管理活动的指导性越强。各层次文件的基本关系及代表性文件类别见图 5-1。

▶重点与难点◀
文件类型、文件编码

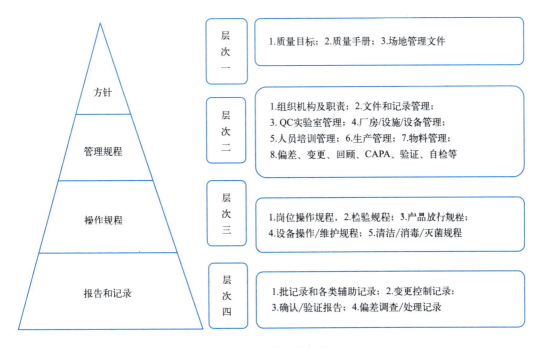

图 5-1 文件系统架构

方针类文件是整个文件系统的上层建筑，反映企业的质量管理理念，为质量文化确定基调，同时指导管理规程和操作规程的制定。

管理规程基于公司组织架构和产品线将方针转化为各业务板块的管理原则、流程及要求。操作规程在管理规程的约束下就具体业务建立操作流程和规范，使方针和管理原则具化为指导员工操作的操作规程，并通过记录得到重现。

文件系统的第四个层次，是在执行前三个层次指导文件的过程中产生的各类方案、报告和原始记录，是执行结果的呈现。这些报告、原始记录是公司质量管理体系运行的直接产物，也是评价体系运行质量的直接证据。

> ◈ **拓展方舟**
>
> 场地管理文件
>
> 场地管理文件（欧盟、美国、WHO称SMF， site master file）主要用于向国内外药品监管机构、客户阐述本企业的生产设施、药品生产活动、质量管理方针，以证明企业始终如一地按照适宜的质量管理体系进行管理，并符合GMP要求。
>
> 场地管理文件针对整个企业（或整个生产场地），内容不局限于审核/审查活动所针对的具体产品，对企业硬软件状况有一个全面的呈现，是企业与药品监管部门、客户之间沟通的重要媒介。

二、文件的编码

要建立规范的文件系统，首先要确定文件编码。在编写文件前，根据 GMP 要求和企业内部实际生产管理情况，统一确定文件编号方法，分部门或分类别列出文件目录。文件的编号、标题应体现文件的性质。

1. 编码的基本原则

（1）系统性　统一分类、编码。

（2）准确性　文件应与编码一一对应，一旦某一文件终止使用，此文件编码应立即作废，并不得再次使用。

（3）可追溯性　根据文件编码系统规定，可随时查找某一文件或查询某文件的变更历史。

（4）一致性　文件一旦修订，必须给定新的编码，同时对其相关文件中出现的该文件号进行修正。

（5）稳定性　文件编号系统一旦确定，不得随意变动，应保证系统的稳定性，以防止文件管理的混乱。

（6）识别性　编码能便于识别文件文本和类别。

（7）发展性　制定编码系统规定时，要为企业的发展及管理手段的改进预留足够的空间。

2. 编码方法

常采用编码、流水号、版本号相结合的方法，其中编码由文件性质、文件类别、部门代码组成。具体编码举例如下。

① 性质分类码。管理规程文件——SMP；操作规程文件——SOP；记录——

SRP。或用 M、O、R 表示。

② 文件类别代码：

企业管理类——AM（Administration Management）

人员管理类——PM（Personnel Management）

卫生管理类——SM（Sanitation Management）

质量管理类——QM（Quality Management）

质量标准类——QS（Quality Standards）

生产管理类——PM（Production Management）

工艺规程类——PP（Process Procedure）

设备管理类——EM（Equipment Management）

物料管理类——WM（Ware Management）

销售管理类——MM（Marketing Management）

工艺验证——PV（Process Validation）

设备验证——EV（Equipment Validation）

清洁验证——CV（Cleanness Validation）

③ 流水号。指文件序列号，由 001～999 组成，各部门可自行编号。

④ 版本号。由 00～99 组成。如首版为 00，第二版为 01。

文件编码举例：

SMP-AM001-00 企业管理规程第 001 号第一版文件

SOP-QM002-01 质量管理操作规程第 002 号第二版文件

三、文件的格式

药品生产企业的文件系统中，各类文件应有统一的格式，文件的格式应在文件管理规程中明确规定。比较通用、相对规范的文件格式示例如下。

1. 文件眉头

文件眉头应包含文件标题、文件编号、起草人及部门、审核人、批准人、日期、分发部门等内容，格式如下：

题　目			编号：	
起草：	年　月　日	起草部门		
审核：	年　月　日	审核：	年　月　日	
批准：	年　月　日	生效日期	年　月　日	
颁发部门：		分发部门：		
共　页　第　页	变更历史：			

如果文件超过一页，后续页眉头只需体现文件标题及编号，其他项可省略。

2. 正文内容

正文内容在文件眉头下方编写。

重点与难点
文件的生命周
期、管理原则

文件管理的目的是界定管理系统，以减少语言传递可能发生的错误；保证所有执行人员均能获得有关活动的详细指令并遵照执行；能够对有缺陷或疑有缺陷产品的历史进行追踪。

一、文件的生命周期

文件与产品一样，也有生命周期。企业应建立一个覆盖文件生命周期的管理规程，实现对其各个阶段的有效管理和控制，确保文件管理符合法规要求，切实降低各个环节的数据可靠性风险。文件的生命周期见图 5-2。

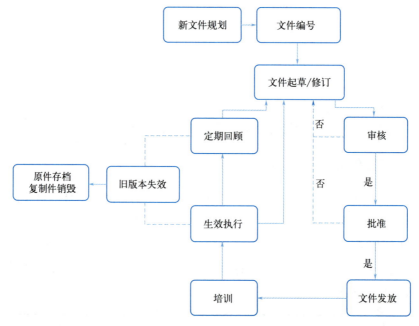

图 5-2 文件的生命周期

二、文件管理的原则

GMP 规定的文件管理基本原则见图 5-3。

三、文件管理的内容及要点

文件管理

企业应基于上述原则，结合自身实际建立文件管理规程，对标准指导文件各阶段的管理做出明确规定，并明确各类指导文件的编制/修订、审核、批准职责。文件管理规程至少包括的内容见表 5-1。

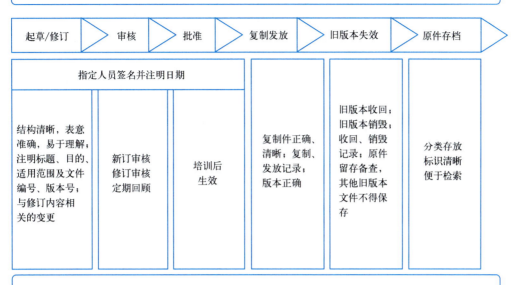

图 5-3　文件管理的基本原则

表 5-1　文件管理的内容及要点

生命周期	描述
文件起草	1. 建立新文件 2. 对已有文件进行更新或定期回顾
审核	1. 格式审核：文件管理人员负责对照已规定的文件标准格式检查相应的内容（如文件编号、版本号、字体、字号等） 2. 内容审核：相应部门技术专家或管理负责人从法规、技术和管理的角度，确认文件内容
批准	文件在使用前必须经过批准，批准人应当是相应部门或领域的负责人
文件发放	1. 确保工作现场文件的获取，可根据需要发放文件的纸质版本或授权进入计算机化的文件管理系统查阅文件 2. 向公司外部提供文件，应遵循相应限制性规定及审批流程 3. 文件发放应当有相应的记录，并通过控制号确保可追溯性
培训	1. 为保证文件内容的执行，必须明确文件的培训要求 2. 在文件生效日期前组织相关人员进行培训并有相应的记录
生效	1. 生效日期当天文件生效，正式按文件规定内容执行 2. 文件生效前需经过适当培训。文件批准后至生效前应留有一定的时间间隔（由文件审核人或批准人确定），以确保文件的内容得到有效培训
失效	文件失效后，应第一时间从所有使用岗位收回，防止错误使用失效版本的文件
销毁	除旧版本原件留存备查外，其他复制件销毁，销毁过程应有记录
文件存档	按规定对旧版本文件的原件进行保存和归档
定期回顾	根据规定时限，对文件进行定期回顾，检查文件内容的适用性

　　文件系统中的方针类文件，通常由质量管理部门（QA 部门）主导制定，经质量负责人审核、总经理批准后执行。对于管理规程和操作规程，各负责部门（即参与执

行的部门）应该参与对应指导文件的起草/修订，以确保文件批准生效后能有效执行。

四、文件的变更

文件变更是文件系统持续优化、向上循环的重要方式，主要包含两种情形：修订文件和撤销文件。引发文件变更的原因主要有以下几类：

① 标准指导文件的定期回顾；

② 法规/指南、权威技术标准（如药典）更新；

③ 偏差、投诉、OOS 等事件引发的改进；

④ 内外部检查缺陷、各类年度回顾引发的改进；

⑤ 设施设备、生产工艺、分析方法等各类变更引发文件变更。

许多的文件变更均源于药品生产质量活动的实质性变更，因此需确保相关源发性变更已纳入变更控制。为保证指导文件整体的系统性、一致性以及变更可控性，文件修订环节需要开展文件变更评估。在做好文件变更评估的基础上，遵循文件编制、审核、签批、替换、生效、存档的全流程管理，即可实现文件变更管理的整体有序，确保药品按照经核准的注册标准和生产工艺进行生产。

五、文件的保存

档案管理

文件可以纸质、电子或其他能准确再现其内容的方式保存，如纸质原件及其准确的副本（如影印件、扫描件）。药品生产质量管理活动中引入计算机化系统后，需通过权限控制、定期备份（含数据备份、系统备份）、还原确认等一系列措施确保电子文件保存的安全性。

以纸质形式保存文件时，其保存区域（档案室）应有必要的防火、防蛀、防潮、防霉及安全性保护措施。负责文件保存的人员应建立存档文件的分类检索机制，确保准确归类、快速查找。以电子形式保存的文件，要定期检查其完整性、可读性，并做好备份管理，通过异地备份等方式减少突发灾难下的损失。

｜ 行业先锋

小"手环"大智慧

被不少医药人誉为我国生物制药行业数字化智能制造标杆的某生物医药产业化基地，占地80亩，却几乎看不到人，整个工厂被划分为不同的功能区，每个区域都设有严密的安防及门禁系统，管理人员配带的智能"手环"不仅有门禁功能，还可以通过感应在门口小屏幕中实时读取每个车间或实验室的规格、正在进行的工作及关键指标数据，甚至里面正在作业的人员信息等。对企业而言，最终产品除了药品，还包括所有的生产数据。生产过程中，工厂可以实现数据实时采集上传，以保证生产过程及流程完全透明化，并通过统计学方法等进行分析，实现生产工艺流程的实时监测，以及不良趋势的及时预警，还能优化生产流程，让药品研制更加安全、高效。

【启示】党的二十大报告提出，推动制造业高端化、智能化、绿色化发展，推进健康中国建设。该基地把握科技革命和产业变革的重要机遇，开启智能制造新模式，小"手环"不仅联动着智能工厂的信息，更保障着百姓对国产药的信心。

单元三 文件示例

下面重点介绍工艺规程、标准操作规程、批记录等。

一、工艺规程

▶重点与难点◀
解读文件、记录设计与填制

工艺规程是药品生产的主要依据，是生产过程控制和产品审核放行的基础，是药品在整个有效期内安全、有效、质量可控的有效保证。工艺规程以注册批准的工艺为依据建立，作为企业内部药品生产的第一标准，用于指导药品生产及其过程控制。以工艺规程为蓝本设计、编制的批生产记录、批包装记录，用于生产过程及结果的记录，实现对药品生产全过程的有效追溯。工艺规程应包含的内容见表 5-2。

表 5-2　工艺规程的内容

项目	内容
生产处方	1. 产品名称和产品代码 2. 产品剂型、规格和批量 3. 所用原辅料清单(包括生产过程中使用,但不在成品中出现的物料),阐明每一物料的指定名称、代码和用量;原辅料的用量需要折算时,应说明计算方法
生产操作要求	1. 对生产场所和所用设备的说明(如操作间的位置和编号、洁净度级别、必要的温湿度要求、设备型号和编号等) 2. 关键设备的准备(如清洗、组装、校准、灭菌等)所采用的方法,或索引相应操作规程的名称及编号 3. 详细的生产步骤和工艺参数说明(如物料的核对、预处理、加入物料的顺序、混合时间、温度等) 4. 所有中间控制方法及标准以及对应的取样要求(如取样点、取样量、取样频次) 5. 预期的最终产量限度,必要时,还应说明中间产品的产量限度以及物料平衡的计算方法和限度 6. 中间体及待包装产品的贮存要求、贮存时限,包括容器、标签及特殊贮存条件 7. 需要说明的特别注意事项

项目	内容
包装操作要求	1. 以最终包装容器中产品的数量、重量或体积表示的包装形式 2. 所需全部包装材料的完整清单,包括包装材料的名称、数量、规格、类型以及与质量标准有关的每一包装材料的代码 3. 印刷包装材料的实样或复制品,并标明产品批号、有效期打印位置 4. 需要说明的特别注意事项,包括对生产区和设备进行的检查,在包装操作开始前,确认包装生产线的清场已经完成等 5. 包装操作步骤的说明,包括重要的辅助性操作和所用设备的注意事项、包装材料使用前的核对 6. 中间控制的详细操作,包括取样方法及标准 7. 待包装产品、印刷包装材料的物料平衡计算方法和限度

范例 5-1　某药品生产企业复方金银花颗粒生产工艺规程

题目	复方金银花颗粒生产工艺规程		编号：	
制定：	年　月　日	制定部门		
审核：	年　月　日	审核：		年　月　日
批准：	年　月　日	生效日期		年　月　日
文件颁发部门		分发部门：		
共　页　第　页		变更历史：		

▶ 技能点 ◀

解读工艺规程

1. 目的

制定一个完整的工艺规程,以规范复方金银花颗粒的生产。

2. 引用标准

部颁标准中药成方制剂第十册。

3. 产品概述

3.1　药品名称：复方金银花颗粒 (Fufangjinyinhua Keli)。

3.2　剂型：颗粒剂。

3.3　成分：金银花、连翘、黄芩,辅料为蔗糖。

3.4　性状：本品为浅黄色的颗粒;味甜、微苦。

3.5　作用类别：本品为感冒类非处方药。

3.6　规格：塑料袋装,每袋装 10 克 (相当于总药材 3.5 克)。

3.7　贮藏：密闭,置干燥处,防潮。

3.8　包装：10 袋×90 盒或 10 袋×60 中袋。

3.9　批准文号：国药准字 Z×××××××

3.10　有效期：36 个月。

4. 处方

原辅料名称	单位	处方量	批投料量
金银花浸膏	千克		
黄芩连翘浸膏	千克	17.5 千克总药材制得的量	210 千克总药材制得的量
金银花蒸馏液	升		

原辅料名称	单位	处方量	批投料量
蔗糖	千克	47.67～48.32千克	572～580千克
制成颗粒数量	千克	50千克	600千克

注：药材提取总收率在9.5%～13.5%之间，每210千克总药材制得的金银花浸膏、黄芩连翘浸膏量大约在20～28千克之间。

5. 生产工艺流程及流程图

5.1 生产工艺流程

原、辅料→称量→粉碎过筛→称量→制软材→制粒→干燥（60～80℃）→整粒→总混→分装→包装→成品

5.2 复方金银花颗粒剂工艺流程及环境区域划分示意图（略）

6. 原辅料、包装材料批用量及领料原则

6.1 原辅料、包装材料批用量

代码	原辅材料名称	单位	追加量	每批用量（600000克）	限额领用量
CP45	金银花浸膏	千克	—	相当于210千克总药材	—
CP46	黄芩连翘浸膏	千克	—		—
CP47	金银花蒸馏液	升	—		—
YF049	蔗糖	千克		572～580	600
B311	复方金银花颗粒小盒	个	1%	6000	6060
B312	复方金银花颗粒盒装聚酯卷膜	千克	5%	60	63
B313	复方金银花颗粒中袋	个	1%	10000	10100
B314	复方金银花颗粒袋装聚酯卷膜	千克	5%	60	63
H311～312	合格证	张	—	100或60	
S311	复方金银花颗粒盒装说明书	个	1%	6000	6060
S312	复方金银花颗粒袋装说明书	个	1%	10000	10100
X311	复方金银花颗粒盒装大箱	个	—	67	67
X312	复方金银花颗粒袋装大箱	个	—	100	100

6.2 领料原则

6.2.1 批数量指理论批数量。

6.2.2 原辅料如计算出现零头，可按整包装领取。

6.2.3 聚酯卷膜按整包装领取。

6.2.4 小盒、中袋、说明书如计算出现零头可按捆领取；大箱按指令领取。

6.2.5 合格证每次领取一个整包装，由QA员按批发放。

7. 生产操作要点及工艺条件

7.1 粉碎与过筛

7.1.1 工艺流程

辅料→验质检查→称量→粉碎→过筛→称量

7.1.2 操作要点

7.1.2.1 辅料使用前应目检，对外观进行检查，发现异常及时报请生产部和质保部，批准后方可使用。核对毛重。

7.1.2.2 粉碎与过筛前应核对辅料的品名、规格、批号和重量。过筛后的辅料应在盛器内外附有标签，写明品名、规格、重量、日期、操作者，做好记录。

7.1.2.3 过筛后的辅料应粉碎至规定细度（全部通过 80 目筛）。

7.1.2.4 剩余辅料应封口储存，在容器外标明品名、批号、日期、剩余量及使用人签名，由专人保管或退库。

7.1.3 工艺条件

7.1.3.1 过筛、粉碎设备应设有吸尘装置。

7.1.3.2 粉碎、过筛不同的原辅料时，应做好清洁、清场工作。

7.2 制软材

7.2.1 工艺流程

蔗糖粉、金银花浸膏、黄芩连翘浸膏→称量→加入混合机→制软材

7.2.2 操作要点

7.2.2.1 原辅料使用前应目检，对外观进行检查，发现异常及时报请生产部和质保部，批准后方可使用。核对毛重。

7.2.2.2 应先核对原辅料的品名、规格、批号和重量。

7.2.2.3 按处方量准确称取蔗糖粉、金银花浸膏、黄芩连翘浸膏，加入混合机，混合 35 分钟制成软材。

7.2.2.4 制好的软材应立即送入制粒间制粒。

7.2.3 工艺条件

7.2.3.1 混合时间应不少于 35 分钟。

7.2.3.2 软材以手捏成团，轻按即散为度。制得软材应湿润均匀，色泽均匀一致。

7.3 制粒

7.3.1 工艺流程

软材→加入摇摆式颗粒机→制粒→入烘盘

7.3.2 操作要点

7.3.2.1 将软材加入摇摆式颗粒机内，制粒。调节好筛网的松紧度，及时检查制得的颗粒是否正常。

7.3.2.2 湿颗粒平铺在烘盘内，厚度不超过 3 厘米。

7.3.2.3 将制好的颗粒立即入热风循环烘箱。

7.3.3 工艺条件

7.3.3.1 制粒机采用 10～14 目筛网。

7.3.3.2 制好的软材应立即制粒。

7.4 干燥

7.4.1 工艺流程

装湿颗粒烘盘→入热风循环烘箱→升温→保温（60～80℃）→干燥后出热风循环烘箱

7.4.2 操作要点

7.4.2.1 湿颗粒平铺在烘盘内，厚度应不超过 3 厘米，并附有标签，写明品名、批号、生产日期、操作者、锅次，做好记录。

7.4.2.2 制好的湿颗粒应立即干燥。

7.4.2.3 严格控制干燥温度，每小时记录一次。

7.4.2.4 每隔一小时翻烘一次，并记录。

7.4.3 工艺条件：升温应控制在50～60分钟达到工艺温度。

7.5 整粒

7.5.1 工艺流程

干燥冷却后颗粒→整粒→过筛→称量→总混

7.5.2 操作要点

7.5.2.1 过10目筛，除去粗大颗粒。

7.5.2.2 过65目筛，除去细粉。

7.5.2.3 将整粒后合格的颗粒装入洁净的双层低密度聚乙烯袋中，扎严，并在容器内、外附有标签，写明品名、规格、批号、重量，及时送入中间站。

7.5.3 工艺条件：整粒机必须有吸尘装置。

7.6 总混

7.6.1 工艺流程

颗粒→入混合机→喷入金银花蒸馏液→混合→入洁净容器

7.6.2 操作要点

7.6.2.1 将颗粒加入混合机内，混合时间为30分钟。

7.6.2.2 混合好的颗粒装入洁净的双层低密度聚乙烯袋中，扎严，并在容器内、外附有标签，写明品名、规格、批号、重量，及时送入中间站，待检。

7.6.3 工艺条件：批号的划分是以在分装前使用同一台混合设备一次混合所生产的均质产品为一批。

7.7 分装

7.7.1 工艺流程

颗粒→入分装机料斗→调节装量→装袋→传出

7.7.2 操作要点

7.7.2.1 清除与本批无关的药品及标识。

7.7.2.2 核对本批产品批号。

7.7.2.3 将检验合格的颗粒装入分装机料斗内。

7.7.2.4 调节装量。

7.7.2.5 调整轧口处批号，开动机器将颗粒装入塑料膜中。

7.7.2.6 要求封口严密，不漏气，批号清晰、正确。

7.7.2.7 每批分装结束及时清场，做好清洁工作。

7.7.2.8 及时清点剩余聚酯卷膜，交专人按规定处理。

7.8 包装

7.8.1 工艺流程

中袋或小盒→卡批号→装袋或装盒→小盒塑封→纸箱→卡批号→整箱
入库←装车←封箱←合盖板←放垫板←装箱←放垫板

7.8.2 操作要点

7.8.2.1 清除一切与本批包装无关的杂物。

7.8.2.2 核对中袋或小盒、箱面品名、规格、批号。

7.8.2.3 装袋或装盒数量要准确，不得多袋或少袋。

7.8.2.4 热封，批号清晰，封口严密。

7.8.2.5 装箱数量要准确，放合格证，封箱。

7.8.2.6 装车，入库，待检。

7.8.2.7 每批包装结束，及时清场并做好清洁工作。

8. 工艺监控点

工序	项目	控制要点
粉碎、过筛	原辅料情况	符合规定
	细度	全部通过 80 目筛
制软材	原辅料情况	品种、数量正确,各项均符合规定
	混合时间	约 40 分钟
	软材的软硬度	手捏能成团,轻压即散
制粒	颗粒	10～14 目,颗粒均匀
干燥	温度	60～80℃
整粒	粒度	10 目,65 目
总混	混合时间	30 分钟
分装	装量检查	符合规定
	封口	严密,端正
包装	装盒或装袋数量	数量准确
	封签	端正
	纸箱、纸盒或中袋、装箱单	有生产批号、印字清晰正确

9. 物料平衡率

工　　序	物料名称	平衡率标准	备注
粉碎过筛	原辅料	98%～100%	以重量计算
制粒	原辅料	98%～100%	
总混	原辅料	98%～100%	
内包装	原辅料	98%～100%	
	内包材	95%～100%	
外包装	小盒、中袋	99%～100%	以数量计
	说明书		
	纸箱	100%	

粉碎过筛平衡率＝(粉碎过筛后量＋尾料量＋损耗量)/实际投料量×100%

制粒平衡率＝(整粒后量＋尾料量＋损耗量)/软材实际投料量×100%

总混平衡率＝(总混后量＋损耗量)/总混前量×100%

分装平衡率＝(分装数量×平均装量＋剩余量＋取样数量＋损耗量)/投料量×100%

内包材物料平衡率＝(使用数＋废品数＋剩余数)/领用数×100%

外包材的物料平衡率＝(使用数＋废品数＋剩余数)/领用数×100%

10. 设备一览表（略）

11. 质量标准（略）

包括原辅料、半成品、成品、包材质量标准。

12. 卫生要求

12.1　物料卫生

12.1.1　物流程序

原辅料→半成品→成品→(单相顺流,无往复运动)

12.1.2　物净程序

进入洁净区的原辅料、内包材料、容器及工具均需在缓冲室内对外表面进行处理,或剥去污染的外包装,采取有效的消毒措施后,通过传递窗或缓冲室进入洁净区。

12.2 人员卫生

12.2.1 人流程序

人→门厅→更鞋(一)→更衣(一)→更鞋(二)→更衣(二)→洁净区

12.2.2 人净程序

12.2.2.1 进入一般生产区更衣程序

工作人员在一更室脱下私鞋,放入一更鞋柜,换鞋,分别进入男、女更衣室,脱下私衣放入一更衣柜中,穿上一般区工作服,进入一般区。

12.2.2.2 进入D级洁净区更衣程序

经一般区走廊进入二更鞋室脱下一般区工作鞋,分别进入男、女更衣室,脱下一般区工作服,穿上D级工作服,洗手消毒,进入D级区。

12.3 空气净化

洁净区由中央空调整体进行空调净化。空气过滤初效、中效在压差仪显示值为最初压差的2倍和1.5倍时进行清洗,高效每年测漏,如有不合格的需更换。每季对风速、风量进行检测,当风量、风速值小于原安装检测值的70%时,需更换。洁净室与一般区压差大于10帕,温度控制在18~26℃,湿度控制在45%~65%之间,每天上下午各记录一次。

12.4 排尘

称量间有捕尘设施。

12.5 工作服标准

12.5.1 一般区工作服

12.5.1.1 样式:工作服应无横褶、腰带,接缝封缝,光洁,上下分体式。员工上衣为夹克式,帽子带短帽遮。外来人员及管理人员为白大衣,无檐白帽。工作鞋按工种需要,不宜用拖鞋,也不宜把工作鞋按拖鞋穿着。可选用厚胶底布鞋。

12.5.1.2 颜色

名 称	操作工	管理与外来人员	维修工
工作服、帽	蓝绿色	白色	蓝黑色
工作鞋	蓝绿色	白色	蓝黑色
手套与口罩	白色	一次性白色口罩	

12.5.2 洁净区工作服

12.5.2.1 样式

名 称	标准
工作衣	无口袋、横褶、腰带、接缝,光洁 不用纽扣 衣裤分开,裤腿带松紧带
帽子	应能罩住全部头发,阻止脱落的毛发落出
手套	按工作需要确定长度
口罩	按工作需要,遮盖面部
工作鞋	按工作需要,不宜用拖鞋,也不宜把工作鞋按拖鞋穿着

12.5.2.2 颜色

名 称	操作工	管理人员、外来人员	维修工
工作服、帽	白色或浅蓝色	白色或浅蓝色	蓝黑色
工作鞋	蓝网鞋		

12.6 环境与空间消毒

用臭氧进行洁净区空间消毒，每周一次。每三个月或大修后在生产前必须进行全面清洁，清洁后用甲醛熏蒸。用 0.2％的新洁尔灭溶液或 2％的来苏尔溶液对洁净区操作间、前室、缓冲室及中间站、走廊、清洗间、更衣室等地方的墙壁、门、窗、顶棚、附属设施等进行消毒。

12.7 接触药品的容器具、设备、管路清洗消毒

用 75％乙醇进行消毒。

12.8 非接触药品的设备表面清洗消毒

用 0.2％新洁尔灭溶液、2％甲酚皂溶液对设备表面进行消毒。

13. 技术安全及劳动保护

13.1 技术安全

13.1.1 一切工艺、新设备投产时，必须经过验证，由质保部审核批准后方可投入生产，新进厂工人必须进行安全教育方能进入岗位。

13.1.2 车间设置灭火装置，并经常检查灭火装置。

13.1.3 车间各工序严禁吸烟，不准随意脱岗，如有异常情况随时报告。

13.1.4 调试各种机器时，应按 SOP 进行，对各种仪表、阀门应随时检查其灵敏度和准确度，上岗前一定要穿戴好工作服、帽、鞋，特别是女同志头发不要外露。

13.1.5 发现电路有故障时及时切断电源。机器、电器设备使用完毕及时断电，下班后拉下总电闸。

13.2 劳动保护

13.2.1 进入车间人员要穿好工作服、帽、鞋。

13.2.2 分装操作工分装时，注意切刀，勿把手伸进。

二、标准操作规程

操作规程是指经批准用来指导设备操作、维护与清洁、验证、环境控制、取样和检验等药品生产活动的通用性文件，也称标准操作规程。标准操作规程是企业活动和决策的基础，确保每个人正确、及时地执行质量相关的活动和流程。企业应规定标准操作规程的固定内容和模板，一般应包含表 5-3 所列内容。

表 5-3 标准操作规程的内容

封面页	每页	正文
公司名称 文件类型 文件标题* 编号* 版本号* 生效日期* 回顾日期 编制人、审核人、批准人 签名和日期* 颁发部门* 分发部门*	公司名称 文件标题* 编号* 版本号* 页码	1. 目的 2. 适用范围 3. 职责（程序中各项活动的职责分配） 4. 术语和缩略语（对术语和缩略语做出解释说明） 5. 参考（法规、指南、技术指导原则、药典等权威技术标准） 6. 程序** 需要完成的任务和达成的目标 必需的物料、设备等方面的准备 分步骤描述各操作过程及标准、时限 产生的文件，数据处理及记录要求 与本程序执行相关的其他文件 偏差处理（必要时） 7. 附件（空白记录、流程图、工作表、清单） 8. 培训要求（培训对象、培训方式） 9. 变更历史*（修订时间、修订内容）

注：＊表示 GMP 要求必须包含的项目。＊＊表示推荐多使用流程图、表格、清单，辅以文字说明。

文化与素养

小和尚撞钟的故事

有一个小和尚在寺院担任撞钟之职。按照寺院的规定，他每天必须在早上和黄昏各撞钟一次。如此半年下来，小和尚感觉撞钟的工作极其简单，倍感无聊。后来，干脆"做一天和尚撞一天钟"了。一天寺院住持忽然宣布要将他调到后院劈柴挑水，原因是他不能胜任撞钟之职。小和尚觉得奇怪，就问住持："难道我撞的钟不准时、不响亮？"住持告诉他："你的钟撞得很响，但钟声空泛、疲软，因为你心中没有理解撞钟的意义。钟声不仅仅是寺里作息的准绳，更为重要的是唤醒沉迷众生。因此，钟声不仅要宏亮，还要圆润、浑厚、深沉、悠远。一个人心中无钟，即是无佛；如果不虔诚，怎能担当撞钟之职？"小和尚听后，面有愧色，此后潜心修炼，终成一代名僧。

【启示】本故事中的住持犯了一个常识性管理错误，"做一天和尚撞一天钟"的结果，是由于住持没有提前公布工作标准造成的。如果小和尚进入寺院的当天就明白撞钟的标准和重要性，他也不会因怠工而被撤职。工作标准是员工的行为指南和考核依据。制定工作标准尽量做到数字化，要与考核联系起来，注意可操作性。

📝 范例 5-2 某药品生产企业大容量注射剂精洗灌装标准操作规程

题目	大容量注射剂精洗灌装标准操作规程			
制定：	年 月 日	文件编号		SOP-PM007-01
审核：	年 月 日	审核：		年 月 日
批准：	年 月 日	生效日期		年 月 日
文件颁发部门	生产部	分发部门：		
共 页 第 页	变更历史：			

目   的：建立车间大容量注射剂类精洗灌装标准操作规程，使操作标准化、规范化，保证产品质量。

应用范围：本标准操作规程适用于一车间精洗灌装岗位的操作。

责 任 人：岗位操作人员、QA员。

内   容：

1. 准备工作

1.1 检查岗位上是否有上批产品清场合格证，并附于批生产记录上，作为准许本批产品生产的凭证。

1.2 依据批生产记录，掌握本批生产品种、规格、批号及数量。

1.3 检查精洗灌装机、加塞机、容器具是否有"完好"和"已清洁"标识。

1.4 终端 0.22 微米精密滤芯每天生产前后做完整性试验，合格后将滤芯正、反冲干净后，安装到相应过滤器内。要求安装严密，不漏液。

1.5 开动精洗灌装机检查设备各部位运转是否正常。

1.6 检查冲水嘴位置是否对正瓶口，不正时应及时调整，与配制岗位操作人员联系好用注射用水冲洗管道、灌装机至少 10 分钟。由 QA 员检查冲洗水及输液瓶质量合格后，方可进行洗瓶灌装。

2. 操作

2.1 打开机器总电源，进行空车运转。然后开启传送带，将前一天精洗机内的空瓶倒回理瓶岗位。

> ▶ **技能点** ◀
> 解读标准操作规程

2.2 调节精洗灌装机速度与输液瓶传送速度一致,输液瓶通过精洗机部分送至灌装口部分进行灌装,打开药液管路上的放料阀门,通过传送速度调节装量。

2.3 输液瓶通过精洗机输出,到达灌装工位,送液管伸入瓶口进行灌装。用输液瓶试装,取 20 个试装瓶检查药液可见异物和装量,达到控制标准后,开始灌装。试装过程的药液,应全部倒入回收桶内,返回本批稀配罐中重新过滤。

2.4 加塞、压塞

2.4.1 A 级层流之下,灌装后药瓶用加塞机加塞后,通过传送带送入下一工序轧盖。

2.4.2 放塞过程脱落的胶塞应放在指定容器内返工重新清洗。

2.4.3 用专用工具往振动理塞斗内放入适量丁基胶塞,随时补充,取塞后胶塞周转桶须及时密封。

2.4.4 清洗后的胶塞要在 4 小时内上线,否则要重新清洗。

3. 清场

3.1 批清场

3.1.1 清除一切与下批灌装无关的物品及标示物。

3.1.2 对作业场所进行清洁,要求台面、地面及设备表面等无肉眼可见异物、积水和污迹。

3.2 每天生产结束清场

3.2.1 将加塞机内多余胶塞取出放到专用容器内,返回洗塞岗位。

3.2.2 清除当天生产中的遗留物。

3.2.3 注射用水冲净的精密滤芯做滤芯完整性试验,确认精密滤芯合格后,浸泡备用。

3.2.4 按"一车间 QJG20 型精洗灌装一体机清洁消毒标准操作规程"清洁精洗灌装机。

3.2.5 按"一车间 NFS20 型冲氮压塞机清洁消毒标准操作规程"清洁加塞机。

3.2.6 按"一车间 B 级洁净区清洁消毒标准操作规程"清洁灌装间。

3.3 清场

填写清洁和清场记录,经 QA 员检查,合格后在批生产记录上签字,并签发"清场合格证"。

4. 质量控制标准

4.1 取样 20 瓶,在黑色、白色背景下检查药液,无任何可见异物为合格。

4.2 取样 3 瓶,装量在工艺要求装量范围内。

5. 注意事项

5.1 灌封过程是输液生产的关键环节,应严格按照操作规程操作,牢固树立无菌、无尘观念,按要求着装,注意工艺卫生,防止污染。

5.2 灌装结束至灭菌的存放时间不应超过 6 小时。

5.3 每批生产结束后,一定要保证传送带上的药瓶完全进入轧盖工序,防止混药、混批。

6. 异常情况处理

当发生异常情况影响正常生产或产品质量时,应通知车间主任及 QA 员进行处理。

► 点 滴 ◄

欲知平直,则必准绳。欲知方圆,则必规矩。

范例 5-3 某车间 B 级区容器、器具清洁标准操作规程

题目		车间 B 级区容器、器具清洁标准操作规程		
制定:	年 月 日	文件编号	SOP-SM011-01	
审核:	年 月 日	审核:		年 月 日
批准:	年 月 日	生效日期		年 月 日
文件颁发部门	生产部	分发部门:		
共 页 第 页	变更历史:			

目　的:建立某车间 B 级区容器、器具清洁标准操作规程,保证工艺卫生,防止污染。

应用范围:某车间 B 级区(含局部 A 级)容器、器具的清洁消毒操作。

责　任　人:操作工、QA 员。

内　容

1. 清洁工具

毛刷、试管刷、丝光毛巾。

2. 清洁地点

容器具清洗间。

3. 清洁剂及用量

1%氢氧化钠溶液,擦拭用量每平方米不得低于 25 毫升。

4. 消毒剂及用量

纯蒸汽、75%乙醇,擦拭用量每平方米不得低于 25 毫升。

5. 清洁消毒频次及方法

5.1　玻璃容器(包括试剂瓶、量筒、锥形瓶等)

5.1.1　每次使用后用纯化水对内外壁进行刷洗,边用水冲边刷洗,直到洗净为止。最后用少量注射用水刷洗 3 次。

5.1.2　测定装量的量筒每天生产结束后,按 5.1.1 进行清洁后,在 3%双氧水溶液中浸泡 15 分钟,最后用注射用水刷洗 3 次,控干,备用。

5.2　塑料容器具、胶塞周转桶、回收料桶等不可高温灭菌制品

5.2.1　每次使用后立即用经 0.22 微米过滤的注射用水洗刷干净后控干,备用。

5.2.2　每天生产结束后及第一次使用前用过滤注射用水洗刷干净,控干后,用 75%乙醇全面擦拭,待消毒剂滞留 15 分钟后,用过滤注射用水反复刷洗去除消毒剂残留,倒置控干,备用。

5.3　不锈钢工具及容器(包括灌注系统中不锈钢制品)

每天生产结束后,用过滤的注射用水清洁干净后,放入不锈钢容器中进行湿热灭菌,121℃15 分钟,备用。

5.4　工器具(包括不锈钢扳手等)

每次使用后立即用过滤注射用水洗刷干净后控干,备用。污迹不易去除时,可用 1%氢氧化钠溶液去除污迹后,再用注射用水反复冲洗去除清洁剂残留后控干,备用。使用前用 75%乙醇溶液擦拭进行消毒。自然晾干后使用。

6. 清洁效果评价

目测检查应无可见污迹和残留物。

7. 清洁工具的清洁及存放

使用后的清洁工具按"一车间洁净区清洁工具清洁消毒标准操作规程"进行清洁操作。

8. 容器、器具的存放

凡已清洁的容器、器具,不宜套装放置,倒置放于容器存放间,并贴挂"已清洁"状态标识。

9. 容器、器具清洁后有效期

9.1　连续生产时,有效期为 48 小时。

9.2　若停用超过 48 小时,下次使用前按 5.1、5.2 和 5.3、5.4 对其进行清洁消毒操作。

10. 生产结束至开始进行清洁操作等待时间不得超过 2 小时。

CH-150型
槽型混合
机标准操
作规程

三、批记录

批记录是用于记述每批药品生产、质量检验和放行审核的所有文件和记录,可追溯所有与产品生产、包装和检验、放行相关的历史信息,特别当生产、包装或检

验过程出现异常时。批生产/包装/检验记录的重要控制点和风险点见表 5-4。空白批生产记录、批包装记录应包含的内容见表 5-5。

表 5-4　批生产/包装/检验记录的重要控制点和风险点

过程	控制点/风险点
起草	1. 空白批记录的内容应与下列文件保持一致：注册文件、现有批量的工艺验证报告、分析方法验证报告、工艺规程、质量标准 2. 有统一格式的标准化模板
使用	1. 指定人员负责空白批记录的复制 2. 复制的基准是经批准的原版空白批记录 3. 每批产品只发放一份原版空白批生产/包装/检验记录的复制件，记录发生污损时，凭污损件申请补发并做好登记 4. 以批为单位做好空白批记录的分发、使用记录，确保可追踪性
审核	质量受权人须在产品放行前按"必须保证每批已放行产品的生产、检验均符合相关法规、药品注册批准或规定的要求和质量标准"的要求出具产品放行审核记录，此记录可纳入批生产/包装记录
保存	1. 按企业内部规定的方式、期限保存批记录，须同时符合产品所在地药监部门的规定 2. 用电子方法保存的批记录，应采用磁带、微缩胶卷、纸质副本或其他方法进行备份，并确保备份在保存期内可以被有效还原、易于读取
修订	原版空白批记录的修订若涉及生产工艺、质量标准、操作流程的实质性变更，须确保其变更内容已纳入变更控制

表 5-5　空白批生产记录、批包装记录的内容

封面页	每页	正文
1. 产品代码 2. 产品名称 3. 规格 4. 批量 5. 产品批号 6. 生产日期 7. 文件编号 8. 版本号 9. 编制、审核、批准人签名及日期	1. 产品代码 2. 产品名称 3. 规格 4. 产品批号 5. 文件编号 6. 版本号 7. 页码	1. 批生产（含包装过程）总结 由生产和质量相关负责人员对整批进行最终评估 2. 批记录内容列表 3. 安全警告（必要时）如物料 MSDS，防护穿戴，操作注意事项 4. 物料清单 5. 清场及设备清洁检查 6. 设备安装和功能测试 如安装指导，必要的设备功能测试和结果 7. 物料的接收 对照物料接收清单双人复核 8. 操作步骤 操作指导及标准、操作过程记录（包括起始、完成时间，操作人签名，关键操作的复核及签名）、收率和物料平衡 9. 中间过程控制 取样计划及实施，测试结果 10. 转移文件 如印刷包装材料的实样、物料标签、设备清洁标签、机器打印信息、称量表等 11. 附录 其他批相关的文件，如偏差报告、检验报告书

范例 5-4　某药品生产企业大容量注射剂称量、浓配批生产记录

产品名称		产品规格		产品批号	
配制量	万毫升	理论产量	瓶	生产日期	年　月　日
生产依据		本品种工艺规程			

操作步骤	操作指令	操作记录
生产前检查	1. 生产文件、清场合格证 2. 生产现场 3. 设备、容器具、管道 4. 工艺用水、电、气 5. 仪器、仪表 6. 检查完毕,符合规定,更换状态标识 7. 洁净区温度和相对湿度	□齐全 □已清洁 □完好　□已清洁 □供应充足 □已校正,在有效期内　□已清洁 □已更换 □符合规定　温度:＿＿℃ 相对湿度＿＿%
	检查人	检查时间
准备	8. 根据批生产指令领取所需原辅料,核对品名、规格、编号、批号、数量等 9. 冲洗浓配罐、管路及容器具 10. 配制 pH 调节剂(10%盐酸或 10%氢氧化钠)＿＿＿毫升	□ 已核对,符合要求 领料人:＿＿＿＿＿　复核人:＿＿＿＿＿ 清洁情况:□ 合格 配制情况:□ 合格 操作人:＿＿＿＿＿　复核人:＿＿＿＿＿
外清	11. 将领取的原辅料外包装在外清间逐件擦净,移入缓冲间	检查情况:□ 合格 操作人:＿＿＿＿＿　质检员:＿＿＿＿＿
称量	12. 按一车间称量、浓配操作程序称量项下规定,逐一称量核对原辅料	称量情况:□ 合格 操作人:＿＿＿＿＿　复核人:＿＿＿＿＿
浓配	13. 按本品种配制 SOP 进行操作 14. 加入规定量的注射用水,加热升温投入指令量原料 15. 加入 pH 调节剂和指令量活性炭 16. 加热煮沸 15 分钟	□ 已操作,符合 SOP 加注射用水:＿＿＿升 投料时间:＿＿＿＿ 加炭时间:＿＿＿＿　加 pH 调节剂量:＿＿＿毫升 煮沸时间:＿＿至＿＿ 续煮时间:＿＿分钟 操作人:＿＿＿＿＿　复核人:＿＿＿＿＿
脱炭循环	17. 脱炭自身循环至取样目视药液澄清,过滤至稀配罐内	脱炭循环时间:＿＿＿分钟 过滤打料时间:＿＿至＿＿ 稀配罐号:＿＿＿ 操作人:＿＿＿＿＿　复核人:＿＿＿＿＿
物料结存	18. 将剩余的物料退库或下批使用	□退库　□下批使用 操作人:＿＿＿＿＿　复核人:＿＿＿＿＿
清场	19. 见清场记录	□批清场　　　　　　□日清场
备注		

▶ 技能点 ◀

记录填制

▶ 注　意 ◀

记录更改时要保证原有信息清晰可辨,并签姓名和日期。记录如需重新誊写,原有记录必须作为誊写记录的附件保存。

🖋 小试牛刀

　　对照表5-5所列空白批生产记录、批包装记录的内容,仔细察看范例5-4,该批生产记录是否需要继续完善,谈谈你的想法。

四、记录

记录是反映实际生产活动实施结果的书面文件，药品生产的所有环节，从生产到检验到销售都要有记录可查证追溯。记录必须真实、完整，才可以体现生产过程中的实际情况。记录在使用和填写时的一般要求如下：

① 使用的记录格式为经过批准的格式。

② 所记录的信息应及时、真实、清晰、正确、完整。

③ 不可使用不规范的缩写去记录文字或单位（如物理或化学单位），填写记录时应注意数字单位及有效数字与要求一致。

④ 在记录中工整地书写文字或数据，正常情况下应使用蓝色或黑色，应使用字迹不能擦掉或消退的笔（尽量使用签字笔）。

⑤ 内容与上项相同时应重复抄写，不得用"…"或"同上"等表示。

⑥ GMP 文件记录不允许使用废纸。

⑦ 只有由本人获得的数据，才可填入记录中。

⑧ 记录应按表格内容填写齐全。如果操作不需执行，相应的空格用斜线划掉，并签名和日期，必要时写上不需填写的原因。

⑨ 所有文件和记录必须有总页数和页码，如果页数不够可以加附加页。

⑩ 尽可能采用生产和检验设备自动打印的记录、图谱和曲线图等，并标明产品或样品的名称、批号和记录设备的信息，操作人应签注姓名和日期。

⑪ 原始数据只能在例外的情况下被更正，例如输入错误或书写错误。更正后原来的信息应仍可读，更正人应签名和日期。应记录更正原因，如打印错误，数字调换，或抄写错误。

⑫ 禁止覆盖、删除或涂抹任何已填写的数据信息，更改信息数据应用单线划掉需要更改的内容，在其旁边写上正确的内容，并签名、注明日期和更正原因。

⑬ 记录如需重新誊写，原有记录不得销毁，应作为重新誊写记录的附件保存。

拓展方舟

电子记录

电子记录指一种数字格式的记录，由文本、图表、数据、声音、图示或其他数字信息构成。其创建、修改、维护、归档、读取、发放和使用均由计算机（化）系统实现。

采用计算机（化）系统生成记录或数据的，应当采取相应的管理措施与技术手段，确保生成的信息真实、准确、完整和可追溯。电子记录至少应当实现原有纸质记录的同等功能，满足活动管理要求。对于电子记录和纸质记录并存的情况，应当在相应的操作规程和管理制度中明确规定作为基准的形式。

电子记录的操作权限与用户登录管理要点：①建立操作与系统管理的不同权限，业务流程负责人的用户权限应当与承担的职责相匹配，不得赋予其系统（包括操作系统、应用程序、数据库等）管理员的权限；②具备用户权限设置与分配功能，能够对权限修改进行跟踪与查询；③确保登录用户的唯一性与可追溯性，当采用电子签名时，应当符合《中华人民共和国电子签名法》的相关规定；④应当记录对系统操作的相关信息，至少包括操作者、操作时间、操作过程、操作原因；数据的产生、修改、删除、再处理、重新命名、转移；对计算机（化）系统的设置、配置、参数及时间戳的变更或修改。

稳扎稳打

一、名词解释

1. 文件　　2. 操作规程　　3. 记录

二、单项选择

1. 关于工艺规程，描述不正确的是（　　）。

　　A. 是生产过程控制的基础

　　B. 以企业质量目标为依据建立

　　C. 是药企内部药品生产的第一标准

　　D. 以注册批准的工艺为依据建立

2. 关于文件系统中的报告和记录，表述不正确的是（　　）。

　　A. 是企业质量管理理念的呈现

　　B. 是指导文件执行结果的呈现

　　C. 是公司质量管理体系运行的直接产物

　　D. 是评价质量管理体系运行质量的直接证据

3. 主导制定文件系统中的方针类文件的部门（人员）是（　　）。

　　A. 质量管理部门　　　　　　　B. 质量负责人

　　C. 总经理　　　　　　　　　　D. 质量受权人

4. 不属于管理规程类文件的是（　　）。

　　A. 组织机构及职责　　　　　　B. QC 实验室管理

　　C. 文件和记录管理　　　　　　D. 产品放行规程

5. 批记录的作用不包括（　　）。

　　A. 记述每批药品生产信息　　　B. 记述每批药品质量检验信息

　　C. 记述每批药品注册信息　　　D. 记述每批药品放行审核信息

三、多项选择

1. 制药文件系统通常包括（　　）。

　　A. 质量方针　　　　　　　　　B. 管理规程

　　C. 操作规程　　　　　　　　　D. 报告和记录

2. 属于操作规程类文件的是（　　）。

　　A. 岗位操作规程　　　　　　　B. 物料管理

　　C. 设备操作规程　　　　　　　D. 清洁规程

3. 填写记录时应做到（　　）。

　　A. 及时、真实、清晰、正确、完整

B. 内容与上项相同时应重复抄写，不能用"同上"表示

C. 如操作不需执行，相应的空格用斜线划掉，并签名和日期

D. 任何更改都应签注姓名和日期，并使原有信息清晰可辨

4. 操作规程封面页应包括的内容有（　　　）。

A. 文件标题

B. 文件编号、版本号

C. 编制、审核、批准人员签名和日期

D. 颁发部门、分发部门

5. 文件保存应该注意的问题包括（　　　）。

A. 可采取异地备份方式

B. 保存区域有必要的安全性保护措施

C. 以电子形式保存的文件，要定期检查其完整性、可读性

D. 电子文件的备份，包括数据备份和必要的系统备份

四、简答题

1. 在文件编制和使用管理环节中各有哪些要求？

2. 批生产记录与批包装记录的主要内容有哪些？

温故知新5

学以致用

1. 参考范例 5-1，设计颗粒剂制剂批生产记录。

2. 根据所学知识，编写容器具清洗标准操作规程。

学习评价

职业核心能力与思政素质测评表

（在□中打√，A 良好，B 一般，C 较差）

职业核心能力与思政素质	评价标准	评价结果
自我学习	1. 有学习计划 2. 会管理时间 3. 关注相关课程知识的关联	□A □B □C □A □B □C □A □B □C
交流合作	1. 能把握交流的主题 2. 能准确理解对方的意思，会表达自己的观点 3. 明白各自在合作中的作用和优势	□A □B □C □A □B □C □A □B □C
信息处理	1. 有多种获取信息的途径和方法 2. 会进行信息的梳理、筛选、分析 3. 能使用多媒体手段展示信息	□A □B □C □A □B □C □A □B □C
解决问题	1. 能纵观全局，抓住问题的关键 2. 能做出解决问题的方案，并组织实施 3. 分析问题解决的效果，及时改进不足之处	□A □B □C □A □B □C □A □B □C
思政素质	1. 有规则意识，能自我约束，依法制药 2. 一切从实际出发，理论联系实际 3. 学习应用新知识和新技术，兴药为民	□A □B □C □A □B □C □A □B □C

专业能力测评表

专业能力	评价标准	评价结果
文件编码	1. 熟知文件类型 2. 熟悉文件编码原则 3. 能对各类文件进行编码	□A □B □C □A □B □C □A □B □C
文件生命周期管理	1. 熟悉文件的生命周期 2. 能辨识文件各阶段管理要点 3. 能执行文件管理规程	□A □B □C □A □B □C □A □B □C
解读标准操作规程	1. 熟知标准操作规程的概念 2. 能解读标准操作规程 3. 能初步起草标准操作规程	□A □B □C □A □B □C □A □B □C
设计填写记录	1. 熟知记录填写要求 2. 能正确填写记录 3. 能初步设计记录	□A □B □C □A □B □C □A □B □C

项目六
生产管理

开宗明义6

【知识点】清场要求、清场内容、批的确定原则、批号编码方式、状态标识、物料平衡、污染来源、防污染措施、剂型质量控制要点、生产验证工作要点、委托生产委托方与受托方要求、委托检验要求。

【技能点】清场、确定批、识别状态标识、计算物料平衡和收率、制定防污染措施、认知剂型质量控制项目、认知剂型生产验证项目、判断委托生产合法性、判断委托检验合法性。

【职业能力目标】

专业能力：生产中管理、清场管理、防污染和交叉污染、剂型质量控制、剂型生产验证、起草委托生产（检验）合同。

职业核心能力：自我学习，交流合作，信息处理，解决问题。

【思政素质目标】敬畏法规，科技创新，工匠精神。

学习导航

药品质量是生产过程的积累，只有生产过程中做到层层把关、点点控制，所生产的药品才有质量保证。本章内容会带你了解如何进行生产前、生产中及生产结束后的管理及各剂型生产操作的管理要求和生产质量控制要求。知道防止生产过程中污染和交叉污染的措施。

引 例

2007年7月，国家药品不良反应监测中心陆续接到报告，广西、上海部分医院的白血病患者出现下肢疼痛、乏力、行走困难等不良反应症状，他们都使用了上海华联制药厂生产的注射用"甲氨蝶呤"。上海华联制药厂因生产数批次劣药甲氨蝶呤及阿糖胞苷，导致全国上百位白血病患者下肢伤残，被依法吊销该厂所持有的《药品生产许可证》。事故原因为华联制药厂在生产过程中，现场操作人员将硫酸长春新碱尾液，混于注射用甲氨蝶呤及盐酸阿糖胞苷等批号的药品中，导致了多个批次的药品被污染。因此，防混淆、防差错、防污染是药品生产过程中的核心问题。

生产管理是药品生产的重要环节，也是 GMP 的重要组成部分，药品的质量是设计和生产出来，而不是检验出来的。生产管理是保证药品质量形成的关键过程。生产管理的目的就是采取有效措施，最大限度地降低药品生产过程中污染、交叉污染以及混淆、差错等风险。实施 GMP 就是让企业的质量工作重点由传统的检验转向对生产过程的控制，而药品的生产是以生产工艺为基础的生产过程，任何一个工序出现差错，如人员、环境、设备、原辅料、工艺等，必然会引起药品质量的变化。

单元一　生产过程管理

生产过程是药品制造全过程中决定药品质量的最关键和最复杂的环节之一。制药企业应按照 GMP 要求对生产全过程进行监控，以杜绝混淆和差错，防止杂质和微生物的污染。每批产品应当有产品批号和生产日期及有效期，并有其相应的操作规程。每批产品批号应当是唯一的批号。所有药品的生产和包装均应当按照批准的工艺规程和操作规程进行操作并有相关记录，记录应当及时填写，内容真实，以确保药品达到规定的质量标准，并符合药品生产许可和注册批准的要求。每批产品应当检查产量和物料平衡，确保物料平衡符合设定的限度。如有偏差进行偏差处理，必须查明原因，确认无潜在质量风险后，方可按照正常产品处理。每一生产阶段应当保证产品和物料免受微生物和其他污染。药品生产过程中生产操作采取措施防止污染和混淆。每道工序生产前应进行检查准备，生产中物料状态标识明确、信息完整，物料账、卡和实物数量一致，质量管理部门决定物料和中间产品的流转和使用，审核成品发放前批生产记录，决定成品放行，审核不合格品处理程序。不合格物料、不合格产品等应在每个包装单元或容器卜粘贴"不合格"标签，放置在规定区域并确保有效隔离，填写相关记录。生产中严格遵守工艺规程和 SOP 的规定，并对关键操作进行复核监控，以确保所生产药品的质量。生产结束后应进行清场操作。应即时清场。

重点与难点
生产中管理、防污染与交叉污染

一、生产前准备

在生产操作开始前，操作人员须检查上批清场情况及与本批生产品种相适应的指令、文件等。经质量人员确认后方可进行生产。通过生产前的检查确认，能有效预防上次遗留及清洁的污染、混淆与差错。

人员进出生产区管理

① 车间各工序向仓库、中间站或上工序领取所需的原辅料、中间产品、包装材料时，应有专人验收、记录登账并办理交接手续。同时核对名称、代码、批号、标识和数量等，确保生产所用物料或中间产品正确且符合要求。

② 检查生产场所是否符合该区域清洁卫生要求；检查设备、工具、容器清洁等状况，检查是否有已清洁牌和是否在有效期内。

③ 准备与生产品种相适应的指令（批生产指令、批包装指令）、文件（工艺规程、质量标准、岗位 SOP、清洁规程、中间产品质量监控规程及记录等文件）、空白生产记录复制件一份。检查文件是否为现行文件。

④ 更换生产品种及规格前应清场，清场者及检查者应签字，清场合格证应在有效期内，未取得清场合格证或是不在有效期内不得进行另一个品种的生产。

⑤ 检查生产用计量器具、度量衡器以及所用仪器、仪表是否在检定周期内，超过检定周期的不得使用。

物料进出
车间管理
流程

二、生产中管理

生产过程应严格依法操作，按规定方法、步骤、顺序、时间和操作人严格执行，并对生产过程控制点及项目按照规定频次和标准进行控制和复核。

① 应定期对生产现场、环境、物料、生产设备及工艺参数进行再确认，以确保以上生产条件始终符合生产工艺要求。

② 定期对所生产的产品质量特性进行检查和监控。检查结果应符合过程控制标准及产品质量标准，以确保工序始终处于稳定状态。

③ 不得在同一生产操作间同时进行不同品种和规格药品的生产操作，除非没有发生混淆或交叉污染的可能。

④ 生产期间使用的所有物料、中间产品或待包装产品的容器及主要设备、必要的操作室应当贴签标识或以其他方式标明生产中的产品或物料名称、规格和批号，如有必要，还应当标明生产工序。

⑤ 生产设备应当有明显的状态标识，标明设备编号和内容物，没有内容物的应当标明清洁状态，主要固定管道应当标明内容物名称和流向。

⑥ 物料、产品等应当标明质量状态（如待验、合格、不合格、已取样）。

⑦ 保证生产所使用的物料流向正确，并对所使用的原辅料、中间产品（半成品）、成品及有印刷文字的包装材料数量进行物料平衡计算，计算结果应符合企业规定要求。

⑧ 生产现场要求整洁、有序，标识完整、清晰，记录填写完整、清晰、及时，行为符合岗位 SOP 的规定。

三、清场管理

各生产工序在当日生产结束后，更换品种、规格或换批号以及停产检修结束后

洁净区地漏

必须由生产操作人员清场。

1. 清场范围

清场范围包括生产操作的整个区域、空间，包括生产线上、地面、辅助用房等。

2. 清场内容

清场内容包括物料清理、现场和生产设备容器的清洁消毒以及记录填写，清场结果需另一个人复查。

3. 清场记录

清场记录内容包括操作间编号、产品名称、批号、生产工序、清场日期、检查项目及结果、清场负责人及复核人签名。清场结束后由 QA 人员检查，并在清场记录上注明检查结果，合格后发给"清场合格证"。此证作为下次生产（下一个班次、下一批产品、另一个品种或同一品种不同规格产品）的生产凭证，附入生产记录。未领得"清场合格证"不得进行另一个品种或同一品种不同规格的生产。清场记录应当纳入批生产记录。

4. 清场要求

① 生产结束后，填好清洁状态标识，取下生产状态标识，挂上未清洁的清洁状态标识。

▶ 技能点 ◀

清场

② 无原辅料、中间产品、包装材料、成品、剩余的材料、印刷的标识物等生产残留物。

③ 无生产指令、生产记录等书面文字材料。

④ 无生产状态标识，清洁状态标识挂牌正确。

⑤ 地面无积尘、无结垢，门窗、室内照明灯、风管、墙面、开关箱外壳无积尘，室内不得放与生产无关的物品。

⑥ 使用的工具、容器清洁无异物、无前次产品的残留物。

⑦ 设备内外无前次生产遗留的药品，无油垢。

⑧ 非专用设备、管道、容器、工具应按规定进行清洗消毒或灭菌。

⑨ 凡直接接触药品的设备、管道、工具、容器每天清洗。

⑩ 不再使用的原辅料、包装材料、标签、说明书要及时返回库里。印有批号的标签、包装材料不得涂改使用，由专人负责及时销毁，并做好记录。

生产过程
管理

⑪ 清场结束后，填好清洁状态标识，取下"未清洁"的清洁状态标识，挂上"已清洁"的清洁状态标识。

四、生产批次管理

1. 批号和生产日期

每批药品均应当编制药品批号和确定生产日期 除另有法定要求外，生产日期不得迟于产品成型或灌装（封）前经最后混合的操作开始日期，不得以产品包装日期作为生产日期。根据批号，应能查明该批药品的生产时间及批记录，可追溯该批药品的生产历史。批号应明显标于批记录的每个部分，以及药品的标签和包装物上。

案例
违规生产
劣药案

"批"是指经一个或若干加工过程生产的、具有预期均一质量和特性的一定数量的原辅料、包装材料或成品。为完成某些生产操作步骤，可能有必要将一批产品分成若干亚批，最终合并成为一个均一的批。在连续生产情况下，批必须与生产中具有预期均一特性的确定数量的产品相对应，批量可以是固定数量或固定时间段内生产的产品量。

"批号"是用于识别一个特定批的具有唯一性的数字和（或）字母的组合。

在规定限度内具有同一性质和质量，并在同一连续生产周期中生产出来的一定数量的药品为一批。生产的每批药品均应指定产品批号。

技能点

确定批

2. 批号的编码方式

通常为：年-月-日（流水号）。常用六位数字表示，前二位为年份，中间二位为月份，后二位为日期或流水号。

3. 批的确定原则

在药品生产中，由于剂型不同，生产情况不一，为确保生产的每批药品达到均一的要求，药品 GMP 中规定了确定批号的原则。

① 连续生产的原料药，在一定时间间隔内生产的在规定限度内的均质产品为一批。间歇生产的原料药，可由一定数量的产品经最后混合所得的在规定限度内的均质产品为一批。中间体的批号可与最后原料药的批号相一致，也可互相独立。

② 大（小）容量注射剂以同一配液罐最终一次配制的药液所生产的均质产品为一批；同一批产品如用不同的灭菌设备或同一灭菌设备分次灭菌的，应当可以追溯。

③ 粉针剂以一批无菌原料药在同一连续生产周期内生产的均质产品为一批。

④ 冻干产品以同一批配制的药液使用同一台冻干设备在同一生产周期内生产的均质产品为一批。

⑤ 口服或外用的液体制剂以灌装（封）前经最后混合的药液所生产的均质产品为一批。

⑥ 生物制品的批号按《生物制品分批规程》确定。

⑦ 口服或外用的固体、半固体制剂在成型或分装前使用同一台混合设备一次混合所生产的均质产品为一批。

⑧ 眼用制剂、软膏剂、乳剂和混悬剂等以同一配制罐最终一次配制所生产的均质产品为一批。

五、状态标识管理

技能点

识别状态标识

状态标识是防止混淆、差错的有效工具。生产过程中每一房间或设备、容器都应该有标明产品或物料名称、批号、数量的状态标识。标识应当清晰明了，标识的格式应当经企业相关部门批准。除在标识上使用文字说明外，还可采用不同的颜色区分被标识物的状态（如待验、合格、不合格或已清洁等）。

（1）物料标识　包括物料信息标识和质量状态标识。如每件物料的物料签，生产现场和中间站的每件物料都必须有标识，包括残损物料；质量状态有待验、合格、不合格，分别为黄色、绿色、红色。

（2）生产状态　操作间正在操作产品信息或是上批产品信息及清场结果。如生产状态卡、清场合格证。

状态标识
的管理

（3）设备标识　包括三个部分，设备能否使用（如完好、检修、待用、停用）；设备是否运行中（如运行）并有明显状态标识，标明设备编号和内容物（如名称、规格、批号等）；没有内容物应当标明清洁状态（如已清洁、未清洁）。

（4）清洁标识　标识设备、容器或房间、工具等是否清洁可以使用。如已清洁、待清洁。已清洁应符合有效期规定。

（5）计量标识　标识计量器具是否合格，允许使用标识，有效期限。

（6）主要固定管道应当标明内容物名称和流向　如蒸汽、纯化水、注射用水、废水、回水、物料管中药液、氮气、压缩空气等。

（7）文件、记录标识　有效版本控制。

六、物料平衡管理

1. 物料平衡管理的目的

物料平衡是防止混药、差错和低限投料的一个指标。同时防止药品生产过程中潜在的异常情况或者差错给药品质量带来的影响，判断每个生产步骤是否正常，进而为是否需要进行偏差分析提供依据。物料平衡是产品或物料实际产量或实际用量及收集到的损耗之和与理论产量或理论用量之间的比较，并考虑可允许的偏差范围。收率是一种反映生产过程中投入物料的利用程度的技术经济指标。在药品生产过程的适当阶段，计算实际收率和理论收率的百分比，能够有效避免或及时发现药品混淆事故。

▶ 技能点 ◀

计算物料平衡
和收率

2. 物料平衡管理的要求

生产中所用的物料和生产的每批产品应当检查产量和物料平衡，确保物料平衡符合设定的限度。如有差异，必须查明原因，确认无潜在质量风险后，方可按照正常产品处理。物料平衡必须在批生产记录中反映出来。通过工艺验证确定物料平衡率。药品生产企业根据生产实际情况、产品工艺验证、生产消耗确定适当的百分比范围。各关键工序都必须明确收率的计算方法，根据验证结果确定收率的合格范围。各工序的物料平衡和收率原则上不许超过规定的平衡范围，凡超过必须查明原因，在得出合理的解释，确认无潜在质量事故后，经批准方可按正常产品处理或继续下一步的生产，并按生产过程偏差处理规程进行处理，将处理记录附入批生产记录中。

▶ 注　意 ◀

计算总产量
时，应考虑到
生产过程中是
否有回收的物
料。计算收率
的阶段由企业
自行决定，每
批待包装品的
收率必须进行
实际值与理论
值的比率计
算。

3. 物料平衡和收率的计算方法

$$物料平衡 = \frac{合格数 + 报损数}{领用数 + 上批结余数 - 本批结余} \times 100\%$$

$$收率 = \frac{合格数}{领用数 + 上批结余数 - 本批结余} \times 100\%$$

中间产品、成品的物料平衡和收率计算公式：

$$物料平衡 = \frac{实际产量（用量）+ 收集到的损耗之和}{理论产量（用量）} \times 100\%$$

$$收率 = \frac{实际产量}{理论产量} \times 100\%$$

物料平衡

收集到的损耗量包括尾料、废品量、样品量、丢弃的不合格量。

七、防污染和交叉污染

1. 污染来源

污染是指在生产、取样、包装或重新包装、储存或运输等操作过程中，原辅料、中间产品、待包装产品、成品受到具有化学或微生物特性的杂质或异物的不利影响。按照污染的情况一般可分为三个方面：

① 由微生物引起的污染；

② 由原料或产品被另外的物料或产品引起的污染，如生产设备中的残留物，操作人员的服装引入或散发的尘埃、气体、雾状物；

③ 由其他物质或异物等对药品造成的污染。

混淆是指一种或一种以上的其他原材料或成品与已标明品名等的原材料或成品相混，俗称"混药"。如原料与原料、成品与成品、标签与标签、有标识的与未标识的、已包装的与未包装的混淆等。

交叉污染是指不同原料、辅料及产品之间发生的相互污染。

2. 防控措施

为防止药品被污染和混淆，生产操作应采取生产前检查、操作过程控制、结束后清场等措施保证药品生产的质量。应当定期检查防止污染和交叉污染的措施并通过监控程序、清洁程序的风险评估、清洁验证结果、产品质量回顾分析、偏差处理的回顾分析等评估其适用性和有效性。

技能点
制定防污染措施

生产过程中防止污染和交叉污染的措施：

① 在分隔的区域内生产不同品种的药品；采用阶段性生产方式；

② 设置必要的气锁间和排风；空气洁净度级别不同的区域有压差控制；

③ 降低未经处理或未经充分处理的空气再次进入生产区导致污染的风险；

④ 在易产生交叉污染的生产区内，操作人员穿戴该区域专用的防护服；

⑤ 采用经过验证或已知有效的清洁和去污染操作规程进行设备清洁；必要时，对与物料直接接触的设备表面的残留物进行检测；

⑥ 采用密闭系统生产；

⑦ 干燥设备的进风安装空气过滤器，排风安装防止空气倒流装置；

⑧ 生产和清洁过程中避免使用易碎、易脱屑、易发霉器具；使用筛网时，制定防止因筛网断裂而造成污染的措施；

⑨ 液体制剂的配制、过滤、灌封、灭菌等工序必须在规定时间内完成；

⑩ 软膏剂、乳膏剂、凝胶剂等半固体制剂以及栓剂的中间产品规定储存期和储存条件。

八、包装管理

包装指待包装产品变成成品所需的所有操作步骤，包括分装、贴签等。但无菌生产工艺中产品的无菌灌装，以及最终灭菌产品的灌装等不视为包装。

（1）状态标识 对经检验合格的产品可下达批包装指令。每一包装操作场所或包装生产线，应当有标识标明包装中的产品名称、规格、批号和批量的生产状态。有数条包装线同时进行包装时，应当采取隔离措施。

▶ 注 意 ◀
包装材料上印刷或模压的内容应当清晰，不易褪色和擦除。

（2）包装前检查 有专人对待包装产品和包材的品名、规格、数量、包装要求等与批包装指令进行核对。

（3）包装过程控制 包装期间应对包装外观、包装是否完整、产品和包装材料是否正确、打印信息是否正确、在线监控装置的功能是否正常等产品的中间控制进行检查。单独打印或包装过程中在线打印的信息（如产品批号或有效期）均应当进行检查，并记录。样品从包装生产线取走后不再返还，防止产品混淆或污染。

（4）合箱要求 药品发运的零头包装只限两个批号为一个合箱，合箱外应标明全部批号，并应建立合箱记录。

（5）成品寄库 某些已包装的制剂产品，因检验周期长，在未取得检验结果前需进行包装，则按成品寄库规定办理寄库手续，收到检验合格报告书后，再办理入库手续。

（6）剩余包材处理 包装结束时，已打印批号的剩余包装材料应当由专人负责全部计数销毁，并记录。如将未打印批号的印刷包装材料退库，应当按照操作规程执行。

（7）重新包装 因包装过程产生异常情况而需要重新包装产品的，必须经专门检查、调查并由指定人员批准。重新包装应当有详细记录。

车间的定置管理

◈ 小试牛刀1

药品生产产生混淆的原因包括厂房、设备、材料、人员和制度几个方面。分析下面原因分属哪方面。

① 生产区域狭小、拥挤，同一区域有不同规格、品种、批号的药品同时生产；生产中物料流向不合理，生产线交叉；生产、运储、仓储无保证措施。（　　）

② 生产中使用的设备、容器无状态标识，清场不彻底。（　　）

③ 辅料、包装材料、中间产品、中间体等无明显标识，放置混乱，散装或放在易破损的包装中，印刷性包装材料管理不善。（　　）

④ 生产人员未经培训上岗，工作责任心不强，压力过大，操作中随意性大。（　　）

⑤ 管理制度不健全，或执行不力，无复核、统计、监督机制，发现问题未及时查找原因。（　　）

单元二 关键质量控制

重点与难点

剂型质量控制要点、生产验证工作要点

药品生产是产品的实现过程，为贯彻药品设计的安全、有效和质量可控，必须严格执行药品注册批准的要求和质量标准。对药品生产全过程进行控制，能够实现药品制造过程的有效和适宜的确认、执行和控制。在药品执行和监控过程中应设定关键的控制参数和可接受的控制范围，实现生产条件受控和状态可重现。从原材料、设备、生产工艺、工艺过程控制、质量检验、质量保证体系控制不良产品的产生。所有药品的生产和包装均应当按照批准的工艺规程和操作规程进行操作并有相关记录，以确保药品达到规定的质量标准，并符合药品生产许可和注册批准的要求。

一、无菌药品

无菌
隔离器

无菌药品是指法定药品标准中列有无菌检查项目的制剂和原料药，包括无菌制剂和无菌原料药。无菌药品的生产工艺通常分为最终灭菌工艺和无菌生产工艺。采用最终灭菌工艺的产品常见的包括大容量注射剂、小容量注射剂等；采用无菌生产工艺的产品常见的包括无菌灌装制剂、无菌分装粉针剂和冻干粉针等。最终灭菌生产工艺流程通常包括容器及器具的清洗、原辅料配制（浓配、稀配）、过滤、灌装、封口或加塞和轧盖、灭菌、检漏、灯检、包装等工序。非最终灭菌生产工艺流程通常包括容器及器具的清洗灭菌、原辅料配制（浓配、稀配）、除菌过滤、灌装、加塞、冻干、轧盖、目检、贴签包装等工序。

1. 无菌药品的生产管理

无菌药品生产管理的重点是控制微生物、细菌内毒素和微粒的污染，同时也要关注混淆和交叉污染。

（1）人员行为的控制　当无菌操作正在进行时，应特别注意减少洁净区内的各种活动。人员走动应有控制并十分小心，以避免剧烈活动散发过多的微粒和微生物。

（2）操作时间的控制　确定包装材料、容器和设备的清洗、干燥和灭菌的间隔时间以及灭菌至使用的间隔时间；建立规定储存条件下的时限控制标准；尽可能缩短药液从开始配制到灭菌或除菌过滤的间隔时间。

（3）物料、容器具的控制　洁净区内避免使用易脱落纤维的容器和物料。无菌操作所需的包装材料、容器、设备和任何其他物品都应灭菌，并通过双扉灭菌柜进入无菌操作区，或以其他方式进入无菌操作区，但不得引入污染；最终清洗后包装材料、容器和设备的处理应当避免被再次污染。非燃性气体应通过除菌过滤器进入洁净区。无菌产品在贴签之前，应逐一对其进行检查。

（4）生产环境的控制　无菌药品的生产从原料称量开始至完成密封，都存在药物直接暴露于环境的环节，应控制来自生产环境中的微生物污染的风险。最终灭菌无菌药品生产操作环境要求见表 3-4，非最终灭菌无菌药品生产操作环境要求见表 3-5。

无菌隔离器的结构及原理

2. 生产的关键工序及控制点要求

从风险管理原则出发，确定生产的关键工序，寻找需要控制的关键工艺控制点。

 范例 6-1　某药品生产企业最终灭菌小容量注射剂质量控制要点（见表 6-1）

▶ **技能点** ◀

认知剂型质量控制项目

表 6-1　最终灭菌小容量注射剂质量控制要点

工序	质量控制点	质量控制项目	频次
制水	纯化水	电导率、酸碱度、TOC	1 次/2 小时
		《中国药典》全项	1 次/周
	注射用水	pH 值、电导率、氨、TOC	1 次/2 小时
		内毒素	1 次/班
		《中国药典》全项	1 次/周
理瓶	原包装瓶	检验报告单、清洁度	定时/班
洗瓶	过滤后的纯化水	可见异物	定时/班
	过滤后的注射用水	可见异物	定时/班
	隧道烘箱	温度、网带速率	定时/班
	洗净后的瓶	清洁度	定时/班
	烘干后的瓶	清洁与干燥程度	定时/班

工序	质量控制点	质量控制项目	频次
配药	原辅料	复核名称、批号、数量	每批
	药液	性状、含量、pH 值、澄明度、色泽、过滤器检查	每批
	微孔滤膜	完整性试验	使用前后
灌封	烘干安瓿	清洁度	随时/班
	药液	色泽、澄明度	随时/班
	封口	外观、密封性	随时/班
	灌封后半成品	药液装量、清洁度	随时/班
灭菌	灭菌柜	标记、装量、温度、时间、记录、真空度	每柜
	灭菌前后半成品	外观清洁度、标记、存放区	每批
灯检	灯检品	可见异物	每批
包装	待包装品	每盘标记、灯检者代号	每盘
	印字	批号、内容、字迹	随时/班
	装盒	数量、说明书、标签	随时/班
	标签	内容、数量、使用记录	每批
	装箱	数量、装箱单、印刷内容、装箱者代号	每箱

 范例 6-2 **某药品生产企业非最终灭菌无菌冻干粉针注射剂质量控制要点**（见表 6-2）

表 6-2　非最终灭菌无菌冻干粉针注射剂质量控制要点

工序	质量控制点	质量控制项目	频次
制水	纯化水	电导率、酸碱度、氯化物、易氧化物	1 次/2 小时
		《中国药典》全项	1 次/周
	注射用水	pH 值、电导率、氯化物、易氧化物	1 次/2 小时
		内毒素	1 次/天
		《中国药典》全项	1 次/周
理瓶	原包装瓶	检验报告单、清洁度	定时/班
洗瓶	过滤后的纯化水	可见异物	定时/班
	过滤后的注射用水	可见异物	定时/班
	隧道烘箱	温度	定时/班
	洗净后的瓶	清洁度	定时/班
	烘干后的瓶	清洁与干燥程度	定时/班
配药	原辅料	复核名称、批号、数量	每批
	药液	性状、含量、pH 值、澄明度、色泽、过滤器检查	每批
	微孔滤膜	完整性试验	使用前后

工序	质量控制点	质量控制项目	频次
灌装	灭菌后胶塞	灭菌指示带变色	每箱/每袋
	灭菌后玻瓶	清洁度	2次/班
	灌装后半成品	药液装量	随时/班
封口	西林瓶	铝盖松紧度	随时/班
	安瓿	封口、外观、长度	随时/班
灭菌	灭菌柜	标记、装量、温度、时间、记录、真空度	每柜
	灭菌前后半成品	外观清洁度、标记、存放区	每批
包装	待包装品	每盘标记、灯检者代号	每盘
	印字	批号、内容、字迹	随时/班
	装盒	数量、说明书、标签	随时/班
	标签	内容、数量、使用记录	每批
	装箱	数量、装箱单、印刷内容、装箱者代号	每箱

3. 验证管理要求

验证的指导思想是通过验证确立控制生产过程的运行标准，通过对已验证状态的监控，控制整个工艺过程，确保质量。验证包括空调净化系统验证、工艺用水系统验证、洗烘灌联动机组验证、灭菌验证、培养基模拟灌装验证、冻干工艺验证、生产工艺验证、清洁验证等。验证的范围和程度应当经过风险评估来确定。

无菌药品模拟灌装

▶ 技能点 ◀

认知剂型生产验证项目

 范例 6-3 某药品生产企业无菌药品生产验证工作要点（见表 6-3）

表 6-3 无菌药品生产验证工作要点

类别	项目	控制标准	方法
药液过滤系统	滤器的完整性	应符合滤器说明书上的相应滤芯的标准要求	起泡点试验或前进流方法
	可见异物	符合《中国药典》标准要求	按《中国药典》方法
	细菌内毒素/热原	≤0.25EU/毫升，符合《中国药典》标准要求	按《中国药典》方法
	微生物限度	≤100cfu/100毫升	按《中国药典》方法
隧道烘箱	洁净度	尘埃粒子：符合GMP的标准 压差：相对于操作间是正压	参照ISO 14644-1 压差计
	灭菌效果	细菌内毒素、微生物限度	按《中国药典》方法
	灭菌过程	空载、负载热分布、热穿透试验	数据采集器、热电偶
	灭菌条件	温度、时间	

类别	项 目	控 制 标 准	方 法
容器管道清洁验证	洗瓶	最终淋洗水的可见异物	按《中国药典》方法
		不溶性微粒	按《中国药典》方法
		细菌内毒素	
	洗塞	可见异物、不溶性微粒、细菌内毒素、微生物限度	按《中国药典》方法
	残留清洗剂	pH5～7，采用通过方法学验证的检验方法，并符合清洁验证中残留量的要求	pH 计法及用通过方法学验证的检验方法
	细菌内毒素/热原	≤0.25EU/毫升，符合《中国药典》标准要求	按《中国药典》方法
	微生物限度	≤100cfu/100 毫升	按《中国药典》方法
内包装容器清洁效果验证	可见异物	符合《中国药典》标准要求	按《中国药典》方法
	细菌内毒素/热原	≤0.25EU/毫升，符合《中国药典》标准要求	按《中国药典》方法
	微生物限度	≤100cfu/100 毫升	按《中国药典》方法
	酸碱度	pH5～7	pH 计法
灌封/分装系统验证	灌封机	药液灌装量	按《中国药典》方法
		灌装速度	药液无溅壁现象
		封口完好	顶端圆整光滑、无漏气、无瘪头，无泡头、歪头、尖头、焦头
	惰性气体	纯度	含量 99.99%
		残氧量	氮气测定仪
	分装机	装量	按《中国药典》方法
		灌装速度	药液无溅壁现象
		培养基模拟灌装试验	按《中国药典》方法
灭菌验证	热分布试验	最冷点与平均温度差小于 2.5℃	模拟生产状态，厂家的验证设施数据采集器、热电偶等并能自动打印带时间、温度等的记录
	热穿透试验		
	生物指示剂试验	无菌保证值大于 6	用嗜热脂肪杆菌芽孢无菌培养检查
	灭菌过程	温度	温度计
		时间	设备的自动打印记录
		放置数量、排列层次	现场

4. 注意事项

① 批记录中应详细记录配制过程；装量检查应记录详细的数值。

② 应对生产无菌药品所用的非无菌原料药进行微生物限度规定和检测。

③ 药液从配制到灭菌的时间间隔制定依据要充足，应结合企业自身条件通过验证得出。

④ 无菌生产过程中，动态监测应覆盖生产全过程；对器具存放间和无菌服灭菌柜出口等层流区域应进行动态监测；动态监测中要考虑头孢产品的抑菌作用。

⑤ 培养基模拟灌装试验应模拟最差条件，例如：灌装量、灌装时间与正常生产或规定量相比，差距较大；应考虑正常生产时需进入生产区的人员数量等。

⑥ 应对药液除菌过滤前的微生物污染水平进行监测（污染水平越高，除菌后残存微生物的概率越大）。

⑦ 冻干机应为耐压材质，能够支持高压湿热灭菌。应对常用批量进行验证。

⑧ 文件中应明确规定无菌药品生产中直接接触药品的包装材料不能回收使用；无菌药品生产中直接接触药品的包装材料、设备和其他物品的清洗、干燥、灭菌到使用时间间隔的规定应以验证材料为依据。

⑨ 对操作时超过规定的时间间隔的处理措施应做明确规定。

二、原料药

原料药是指用于制剂生产的活性物质，是加工成制剂的主要成分，一般由化学合成、重组 DNA 技术、发酵、酶反应或从天然物质提取而成。它有非无菌原料药和无菌原料药之分。质量标准中列有无菌检查项目的用于无菌制剂生产的原料药称为无菌原料药。

▶ 点 滴 ◀

工欲善其事，必先利其器。

1. 质量控制要点

从风险管理原则出发，确定原料药生产的关键工序，寻找需要控制的关键工艺控制点。

 范例 6-4 某药品生产企业原料药精制、干燥质量控制要点（见表 6-4）

表 6-4　原料药精制、干燥质量控制要点

工序	质量控制点	质量控制项目	频次
制水	纯化水	电导率	1 次/2 小时
		《中国药典》全项	1 次/周
	注射用水	pH 值、电导率	1 次/2 小时
		《中国药典》全项	1 次/周
精制	粗品	理化指标	每批
	压滤液	可见异物	1 次/批
	结晶	浓度、温度、pH 值	按要求
	分离	洗涤溶剂量、甩滤时间、洗涤次数	1 次/批
干燥	湿品	理化指标	1 次/批
	干燥设备	温度、时间、压力	按要求
	粉碎过筛	筛网	1 次/批
	容器	清洁度	每件

工序	质量控制点	质量控制项目	频次
灭菌	灭菌柜	温度、时间、记录、装载方式、数量	每柜
	瓶子	清洁度、可见异物	每批

2. 验证

在工艺验证前确定产品的关键质量属性、影响产品关键质量属性的关键工艺参数、常规生产和工艺控制中的关键工艺参数范围，通过验证证明工艺操作的重现性。验证应当包括对原料药质量（尤其是纯度和杂质等）有重要影响的关键操作。验证的范围和程度应当经过风险评估来确定。原料药的验证内容与制剂一样，包括空调系统验证、水系统验证、关键设施设备的验证、工艺验证、清洁验证等，在无菌原料药生产中还包括生产设备在线灭菌规程的验证、无菌过滤系统、干燥灭菌、蒸汽灭菌系统验证等。空调系统验证、水系统验证及无菌原料药所用灭菌设备的验证方法与制剂一样，工艺验证则有原料药自身的特点。

 范例 6-5 **某药品生产企业原料药精制、干燥验证工作要点**（见表 6-5）

表 6-5　原料药精制、干燥验证工作要点

分　类	验证对象	验证要点
厂房及辅助系统	纯化水系统	供水能力达到设计要求，水质符合《中国药典》标准
	注射用水系统	供水能力达到设计要求，水质符合《中国药典》标准
	净化空调系统	高效过滤器检漏、风速、风压、压差、换气次数
	生产厂房	布局及气流方向合理、温湿度、照度、洁净度符合 GMP 标准
	纯蒸汽系统	纯蒸汽的冷凝水应达到注射用水标准
	氮气及压缩空气系统	微生物<1cfu/立方米
无菌保证系统	消毒剂	用量、更换周期、灭菌效果
	甲醛消毒系统	用量、浓度、温湿度、持续时间的条件及可靠性
	紫外线消毒系统	有效性
	更衣规程培训	考核合格证
灭菌系统	干燥灭菌	热分布、热穿透、生物指示剂挑战试验
	湿热灭菌	热分布、热穿透、生物指示剂挑战试验
	环氧乙烷灭菌	残留量测定、生物指示剂挑战试验
清洗过程	洗瓶	微粒、可见异物
	在线清洗系统	最后淋洗水测定符合《中国药典》要求
	设备部件清洗	最后淋洗水测定符合《中国药典》要求
设备	无菌过滤	过滤介质、完整性测试
	干燥设备（双扉）	均一性
	清洗验证	清洗方法、清洗效果
	喷雾干燥	灭菌、空气源质量、喷雾环境

分　类	验证对象	验证要点
工艺	生产过程	生产工艺的重现性
	关键工艺参数	关键工艺参数的确定(如无菌原料药批号划分依据、灭菌温度时间)
	成品均一性	测定每桶成品关键质量项目,进行统计分析
	不合格品返工	确定不合格品返工处理工艺
	原辅料变更	主要原辅料变更时须进行验证
	生产工艺变更	变更后工艺与原工艺产品进行对比
	检验方法验证	确定环境、仪器设备及检验方法的适用性,确认检验人员掌握操作技术

 时代楷模

小药丸　大效应

　　劳动模范张芬芳是某制药公司制剂车间主任,她对待工作满腔热情、兢兢业业、任劳任怨,始终把"质量第一、精益求精"作为自己追求的目标。建厂伊始她就天天在车间与丸剂打交道,至今已经二十几年。水丸生产的关键工序是起模,丸模大小均匀才能保证丸剂质量。张芬芳带领团队经过反复试验,终于摸索出用摇摆制粒的方法制备丸模,解决了过去起模时间长且丸模大小不均的难题。她在工作中始终坚持科技创新,不仅提高了产品质量,提升了生产效率,保障了市场供应,也为企业节约了能源、降低了成本。她们生产的丸剂产品畅销全国,一颗颗安全有效的小药丸,承担起治病救人的重任。

　　【启示】爱岗敬业,精益求精,开拓创新,彰显精湛技艺背后的工匠精神,在平凡的岗位上也能熠熠生辉。

三、口服固体制剂

　　口服固体制剂包括颗粒剂、口服散剂、片剂、胶囊剂等。

 范例 6-6　某药品生产企业口服固体制剂质量控制要点（见表6-6）

表 6-6　口服固体制剂质量控制要点

工序	质量控制点	质量控制项目	频次
粉碎	原辅料	异物	每批
	粉碎过筛	细度、异物	每批
配料	投料	品种、数量	1次/班
制粒	颗粒	黏合剂浓度	1次/班(批)
		筛网	
		含量、水分	
干燥	烘箱	温度、时间、清洁度	随时/班
	沸腾床	温度、滤袋完好、清洁度	随时/班

工序	质量控制点	质量控制项目	频次
压片	片子	平均片重	定时/每班
		片重差异	3～4 次/班
		硬度、崩解时限、脆碎度	1 次以上/班
		外观	随时/班
		含量、溶出度、均匀度	每批
灌装	硬胶囊	温度、湿度	随时/班
		装量差异	3～4 次/班
		崩解时限	1 次以上/班
		外观	随时/班
		含量、均匀度	每批
包衣	包衣	外观	随时/班
		崩解时限	定时/班
内包	在包装品	装量、封口、标签、填充物	随时/班
外包	装盒	数量、说明书、标签	随时/班
	标签	内容、数量、使用记录	每批
	装箱	数量、装箱单、印刷内容	每箱

 范例 6-7　某药品生产企业口服固体制剂验证工作要点（见表 6-7）

表 6-7　口服固体制剂验证工作要点

分类	验证对象	验证要点
设备	高速混合制粒机	搅拌桨、制粒刀转速、电流强度、粒度分布调整
	沸腾制粒干燥器	送风温度、风量调整、袋滤器效果、干燥均匀性、干燥效率
	干燥箱	温度、热分布、风量、送排风
	V 形混合器	转速、电流、混合均匀性
	高速压片机	压力、转速、充填量及压力调整、片重及片差变化、硬度、厚度、脆碎度
	高效包衣机	喷雾压力与粒度、进排风温度及风量、真空度、转速
	胶囊充填机	填充量差异及可调性、转速、真空度
	铝塑泡罩包装机	吸泡及热封温度、热材压力、运行速度
公用系统	空调系统	尘埃粒子、微生物、温湿度、换气次数、送风量、滤器压差
	制水系统	储罐及用水点水质、水流量、压力
工艺	设备、容器清洗	残留量
	产品工艺	对制粒、干燥、总混、压片、包衣工序制定验证项目和指标;头、中、尾取样
	混合工艺	不同产品的装量、混合时间

四、中药制剂

中药制剂有丸剂、片剂、散剂、膏剂、丹剂、酒剂、胶囊剂、口服液、颗粒剂、滴丸、气雾剂、注射剂等剂型。中药材来源及其药用部位对中药制剂的影响很大，应对中药材和中药饮片的质量以及中药材前处理、中药提取工艺严格控制。

 范例 6-8 **某药品生产企业中药材前处理质量控制要点**（见表6-8）

表 6-8　中药材前处理质量控制要点

工序	质量控制点		质量控制项目		频次
			生产过程	中间产品	
净制	净选	风选	风量、进料速度	杂质、异物、非药用部分、选净程度	每批
		筛选	筛目、振动频率、进料速度		
		拣选			
	清洗	淘洗	装量、水质、次数	洗净程度、酸不溶性灰分	每次
		漂洗	换水次数、时间		
		淋洗	水流量、时间、进料速度		
切制	浸润	真空温浸	真空度、装量、时间、温度、加水量	浸润均匀度，药材软化程度	每次
		加压冷浸	装量、时间、加水量、压力		
		常规浸润	水量、时间		
	切制	剁刀式	片型调整、进料速度、切制	规格（长度、大小、粗细、厚薄）、片型	每批
		转盘式	速度		
炮炙	炒煅	清炒	温度、时间、装量	性状（黄、焦、炭）、水分、均匀度	每次
		辅料炒	温度、时间、装量、辅料用量、加入方法		
		明煅	温度、时间	性状、煅酥程度	每次
		煅淬	温度、时间、辅料用量、次数	性状、淬酥程度	
	煮、蒸、炖		水或辅料用量、温度、压力、装量、时间	性状、程度要求	每次
	燀		煮烫时间	性状、程度要求、杂质	每次
	炙（酒、醋、蜜、盐水、姜汁）		辅料用量、加入方法、焖润时间、加热温度、时间	性状、炙透程度	每次
	发酵		辅料用量、发酵温度、湿度、时间、水煮时间	性状、发酵程度	每批
	发芽		浸泡时间、淋水次数、发芽温度、湿度、时间	性状、芽长、发芽率	每批
	制霜	去油法	加热温度、时间、压榨次数	性状、含油量	每次
		析出法	辅料用量、制霜条件	性状	
干燥	烘箱		温度、时间、装量、热风循环	性状、水分、定量	每批
	履带式		温度、时间、传递速度、进料速度		
灭菌	蒸汽灭菌		温度、时间、蒸汽压力、装量、干燥温度、时间	性状、水分、微生物、定性、定量	每次
	辐照灭菌		剂量、时间		
粉碎、过筛			粉碎速度、筛网	性状、水分、细度	每批

工序	质量控制点	质量控制项目		频次
		生产过程	中间产品	
混合		转速、装量、时间	均匀度	每批
中间库		清洁卫生、温度、湿度	分区、分品种、分批、货位卡、标识	定时

 范例 6-9 **某药品生产企业中药材前处理验证工作要点**（见表 6-9）

表 6-9　中药材前处理验证工作要点

分类	验证对象	验证要点
设备	炒药机	热分布试验、受热均匀度试验
工艺	炒药	温度、时间、装量
设备	粉碎机	传动稳定性、气流适宜、粉碎速度、清车试验
工艺	粉碎	型号、筛目大小、进出料速度
设备	干燥设备	热分布试验、风口过滤效果、设定风量试验
工艺	干燥	温度、蒸汽压力、时间、装量、风量
设备	混合机	均匀性试验、批容量确认
工艺	混合	转速、装量、时间
设备	蒸汽灭菌器	热分布试验、热穿透试验
工艺	蒸汽灭菌	灭菌温度、压力、时间、装量、干燥温度、时间
设备	辐照灭菌设施	辐照剂量分布试验、剂量效果确认
工艺	辐照灭菌	剂量、时间
设备	球磨机	运转稳定性试验、球磨效果试验
工艺	球磨	球大小、数量，药材装量、转速、运转时间
厂房与设施	生产厂房	布局、内装修等符合 GMP 要求
	洁净管理区	密闭、通风良好、温湿度等符合生产要求
	设施	捕吸尘、除尘、通风、除烟、降温等效果良好

 范例 6-10 **某药品生产企业中药材提取与浓缩质量控制要点**（见表 6-10）

表 6-10　中药材提取与浓缩质量控制要点

工序	质量控制点	质量控制项目		频次
		生产过程	中间产品	
配料	称量	核对物料标识、合格证		每批
	配料	数量与品种的复核		

工序	质量控制点	质量控制项目		频次
		生产过程	中间产品	
提取	煎煮	溶剂浓度、加入量、煎煮温度、时间、次数	药液数量、性状	每批
	渗漉	溶剂浓度、加入量、浸渍时间、渗漉时间、温度、速度	渗漉液数量、性状、澄清度	
	浸渍	溶剂浓度、加入量、浸渍时间、温度、次数	浸渍液数量、性状	
	回流	溶剂浓度、加入量、回流温度、时间、速度	回流液数量、性状,芳香油数量、性状,定性、定量	
精制	水提醇沉、醇提水沉	溶剂浓度、用量、静置时间、温度	药液含醇量	每次
过滤	常压、加压、减压	滤材清洁度、孔径均匀度、过滤时间、压力或真空度	药液数量、性状、澄清度	随时/批
	离心	转速、进料速度、离心时间		
浓缩	真空浓缩	真空度、蒸汽压力、温度、进料速度、时间	浓度、温度、数量、pH 值、性状	随时/批
	多效浓缩	每效真空度、蒸汽压力、温度、进料速度、时间		
干燥	烘箱	温度、时间、装量、热风循环	性状、水分	随时/批
	真空干燥	真空度、温度、时间、装量		
	喷雾干燥	进出口温度、喷液速度、雾化温度、压力	性状、水分、细度	
	粉碎、过筛	粉碎速度、筛网	性状、水分、细度	每次
	混合	转速、装量、时间	均匀度	每次
	中间库	清洁卫生、温度、湿度	分区、分品种、分批、货位卡、标识	定时

 范例 6-11 某药品生产企业丸剂生产质量控制要点（见表 6-11）

表 6-11　丸剂生产质量控制要点

工序	质量控制点	质量控制项目		频次
		生产过程	中间产品	
配料	称量	原辅料、浸膏及药粉的标识、合格证	性状	每批
	配料	每次兑入的数量、比例、兑入次数		
混合	混合	装量、时间、转速	性状、均匀度	每批
	过筛	筛目	细度	

工序	质量控制点	质量控制项目		频次
		生产过程	中间产品	
炼蜜	混蜜	温度、时间	蜜温	每批
	炼制	进料速度、真空度、温度、时间	性状、水分	
合坨		蜜温、蜜量、药粉量、搅拌时间	滋润、均匀	每次
制丸	蜜丸	进料速度、出条孔径、切丸刀距	性状、外观、水分、重量差异、微生物数	随时/批
	泛丸	加水量、时间	丸重、水分、圆滑度	
干燥		温度、时间、装量、翻动调格次数	外观、水分、溶散时限	每次
包衣		辅料加入量、方法、温度、时间	外观、色泽、水分	每罐
选丸		筛号、速度	丸重、均匀度	每次
蜡封	蜡封	温度、次数	均匀、严密、光滑	随时
	印名	印料、印章	位正、清晰	

 范例 6-12　某药品生产企业丸剂生产验证工作要点（见表 6-12）

表 6-12　丸剂生产验证工作要点

分类	验证对象	验证要点
设备	混合罐	均匀性试验、批容量确认
工艺	混合	装量、转速、时间
设备	合坨机	稳定性试验、均匀度试验
工艺	合坨	装量、速度、时间
设备	制丸机	稳定性试验、均匀性试验
工艺	制丸	进料速度、工艺稳定性
设备	干燥箱	热分布试验、风口过滤效果、设定风量试验
工艺	干燥	温度、时间、翻丸调格次数、装量、循环间隔时间
设备	包衣罐	角度、转速、均匀性
工艺	包衣	温度、风量、时间、次数
设备	振动筛	稳定性试验、筛丸效果
工艺	选丸	落丸速度、落丸量、振动频率
厂房与设施	空气净化系统	过滤器检漏、压差、换气次数
	生产厂房	布局、气流方向合理、温湿度、洁净度
	设施	捕吸尘、除尘、防污染等效果良好

● **小试牛刀2**

下列关于中药制剂生产管理说法正确的是（　　　）。

A.中药材、中药饮片每件包装上都应有标识，标签内容应标注齐全，如来源、采收(加工)日期

B.如果不具备个别检验项目的检验能力，应进行委托检验及备案，例如重金属及有害元素、有机氯农药残留量等

C.严格特殊物料的管理，生产使用的部分贵细、毒性药材和中药饮片应纳入贵细、毒性药材和中药饮片管理

D.贵细、毒性药材和中药饮片有关管理文件中对投料监控应做明确要求

E.应对辐照灭菌过程进行验证，对辐照灭菌所有参数进行验证和确定

F.相关批生产记录中应有贵细、毒性药材和中药饮片的投料监控记录及签字

G.需阴凉储存的中药材应在阴凉库中储存

H.前处理及提取工序应进行验证

I.中药材产地应保持稳定，购进记录完整、项目齐全

五、生物制品

生物制品是以微生物（细菌、病毒、噬菌体、立克次体、寄生虫等）、细胞、动物或人源组织和体液等生物材料，应用传统技术或现代生物技术（如基因工程、细胞工程、蛋白质工程、发酵工程）制成，用于人类疾病的预防、治疗和诊断的药品。

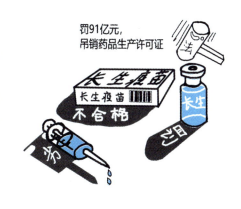

生物制品多为蛋白质或多肽类物质，分子量大、不稳定、不耐热、易失活，最终产品不能灭菌处理；生物制品生产制备过程是生物学过程，涉及细菌和病毒等培养、活生物体材料的提取或对生物组织及其代谢物提取，生产过程存在固有的可变性，易被污染，培养过程中所用的物料也是污染微生物生长的良好培养基；生物制品直接用于健康易感人群，尤其是新生儿和青少年。和其他药品生产操作相比较，生物制品的生产操作存在很多的特殊性，必须进行特殊要求。

① 应当通过连续批次产品的一致性确认种子批、细胞库的适用性。不同种子批或细胞库的储存方式应当能够防止差错、混淆或交叉污染。

② 当原辅料的检验周期较长时，允许检验完成前投入使用，但只有全部检验结果符合标准时，成品才能放行。

③ 种子批与细胞库的来源、制备、储存及其稳定性和复苏情况应当有记录。储藏容器应当在适当温度下保存，并有明确的标签。冷藏库的温度应当有连续记

录，液氮储存条件应当有适当的监测。任何偏离储存条件的情况及纠正措施都应记录。库存台账应当长期保存。

④ 中间产品的检验应当在适当的生产阶段完成，当检验周期较长时，可先进行后续工艺生产，待检验合格后方可放行成品。

 范例 6-13 **某生物制药企业生物制品生产操作洁净区要求**（见表 6-13）

表 6-13　生物制品生产操作洁净区要求

洁净度级别	生物制品生产操作
B 级背景下的局部 A 级	药品 GMP 附录一无菌药品中非最终灭菌产品规定的各工序； 灌装前不经除菌过滤的制品其配制、合并等
C 级	体外免疫诊断试剂的阳性血清的分装、抗原与抗体的分装
D 级	原料血浆的合并、组分分离、分装前的巴氏消毒； 口服制剂其发酵培养密闭系统环境（暴露部分需无菌操作）； 酶联免疫吸附试剂等体外免疫试剂的配液、分装、干燥、内包装

单元三　委托生产与委托检验

▶重点与难点◀

委托生产与委托检验双方要求、委托合同

委托生产和委托检验是社会最大限度充分利用资源的一种商业模式，在全球经济一体化的今天，这种商业模式在国际上得到越来越广泛的应用，也是降低药品生产成本的一种方式。

一、委托生产的管理

注射剂、生物制品（不含疫苗制品、血液制品）和跨省、自治区、直辖市的药品委托生产申请，由国家药品监督管理局负责受理和审批。其他药品委托生产申请，由委托生产双方所在地省、自治区、直辖市药品监督管理部门负责受理和审批。疫苗制品、血液制品以及国家药品监督管理局规定的其他药品不得委托生产。

麻醉药品、精神药品、医疗用毒性药品、放射性药品、药品类易制毒化学品的委托生产按照有关法律法规规定办理。

1. 委托方与受托方的要求

▶技能点◀

判断委托生产行为的合法性

药品委托生产的委托方应当是取得该药品批准文号的药品生产企业。药品委托生产的受托方应当是与生产该药品的生产条件相适应的药品生产企业。委托方负责委托生产药品的质量和销售。委托方应当对受托方的生产条件、生产技术水平和质量管理状况进行详细考查，应当向受托方提供委托生产药品的技术和质量文件，对生产全过程进行指导和监督。

2. 委托生产的要求

（1）签订合同　委托生产药品的双方应当签订合同，内容应当包括双方的权利与义务，并具体规定双方在药品委托生产技术、质量控制等方面的权利与义务，且应当符合国家药品监督管理局制定的《药品委托生产质量协议指南》等法律法规。

（2）申请批件　药品委托生产的，由委托方向国家药品监督管理局或者省、自治区、直辖市药品监督管理部门提出申请，并提交申请材料。《药品委托生产批件》有效期不得超过 2 年，且不得超过该药品批准证明文件规定的有效期限。《药品委托生产批件》有效期届满需要继续委托生产的，委托方应当在有效期届满 30 日前，提交有关材料，办理延期手续。

案例
委托生产
药品不良
反应纠
纷案

（3）合规生产　受托方应当按照《药品生产质量管理规范》进行生产，并按照规定保存所有受托生产文件和记录。

（4）执行标准　委托生产合同终止的，委托方应当及时办理《药品委托生产批件》的注销手续。委托生产药品的质量标准应当执行国家药品质量标准，其处方、生产工艺、包装规格、标签、说明书、批准文号等应当与原批准的内容相同。

（5）包装标注　在委托生产的药品包装、标签和说明书上，应当标明委托方企业名称和注册地址、受托方企业名称和生产地址。

（6）境外委托　药品生产企业接受境外制药厂商的委托在中国境内加工药品的，应当在签署委托生产合同后 30 日内向所在地省、自治区、直辖市药品监督管理部门备案。所加工的药品不得以任何形式在中国境内销售、使用。省、自治区、直辖市药品监督管理部门应当将药品委托生产的批准、备案情况报国家药品监督管理局。

二、委托检验的管理

1. 委托检验的范围

药品生产企业放行出厂的制剂产品必须按药品标准下的规定完成全项检验项目。除动物试验项目暂可委托检验外，其余各检验项目不得委托其他单位进行。

药品生产企业在对进厂原辅料、包装材料的检验中，如遇使用频次较少的大型检验仪器设备（如核磁、原子吸收等），相应的检验项目可以向具有资质的单位进行委托检验。如有委托行为，受托方应相对稳定，有关委托情况（包括变更受托方）须报省级药品监督管理部门备案。

▶ 注 意 ◀

委托生产和委托检验必须进行备案。委托方应当对受托方生产或检验的全过程进行监督。委托检验的结果必须进行审核。检验记录必须完全。

2. 委托检验对受托方的要求

具有相应检测能力，具备足够的厂房、设备及具有知识和经验的人员，能满足委托方所委托的检验工作要求。应为通过国家（省）计量认证的检（试）验机构或经国家实验室认可的检（试）验机构。

3. 委托检验的要求

企业对相同检验项目的受托方应保持相对稳定。一种检验项目原则上只委托一家受托方。委托方和受托方双方应签订书面委托检验协议，明确委托项目、双方责任和义务，界定各自的职责。协议的各项内容应当符合国家药品管理的相关规定。

三、合同

练一练

网上查找一份
药品委托生产
合同，辨析是
否符合 GMP
要求。

委托方与受托方之间应签订合同（包括商业条款及质量协议），详细规定各自的职责，其中的技术性条款应由具有制药技术、检验技术知识和熟悉 GMP 的主管人员拟定，委托检验的各项工作必须符合质量标准的要求并应双方同意。合同内容：

① 详细规定质量受权人批准放行每批药品的程序，确保每批产品都已按照药品注册的要求完成生产和检验。

② 阐明何方负责试剂、标准品的采购，批准放行使用，同时也应明确何方负责取样。

③ 在委托检验的情况下，合同应阐明受托方是否在委托方的厂房内取样，或由委托方送样。

④ 规定由受托方保存的生产、检验和发运记录及样品，委托方应当能够随时调阅或检查，出现投诉或怀疑有缺陷，委托方必须能够方便地查阅所有与评价产品质量相关的记录。

⑤ 允许委托方对受托方进行检查或质量审计。

⑥ 委托检验合同应明确受托方有义务接受药品监督管理部门的检查。

⑦ 委托检验合同应由质量部负责人、工厂相关负责人批准。

⑧ 受托方应按要求向委托方出具检验报告，报告应加盖检验公章，其原始数据应按法规或合同要求保留。

⑨ 委托外部实验室进行检验，应当在检验报告中予以说明。

稳扎稳打

一、名词解释

1. 批　　2. 污染　　3. 混淆　　4. 交叉污染

二、单项选择

1. 为确保生产所用物料或中间产品正确且符合要求，生产操作前应当核对（　　）。

　　A. 名称、规格、批号、生产单位　B. 名称、批号

　　C. 名称、代码、批号和标识　　　D. 名称、检验报告单、来源

2. 每批药品的每一生产阶段完成后必须进行清场并填写清场记录的人员是（　　）。

　　A. 班组长　　　　　　　　　　B. 生产操作人员

　　C. 质量监督人员　　　　　　　D. 生产管理人员

3. 生产结束后，对未打印批号的印刷包装材料处理方式正确的是（　　）。

　　A. 销毁　　　　　　　　　　　B. 车间保存

　　C. 退库，按照操作规程执行　　D. 以上均可以

4. 除另有法定要求外，生产日期不得迟于产品何种操作的开始日期。（　　）

　　A. 灌封前经最后混合　　　　　B. 压片或灌封前经最后混合

　　C. 成型或灌封　　　　　　　　D. 成型或灌封前经最后混合

5. 中药注射剂浓配前的精制工序应当至少在哪种洁净区内完成。（　　）

    A. D 级   B. C 级

    C. A 级   D. B 级

6. 下列哪种药品的标签无须规定标识。（　　）

    A. 麻醉药品   B. 生物制品

    C. 外用药品   D. 非处方药

7. 企业委托外部实验室进行检验的，应该在何处予以说明。（　　）

    A. 产品注册文件   B. 批生产记录

    C. 检验报告   D. 工艺规程

8. 主要固定管道应当标明内容物的（　　）。

    A. 名称   B. 流向

    C. 状态   D. 名称和流向

9. 哪些情况下，持续稳定性考察中应当额外增加批次数。（　　）

    A. 任何变更、偏差、重新加工、回收的批次

    B. 工艺变更、偏差、重新加工、返工、回收的批次

    C. 处方变更、重大偏差、重新加工、返工的批次

    D. 重大变更、重大偏差、重新加工、返工、回收的批次

10. 所有药品的生产和包装均应确保药品达到规定的质量标准，并符合药品生产许可和下列哪项要求。（　　）

    A. 国家标准   B. 注册标准

    C. 质量标准   D. 内控标准

三、多项选择

1. 下列属于生产管理原则的是（　　）。

    A. 应当尽可能避免出现任何偏离工艺规程或操作规程的偏差

    B. 生产期间使用的所有物料容器及主要设备应当贴签标识或以其他方式标明生产中的产品或物料名称、规格和批号

    C. 每次生产结束后应当进行清场，下次生产开始前，应当对前次清场情况进行确认

    D. 除在标识上使用文字说明外，还可采用不同的颜色区分被标识物的状态

2. 下列有关包装操作，表述正确的是（　　）。

    A. 待用分装容器在分装前应当保持清洁，避免容器中有玻璃碎屑、金属颗粒等污染物

    B. 包装前应当对电子读码机、标签计数器等装置的功能进行检查，确保其准确运行，此类检查不需要记录

    C. 有数条包装线同时进行包装时，应当采取隔离或其他有效防止污染、交叉污染或混淆的措施

    D. 因包装过程产生异常情况而需要重新包装产品的，必须经专门检查、调查并由指定人员批准

3. 生产过程中，应当定期检查防止污染和交叉污染的措施并评估其（　　）。

    A. 安全性   B. 适用性

C. 可靠性　　　　　　　　　　　　D. 有效性

4. 包装操作前，应核对待包装产品和所用包装材料的（　　　）。

　　A. 名称、规格　　　　　　　　B. 质量状态

　　C. 数量　　　　　　　　　　　D. 批号

5. 清场记录内容应包括（　　　）。

　　A. 操作间编号

　　B. 产品名称、批号

　　C. 生产工序、清场日期、清场负责人及复核人签名

　　D. 检查项目及结果

6. 下列哪项属于生产过程中防止污染和交叉污染所采取的措施。（　　　）

　　A. 在分隔的区域内生产不同品种的药品，采用阶段性生产方式

　　B. 在易产生交叉污染的生产区内，操作人员应当穿戴该区域专用的防护服

　　C. 液体制剂的配制、过滤、灌封、灭菌等工序应当在规定时间内完成

　　D. 生产和清洁过程中应当避免使用易碎、易脱屑、易发霉器具，使用筛网时，应当有防止因筛网断裂而造成污染的措施

7. 关于批的说法正确的是（　　　）。

　　A. 经一个或若干加工过程生产的、具有预期均一质量和特性的一定数量的原辅料、包装材料或成品

　　B. 为完成某些生产操作步骤，可能有必要将一批产品分成若干亚批，最终合并成为一个均一的批

　　C. 在连续生产情况下，批必须与生产中具有预期均一特性的确定数量的产品相对应，批量可以是固定数量或固定时间段内生产的产品量

　　D. 口服或外用的固体、半固体制剂在成型或分装前使用同一台混合设备一次混合所生产的均质产品为一批

8. 需要对待包装产品和包材与批包装指令进行核对的是（　　　）。

　　A. 品名　　　　　　　　　　　B. 规格

　　C. 包装要求　　　　　　　　　D. 数量

9. 药品委托生产中对委托方与受托方的要求包括（　　　）。

　　A. 委托方应当是取得该药品批准文号的药品生产企业

　　B. 受托方应当是与生产该药品的生产条件相适应的药品生产企业

　　C. 委托方负责委托生产药品的质量和销售

　　D. 委托方应当向受托方提供委托生产药品的技术和质量文件，对生产全过程进行指导和监督

10. 清场包括（　　　）。

　　A. 物料清理　　　　　　　　　B. 生产设备容器的清洁消毒

　　C. 生产现场清洁消毒　　　　　D. 填写记录

四、简答题

1. 简述防止污染和交叉污染的主要措施。

2. 简述无菌药品生产管理的主要内容。

3. 药品委托生产的受托方应具备什么条件？

学以致用

某药厂生产一种片剂，干颗粒重量为20千克，理论片重为0.2克，压片后的理论产量为10万片，实际得19千克（96250片），颗粒废料重为900克，计算物料平衡率及收率各是多少？

温故知新6

实训项目六

填写药品生产记录

一、实训目的

1. 掌握药品生产记录填写要求及物料平衡的计算方法。

2. 能正确填写药品批生产记录和清场记录。

3. 培养严谨、认真负责的工作态度，以及互相协调、配合的良好职业素养。

二、实训内容

1. 学习领会药品生产记录填写要求。

2. 填写药品批生产记录。

3. 填写清场记录。

三、实训步骤

1. 教师指导

药品生产记录填写要求：

① 生产记录由操作者填写，操作者和复核人本人签名，不允许代签，签名应写全名。

② 填写做到操作现场及时记录，字迹清楚、不易擦掉，内容真实，数据完整。数据与数据之间应留有适当的空隙，书写时不要越出对应的表格。不得使用繁体字、不规范简化字等。禁止事后补写及超前记录、伪造数据、估计数据等行为。

③ 记录不得撕毁和任意涂改。改错时应在原错误地方画一横线，保持修改后原来的内容清晰可见。在上方或旁边填写上正确的内容，修改人签名并注明修改日期。不可以涂黑、使用修正液（带）等掩盖或用刀片刮掉错误数据后书写。

④ 表格中如无内容可填时，可在该项中画一横线，如有与上项相同内容时，不得填写"同上"，或打上"…"。若纵向有几行均无内容填写，应使用一斜线代之，不可使用波浪线或省略号。

⑤ 日期正确书写格式：2023.10.26 或 2023 年 10 月 26 日。错误书写格式：26/10-2023 或 23-10-26 等。

2. 教师创设情境（或在GMP仿真实训车间实操）

××××年××月××日，××××制药有限公司固体制剂车间粉碎过筛岗位，操作人员领取维生素 C 原料 100kg（25kg/袋），粉碎过筛后收得药粉93.5kg，收集废料4.5kg，本岗位物料平衡范围为 90%～110%。维生素 C 片规格为 100mg，批量为 100kg，过筛目数为 100 目。××型吸尘粉碎机；××型高效旋振筛。

    3. 学生操作

（1）学生扮演粉碎过筛岗位操作人员，填写粉碎过筛岗位生产记录。

××××制药有限公司
粉碎过筛岗位生产记录

编号：

产品名称			代码	
批号			规格	
生产前检查	操作要求		执行情况	
	1. 是否有生产指令 2. 清场合格证是否在有效期内 3. 计量器具校验合格证是否在有效期内 4. 按批生产指令核对物料名称、规格、批号、数量、外观质量 5. 检查设备内应无异物		1. 是□ 否□ 2. 是□ 否□ 3. 是□ 否□ 4. 是□ 否□ 5. 是□ 否□	
粉碎机名称编号		筛粉机名称编号		筛网目数

操作步骤	工艺要求	操作记录	操作人	复核人
核对物料	批号、数量正确,外观质量无异常	日 时 分 结果：		
检查粉筛机	洁净、完好	日 时 分 结果：		
粉筛完毕	做好标记送制粒岗位	日 时 分 粉筛完毕送制粒岗位		

生产操作	物料名称	批号	领取量（千克）	粉筛收得量（千克）	废料量（千克）
	投料总量(千克)			物料件数	

物料平衡	限度： 实际为： % 符合限度 □ 不符合限度 □ 公式:(收得量＋废料量)/领取量×100% 计算： 计算人： 复核人：
物料传递	交接量： 千克 物料件数： 件 移交人： 接收人： 车间负责人： 质检员： 年 月 日
备注	偏差分析与处理：

（2）学生扮演粉碎过筛岗位操作人员，填写粉碎过筛岗位清场记录。

××××制药有限公司

清场记录

产品名称			批号		规格		
工序			操作间编号		清场日期		
清场项目及要求					检查结果	清场人	复核人
1	生产操作间无前次生产遗留的原辅料、中间产品、成品、包装材料、标签、废弃物等与生产无关的杂物						
2	生产操作间内无与下一批次生产无关的文件、记录等						
3	垃圾、废弃物清离现场,置规定地点						
4	生产设备及部件内外无油污、表面清洁						
5	生产用工具和容器清洁、无异物;清洁后置生产器具间整齐存放						
6	地面、墙壁、天棚、门窗、回风口、排风管道表面、开关箱外壳、灯具等设施清洁、无积水、无污渍						
7	地漏、管道清洁,已消毒						
8	清洁毛巾、拖把等卫生工具清洁、定置存放						
9	状态标识更换						
10	其他						
检查结果			QA 监督员		合格打√		不合格打×

四、实训组织

1. 教师创设情境（或在 GMP 仿真实训车间）布置任务。

2. 班级学生分组，每组 3～5 人，以小组为单位，模拟粉碎过筛操作，填写生产记录。模拟清场操作，填写清场记录（或在 GMP 仿真实训车间进行粉碎、过筛、清场操作并填写记录）。

3. 组长汇报本组同学填写粉碎过筛岗位生产记录和清场记录情况。归纳本次实训的收获和遇到的问题，在班级进行发言讨论。

4. 教师答疑、总结。

五、实训报告

1. 填写粉碎过筛岗位生产记录、清场记录。

2. 总结本次实训的收获与不足。

实训项目七

起草药品委托生产质量协议

一、实训目的

1. 掌握药品委托生产质量协议的内容。

2. 熟悉药品委托生产委托方与受托方的要求。

3. 培养查阅资料、分析和解决实际问题的能力。

4. 培养严谨、认真的工作作风和遵纪守法的职业精神。

二、实训内容

1. 查阅法规关于药品委托生产的要求。

2. 查阅药品委托生产质量协议参考模板。

3. 起草药品委托生产质量协议。

三、实训步骤

1. 教师创设情境：甲药品生产企业（甲方）因业务经营需要，拟将企业具有批准文号的××胶囊剂委托生产，调研信息显示，乙药品生产企业（乙方）具有合法资质和胶囊剂生产范围，且社会声誉良好。经过对乙方的生产条件、生产技术水平和质量管理状况进行实地考核、评价，确认乙方具有完成委托工作的能力，并保证符合GMP要求，甲方决定委托乙方生产××胶囊剂。经双方协商，就委托生产有关事宜达成共识。请起草委托生产质量协议。

2. 学生扮演药品生产企业质量管理员，查阅相关资料，起草药品委托生产质量协议。

3. 经学习小组讨论，确定协议的形式和内容。

四、实训组织

1. 教师课前布置任务。

2. 班级学生分组，每组3～5人，以小组为单位，查阅国家药监局《药品委托生产质量协议指南》和《药品委托生产质量协议参考模板》，起草《药品委托生产质量协议》。

3. 各组长汇报本组起草的《药品委托生产质量协议》。归纳本次实训的收获和遇到的问题，在班级进行发言讨论。

4. 教师答疑、总结。

五、实训报告

1. 药品委托生产质量协议。

2. 总结本次实训的收获与不足。

学习评价

职业核心能力与思政素质测评表

（在□中打√，A良好，B一般，C较差）

职业核心能力与思政素质	评价标准	评价结果
自我学习	1. 有学习计划	□A □B □C
	2. 关注相关课程知识的关联	□A □B □C
	3. 有适合自己的学习方式和方法	□A □B □C
交流合作	1. 善于寻找和把握合作的契机	□A □B □C
	2. 明白各自在合作中的作用和优势	□A □B □C
	3. 能准确理解对方的意思，会表达自己的观点	□A □B □C
信息处理	1. 有多种获取药品生产监管法规的方法	□A □B □C
	2. 会进行信息的梳理、筛选、分析	□A □B □C
	3. 能使用多媒体手段展示信息	□A □B □C
解决问题	1. 能纵观全局，抓住问题的关键	□A □B □C
	2. 能做出解决问题的方案，并组织实施	□A □B □C
	3. 分析问题解决的效果，及时改进不足之处	□A □B □C

职业核心能力与思政素质	评价标准	评价结果
思政素质	1. 严守药品法律法规,清醒自警,走正确的道路	□A □B □C
	2. 创造和应用新知识、新技术,提高药品质量	□A □B □C
	3. 能务实肯干、坚持不懈、精雕细琢	□A □B □C

专业能力测评表

(在□中打√,A具备,B基本具备,C未具备)

专业能力	评价标准	评价结果
生产中管理	1. 能确定批,并编制批号	□A □B □C
	2. 能识别状态标识	□A □B □C
	3. 能计算物料平衡和收率	□A □B □C
清场管理	1. 熟知清场要求	□A □B □C
	2. 明确清场范围	□A □B □C
	3. 能正确清场	□A □B □C
防污染和交叉污染	1. 熟知污染来源	□A □B □C
	2. 能制定防污染和交叉污染的措施	□A □B □C
	3. 能评估防污染和交叉污染措施的适用性和有效性	□A □B □C
剂型质量控制	1. 熟悉剂型生产工序	□A □B □C
	2. 熟悉剂型质量控制点	□A □B □C
	3. 能依照质量控制项目实施质量控制	□A □B □C
剂型生产验证	1. 熟悉剂型生产验证项目	□A □B □C
	2. 能解读验证控制标准	□A □B □C
	3. 能判断验证结果的符合性	□A □B □C
起草委托生产(检验)合同	1. 能判断委托生产(检验)的合法性	□A □B □C
	2. 熟悉委托生产(检验)的要求	□A □B □C
	3. 能起草委托生产(检验)合同	□A □B □C

项目七
质量控制与质量保证

开宗明义7

【知识点】质量控制，仪器设备配置要求，取样流程，稳定性考察，质量控制文件管理，变更分类，偏差定义，偏差类型，超标结果调查，纠正措施，预防措施，产品质量回顾的内容，药品风险来源，因果图，排列图。

【技能点】认知质量控制，仪器设备管理，取样与样品管理，留样管理，辨识稳定性考察和持续稳定性考察，辨识质量控制文件，辨识变更类型，变更实施，辨识偏差类型，偏差处理，认知超标结果调查流程图，CAPA措施的执行与跟踪确认，产品信息数据收集，辨识投诉类型，报告ADR，因果图应用，排列图应用。

【职业能力目标】

专业能力：质量控制实验室管理，变更控制，偏差处理，产品质量回顾，质量风险管理。

职业核心能力：自我学习，交流合作，信息处理，解决问题，革新创新。

【思政素质目标】生命至上，责任担当，严谨细致。

学习导航

　　药品质量的优劣直接关系到用药者的健康与生命安危。药品生产经营活动全过程的质量管理是产品质量形成和检验的过程。本章内容会带你了解质量控制实验室的管理、变更控制、产品质量回顾、质量风险管理，知道如何发现和解决偏差问题，如何通过实施质量控制与质量保证措施，生产出优质的药品。

引　例

　　某省药品监督管理局对某药业有限公司开展飞检发现个别检验人员工作不

规范。如高效液相色谱仪分离度不达要求、紫外图谱中的测定数据未标明与其对应的产品批号。3个偏差处理单显示部分纯化水使用点已超出规定数据（企业规定需氧菌总数超行动限50个、纠偏限80个要采取措施），但企业没有及时采取有效的预防和纠正措施。实验室特殊药品管理不规范，如吗啡、乌头碱对照品，与普通对照品共同保存，未采取特殊管理措施。该企业质量控制与质量保证不符合GMP要求，被责令限期整改，跟踪检查。

质量管理的目的在于防止事故，尽一切可能将差错消灭在制造完成之前，以保证药品质量符合规定要求。质量管理体系是在质量方面指挥和控制组织的管理体系，通常包括制定质量方针、目标以及质量策划、质量控制、质量保证和质量改进等活动。GMP规定企业应当设立独立的质量管理部门，履行质量保证和质量控制的职责。质量控制的责任是为质量保证提供法律依据和技术支持，质量控制着眼于影响产品质量的过程受控，其工作重点在产品。而质量保证则着眼于整个质量体系，是为系统提供证据从而取得信任的活动。两者都以保证质量为前提，没有质量控制就谈不上质量保证，反之质量保证能促进更有效的质量控制，质量保证包含了质量控制，质量控制是质量保证的基础，质量保证是质量管理的精髓。

单元一 质量控制实验室的管理

质量控制实验室的核心目的在于获取反应样品乃至样品代表的批产品（物料）质量的真实客观的检验数据，为质量评估提供依据。企业应建立质量控制部门，必须独立于生产部门。质量控制（quality control，QC）是质量管理的一部分，强调的是质量要求。具体是指按照规定的方法和规程对原辅料、包装材料、中间品和成品进行取样、检验和复核，以保证这些物料和产品的成分、含量、纯度和其他性状符合已经确定的质量标准。质量控制包括组织机构、文件系统和取样、检验、产品批准放行等。质量控制涵盖药品生产、放行、市场质量反馈的全过程，负责原辅料、包装材料、工艺用水、中间体及成品的质量标准和分析方法的建立、取样和检验及产品的稳定性考察和市场不良反应样品的复核工作。质量控制的职责也可涵盖产品过程控制。

▶ 重点与难点 ◀
取样与留样

▶ 技能点 ◀
认知质量控制

一、质量控制实验室管理的要求

① 质量控制实验室的人员、设施、设备应当与产品性质和生产规模相适应。
② 应配备药典、标准图谱等必要的工具书，以及标准品或对照品等相关的标准物质。
③ 应确保药品按照注册批准的方法进行全项检验，并对检验方法进行验证或确认。

④ 应制定质量标准、操作规程和取样规程等文件。检验操作规程规定检验所用的方法、仪器和设备，其内容应与经确认或验证的检验方法一致。

⑤ 应有可追溯的记录并应复核，确保结果与记录一致。所有计算均应严格核对。

⑥ 应建立检验结果超标（OOS）调查的操作规程。任何检验结果超标都必须按照操作规程进行完整的调查，并有相应的记录。

二、质量控制实验室的人员要求

质量控制实验室所有人员的职责应当书面规定。

① 实验室应具有足够数量的检验人员。

② 质量控制负责人必须由具有相应资格和经验的人员担任，可以管理同一个企业的一个或多个实验室，例如微生物实验室、化学实验室、原辅料实验室、包材实验室等。

③ 检验员应具有相关专业中专或高中以上学历，并经过与所从事的检验操作相关的实践培训且通过考核，具有基础理论知识和实际操作技能。

④ 检验报告签发人员应具备足够的知识、相应的资格和经验，熟悉法规和标准中的通用要求，具有被检药品或检品可能出现的质量问题等方面的相关知识，了解检验中可能出现的偏离程度，并应经过培训。

⑤ 保存所有技术人员的相关授权、能力、教育和专业资格、培训、技能和经验的记录，并包含授权和能力确认日期。

⑥ 从事生物制品质量控制人员应根据其生产的制品和所从事的生产操作进行专业知识和安全防护要求的培训。对所生产品种的生物安全进行评估，根据评估结果，对检验人员接种相应的疫苗，并定期体检。

⑦ 从事血液制品质量控制人员应经过生物安全防护的培训，尤其是经过预防经血液传播疾病方面的知识培训并接种预防经血液传播疾病的疫苗。

⑧ 涉及中药材和中药饮片管理的，应由专人负责。

三、质量控制实验室仪器设备的管理

技能点
仪器设备管理

生物
安全柜

实验室的检验仪器直接用于提供检测结果或辅助检测的进行，对保证检测结果的准确可靠起到至关重要的作用。检验仪器可分为测量仪器、计量仪器、分析仪器、分析设备等。

1. 仪器设备的配置要求

① 实验室应配备正确进行抽样和检验所需的仪器设备。

② 实验室使用仪器设备的种类、数量、各种参数应能满足本企业所承担的药品检验的需要，达到对所生产的成品进行全检的各项要求，并有必要的备品、备件和附件。

③ 仪器的量程、精度与分辨率等应能达到被测药品标准技术指标的要求。

2. 仪器设备的购置和使用要求

① 对仪器设备的供应商应进行评估并建立档案。

② 仪器设备在投入使用前应进行预确认（DQ）、安装确认（IQ）、运行确认（OQ）和性能确认（PQ），保证仪器设备的正常使用。企业可以根据实际情况对仪器进行 ABC 三类分级，并根据级别进行确认。常见的仪器类别分级见表 7-1。

表 7-1　仪器类别分级

类别	特点	确认要求	仪器举例
A 类	不具备测量功能，或者通常只需要校准	供应商的技术标准可以作为用户需求	磁力搅拌器、离心机、摇床
B 类	具有测量功能，并且仪器控制的物理参数（如温度、压力或流速等）需要校准，用户需求一般与供应商的功能标准和操作限度相同	通常需要进行安装确认和运行确认，并制定相关操作和校验 SOP	熔点仪、分析天平、pH 计、折射仪、滴定仪、干燥箱等
C 类	此类仪器通常包括仪器硬件和其控制系统（固件或软件），用户需要对仪器的功能要求、操作参数要求、系统配置要求等进行详细描述	此类仪器和设备需要安装确认、运行确认和专门的性能确认，并制定相关操作、校验和维护 SOP	溶出仪、紫外分光光度计、高效液相色谱仪、气相色谱仪、恒温恒湿箱、红外光谱仪

③ 仪器设备应建立仪器设备的档案与记录（包括对仪器、设备符合规范的检查记录，使用、清洁、维护和维修记录等）。

④ 按照操作规程和校准计划定期对检验用衡器、量具、仪表、记录和控制设备以及仪器进行校准和检查，并保存相关记录。

生物安全柜的使用方法

四、质量控制实验室样品、试剂、试药的管理

（一）取样及样品管理

1. 取样

取样是质量控制过程中一个重要环节，从一批产品中取出来的样品数量虽然很少，但对该批产品的质量来说却是最具代表性的。为保证样品的代表性，企业必须制定样品采集管理制度和取样操作规程。

▶ 技能点 ◀

取样与样品管理

经授权的取样人员根据事先制定的样品采集管理制度和取样操作规程（SOP）对产品或物料取样，取样操作规程（SOP）应明确取样方法、取样器具、取样点、取样频次及样品的数量、盛装样品用的容器等。

2. 样品管理

样品状态和特性的变化直接影响检验结果的有效性和准确性，因此，企业应制定实验室样品管理规程，确保样品的完整、有效、避免污染和交叉污染。样品管理流程见图 7-1。

实验室样品管理流程

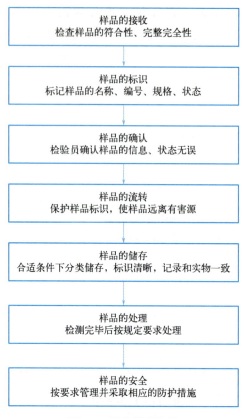

图 7-1　样品管理流程

 范例 7-1　某制药公司取样管理规程

取样管理规程

1. 主题内容

本标准规定了公司所有物料取样管理工作的基本要求。

2. 适用范围

本标准适用于公司所有物料的取样。

3. 责任者

取样员。

4. 内容

4.1　保管员对新到物料初检合格后，填写《请验通知单》。

4.2　中间产品、成品由车间填写《请验通知单》。

4.3　非常规取样检验（包括复验、仓库/供应采购室送检的临时性样品、车间非常规请验等），均需部门负责人在《请验通知单》上签字，写清请验人及请验缘由。

4.4　《请验通知单》一式二联，交所规定取样人员签字并填上取样日期，一联返回请验部门。

4.5　取样人员接到通知后，按《请验通知单》的内容计算抽取样品数，准备取样器具，按照取样 SOP，到规定的地点取样，取完样品后，贴上取样证（在包装过程中抽取样品，可不贴取样证）。化学药原辅料由实验室检验员按《化学药原辅料及中药细粉取样 SOP》、退货产品由质量管理室负责退货的人员按《退货产品取样 SOP》取样，中间产品由车间检验员按《中间产品取样 SOP》取样，中药材由质量管理室验收员取样，成品及提取车间最终产品由现场质量监控员取样。

4.6 取样人员填写取样记录，将样品送实验室检验。

4.7 工艺用水由相关水质检验人员取样，并填写取样记录。

4.8 《请验通知单》第一联应附于检验记录上。

5. 相关文件

 范例 7-2 **某制药公司原辅料取样操作规程**

原辅料取样操作规程

1. 质保部取样员接到取样通知后，做好以下准备工作。

1.1 根据请验单的品名、规格、数量计算取样样本数及取样量，原则如下（n 为来料总件数）：当 $n \leqslant 3$ 时，每件取样；当 $3 < n \leqslant 300$ 时，随机抽取 $\sqrt{n} + 1$ 件；当 $n > 300$ 时，随机抽取 $\sqrt{\dfrac{n}{2}} + 1$ 件。取样量至少为一次全检量的 3 倍。

1.2 准备清洁干燥的取样器、样品盛装容器和辅助工具（手套、样品盒、剪刀、刀子、标签、笔、取样证等）前往规定地点取样。

固体取样器采用不锈钢探子、不锈钢勺、不锈钢镊子等，液体取样器采用玻璃取样管、玻璃或塑料油提。样品盛装容器为有盖玻璃瓶或无毒塑料瓶。取微生物限度检查样品时，以上相应器具均应灭菌。

2. 取样

2.1 取样前应先进行现场核对。

2.1.1 核对物料状态标识。物料应置待验区，有黄色待验标记。

2.1.2 请验单内容与实物标记应相符，内容为品名、批号、数量、规格、产地、来源，标记清楚完整。进口原辅料应有口岸药检所的检验报告单。

2.1.3 核对外包装的完整性，无破损、无污染，密闭良好。如有铅封，扎印必须清楚，无启动痕迹。

2.1.4 现场核对如不符合要求应拒绝取样，向请验部门询问清楚有关情况，并将情况报质保部负责人。

2.2 按取样原则随机抽取规定的样本件数，清洁外包装后移至取样室内取样。

2.3 取样程序

打开外包装，根据待取样品的状态和检验项目，采取不同的取样方法。

2.3.1 固体样品用洁净的探子在每一包件的不同部位取样，放在有盖玻璃瓶或无毒塑料瓶内，封口，做好标记（品名、规格、批号等）。

2.3.2 液体样品摇匀后（个别品种除外）用洁净玻璃管或油提抽取，放在洁净的玻璃瓶中，封口，做好标记。

2.3.3 微生物限度检查样品用已灭菌的取样器在每一包件的不同部位按无菌操作法取样，封口，做好标记。

3. 取样结束

3.1 封好已打开的样品包件，每一包件上贴上取样证。

3.2 填写取样记录。

3.3 协助请验部门将样品包件送回库内待验区。

3.4 按规定程序清洁取样室。

4. 取样器具的清洗、干燥、储存按《取样器具的清洗规程》执行。

（二）留样及稳定性考察

1. 留样

留样是指持有人及药品生产企业按规定保存的、用于药品质量追溯或调查的物料和产品样品。留样应当能够代表被取样批次的物料或产品。

▶ 技能点 ◀
留样管理

（1）物料与包材留样　制剂生产用每批原辅料和与药品直接接触的包装材料均应当有留样。与药品直接接触的包装材料（如输液瓶），如成品已有留样，可不必单独留样。

留样的包装形式应当与原料到货时的市场包装相同或模拟市售包装形式。固体辅料的留样可密封在聚乙烯袋中并且外用铝箔包装。液体样品必须依据其特性保存在合适容器中。易挥发和危险的液体样品可以不留样。所有存放留样的容器必须贴标签，标签内容至少包含产品名称、产品批号、取样日期、储存条件、储存期限。物料的留样应当按照规定的条件储存，必要时还应适当包装密封。物料的留样量应当至少满足鉴别的需要。

除稳定性较差的原辅料外，用于制剂生产的原辅料（不包括生产过程中使用的溶剂、气体或制药用水）和与药品直接接触的包装材料的留样应当至少保存至产品放行后二年。如果物料的有效期较短，则留样时间可相应缩短。

（2）成品留样　每批成品均应当有留样。如果一批药品分成数次进行包装，则每次包装至少应当保留一件最小市售包装的成品。每批成品的留样数量一般至少应当能够确保按照注册批准的质量标准完成两次全检（无菌检查和热原检查等除外）。成品的留样必须使用其商业包装，依据产品注册批准的储藏条件储存在相应的区域，留样应有标签，标签内容至少包含产品名称、产品批号、取样日期、生产日期、有效期及留样的保存时间。成品留样如果不影响留样的包装完整性，保存期间内至少应当每年对留样进行一次目检观察，企业应规定目检观察的留样数量、频次、判定标准及有相应的记录。如有异常，应彻底调查并采取相应的处理措施。成品留样应当按注册批准的储存条件至少保存至药品有效期后一年。

（3）留样转交　如企业终止药品生产或关闭的，应当将留样转交受权单位保存，并告知当地药品监督管理部门，以便在必要时可随时取得留样。

（4）留样观察　留样观察应当有记录，留样记录应包含产品名称、批号、数量、取样时间、失效日期、储存条件、储存地点、储存时间、留样人签名等内容。

（5）留样管理　一般情况下，留样仅在有特殊目的时才能使用，例如调查投诉。如留样用于其他用途应经过质量管理负责人批准。留样超过保存期后应进行报废，报废应填写报废申请单，经质量管理部门负责人批准后才可销毁。

2. 稳定性考察

稳定性考察分为产品上市前研发阶段进行的稳定性实验和产品批准上市后的持续稳定性考察。

《中国药典》（2020年版）将稳定性研究分为影响因素实验、加速实验和长期实验。通过稳定性实验得到注册数据，证明环境因素对产品质量特性的影响，以确定包装、储存条件、复验周期及有效期。

持续稳定性考察指药品获准上市后，企业以实际生产规模的药品继续进行长期试验，监测已上市药品的稳定性，根据稳定性研究的结果对包装、储存条件和有效期进一步进行确认。

用于稳定性试验样品储存的设备应按要求进行确认、校准及定期维护，保证处于稳定的状态。用于产品稳定性考察的样品不属于留样。

留样、稳定性考察、持续稳定性考察比较见表7-2。

▶ 技能点 ◀

辨识留样、稳定性考察和持续稳定性考察

表7-2　留样、稳定性考察、持续稳定性考察比较

类别	留样	稳定性考察	持续稳定性考察
考察目的	用于药品质量追溯或调查物料、产品	考察原料药或药物制剂在温度、湿度、光线的影响下随时间变化的规律，为药品的生产、包装、储存、运输条件提供科学依据，同时通过试验建立药品的有效期	在有效期内监控已上市药品的质量，以发现药品与生产相关的稳定性问题（如杂质含量或溶出度特性的变化），并确定药品能够在标示的储存条件下，符合质量标准的要求
考察对象	主要针对每批生产的市售产品和工艺中涉及的物料	产品研发阶段需要进行影响因素试验（无包装）、加速试验（市售包装）、长期稳定性研究试验（市售包装）；产品批准上市后首次投产前三批应进行长期稳定性试验	主要针对市售包装产品，但也需兼顾待包装产品。产品生产过程中如发生重大变更或生产工艺、包装材料发生变更时需要进行稳定性考察；重新加工、返工或回收工艺考察时应进行稳定性考察；需要对中间产品的稳定性进行考察，确定中间产品的储存期限
考察时间、检验频次	留样应保存至药品有效期后一年；除稳定性较差的原辅料外，用于制剂生产的原辅料留样至少保存至产品放行后二年；每年需要进行目检观察	影响因素试验考察10天，于第5天、第10天取样；加速试验考察6个月，于第1个月、第2个月、第3个月、第6个月末分别取样一次，按照稳定性重点考察项目检测；长期稳定性考察至少与药品有效期考察时间等长，前12个月，每3个月取样一次，之后于第18个月、第24个月、第36个月分别取样进行检测，将结果与0月比较以确定有效期	持续稳定性考察的时间应涵盖药品有效期，取样时间参照长期稳定性考察取样时间间隔
考察环境	与产品标签上储存条件一致	影响因素试验、加速试验、长期稳定性考察试验按《中华人民共和国药典》规定进行	储存条件应采用与药品标示储存条件相对应的《中华人民共和国药典》规定的长期稳定性试验标准条件
考察批次	每批产品均有留样，用于制剂生产的原辅料每批均需有留样	除影响因素试验为一批产品外，其他考察均需要进行三批产品的稳定性考察	至少每年应考察一个批次，除非当年没有生产
考察项目	目检观察或对物料进行鉴别	考察项目应全面反映药品质量变化情况	考察项目应全面反映药品质量变化情况
考察需量	全检两倍量（无菌检查和热原检查等除外）	按照取样频次、考察项目所需的检验量，产品批准上市前预先确定的产品有效期，确定稳定性考察所需供试品量	与长期稳定性考察类似

（三）试剂、试液、培养基和检定菌的管理

试剂又称化学试剂或试药。试液、缓冲液、指示剂与指示液等，是按照规定方法配制的溶液，均应符合《中国药典》的规定或按照药典的规定制备。试剂、试液、培养基和检定菌是实验室对物料或产品进行质量控制的重要组成部分。

> **拓展方舟**
>
> 中药标本室的温度应控制在25℃以下，相对湿度保持在75%以下，并有通风、防潮、防虫和防腐措施。
>
> 实验室用毒剧品、麻醉品等的储存管理应实行双人双锁专库或专柜的管理，库房有安全、防盗等设施。称量、配制等操作应有适宜的操作条件（如专用称量器具、安全防护等）；其发放数量应与使用数量、剩余数量相平衡。

① 试剂和培养基应从经过资质审核认可的供应商处采购，必要时对供应商进行评估。试剂、试液、培养基应有接收记录，必要时应在试剂、试液、培养基的容器上标注接收日期。

② 应按照相关规定或使用说明配制、储存和使用试剂、试液、培养基。特殊情况下，在接收或使用前，还应对试剂进行鉴别或其他检验。

③ 试液和已配制的培养基应标注配制批号、配制日期和配制人员姓名，并有配制（包括灭菌）记录。不稳定的试剂、试液和培养基应标注有效期及特殊储存条件。标准液、滴定液还应标注最后一次标化的日期和校正因子，并有标化记录。

④ 配制的培养基应进行适用性检查，并建立检定菌保存、传代、使用、销毁的操作规程和相应记录。

⑤ 检定菌应有适当的标识，内容至少包括菌种名称、编号、代次、传代日期、传代操作人。检定菌应按规定的条件储存，储存的方式和时间不应对检定菌的生长特性有不利影响。

实验室标准品及对照品管理

（四）标准品及对照品的管理

① 标准品、对照品可以从中国食品药品检定研究院或国外法定机构采购，专人负责接收和管理标准品并有接收记录。接收时应该检查标准品名称、批号、数量、说明书等信息并将其记录在标准品接收记录中。

② 企业可以选择相应的活性物质，使用法定标准品/对照品进行标化，标化后的物质作为企业自制工作标准品。

③ 滴定液需要在室温下进行标定，过期重新标定，当温度差超过 10℃ 时，应加温度补偿值，并重新标定。当滴定液出现浑浊或其他异常现象时，应弃去，不得使用。

五、质量控制文件管理

1. 质量控制文件

质量体系文件是实验室检验工作的依据和内部的法规性文件。主要包括：

① 质量标准（物料质量标准、成品质量标准等）；

② 取样操作规程和记录；

③ 检验操作规程和记录（包括检验记录或实验室工作记事簿）；

④ 检验报告或证书；

⑤ 必要的环境监测操作规程、记录和报告；

⑥ 必要的检验方法验证报告和记录；

⑦ 仪器校准和设备使用、清洁、维护的操作规程及记录；

⑧ 实验室试剂、试液、标准品或对照品、滴定液、培养基、实验动物等的管理规程。

▶ 技能点 ◀
辨识质量控制文件

◈ **专家提示**

　　对影响和评估质量的关键分析或监测数据（如检验结果、产量、环境控制、工艺用水的微生物污染情况等）应建立回顾和统计分析的程序文件，依据规程建立统计分析记录或报告。

　　涉及特殊物料（毒、麻、精、放）、青霉素类、避孕药类产品取样时，取样规程应对安全防护、避免交叉污染等做详细规定。在样品处理时应有有关安全环保方面的规定。

　　取样程序中对于不均匀物料的取样程序应经过验证；对于异常情况下重新取样要建立取样规程。

2. 管理要求

① 每批药品的检验记录应当包括中间产品、待包装产品和成品的质量检验记录，可追溯该批药品所有相关的质量检验情况。

② 宜采用便于趋势分析的方法保存某些数据（如检验数据、环境监测数据、制药用水的微生物监测数据）。

③ 除与批记录相关的资料信息外，还应当保存其他原始资料或记录，以方便查阅。

单元二　变更控制

在药品生产过程中，影响药品质量的因素，如人员、设施及设备、原辅料、内包装材料、处方工艺、操作规程、环境、生产场所及条件、清洁方式、文件等经常发生不同程度或不同形式的变更，变更贯穿药品生产的整个生命周期。变更控制的目的是保证产品适用于预定的用途、质量可靠并符合注册标准、满足所有法规的要求。

▶重点与难点◀
变更分类、变更实施

一、变更的分类

国家对药品上市后的变更按照其对药品安全性、有效性和质量可控性的风险和产生影响的程度，实行分类管理，分为注册管理事项变更和生产监管事项变更。注册管理事项变更包括药品注册批准证明文件及其附件载明的技术内容和相应管理信息的变更，生产监管事项变更包括药品生产许可证载明的许可事项变更和登记事项变更。

根据变更的性质、范围、对产品质量潜在的影响程度和变更是否影响注册以及变更时限等，可以有不同的分类方法。根据药品管理相关法规的要求以及对产品质量或对产品的验证状态的影响程度一般可分为三类。见表7-3。

表 7-3　变更的分类

变更类型	含义	举例	控制主体
Ⅰ类：微小变更	对产品安全性、有效性和质量可控性基本不产生影响或影响不大	职责的变更 非公司关键人员的变更 生产设备非关键零部件的改变（不包括直接接触药品的部件材质） 文件的变更 中间产品检验标准或方法的变更 关键监控点的变更 实验室样品常规处理方法的互换 色谱柱允许使用范围内的互换 试剂或培养基生产商的改变 生产用容器规格的改变以及不影响药品质量的包装材料，如打包带、收缩膜等供应商的改变等	企业自己控制，不需要经过药品监督管理部门备案或批准
Ⅱ类：中等变更	需要通过相应的研究工作证明变更对产品安全性、有效性和质量可控性没有产生负面影响	关键生产条件的变更 印刷类包装材料样式的变更 物料供应商变更等	报药品监督管理部门备案
Ⅲ类：重大变更	需要通过系列的研究工作证明对产品安全性、有效性和质量可控性没有产生负面影响	原料药或制剂的生产工艺发生重大变更 制剂处方、质量标准、药品有效期变更 直接接触药品的包装材料、许可范围内的变更（如生产场地的变更） 新增药品规格变更等	报药品监督管理部门批准

二、变更控制的范围

任何可能影响产品质量或重现性的变更都必须得到有效的控制，变更的控制范围及要求见表7-4。

表 7-4　变更的控制范围及要求

变更控制范围	变更控制流程
新产品上市	按照公司内部备案流程在公司内部落实变更
现有产品撤市	按照公司内部备案流程在公司内部落实变更
人员的变更	关键人员变更需要确认是否需要报药品监督管理部门批准或备案； 其他管理人员变更需公司以文件形式通知，交人事部、质保部备案存档； 一般操作人员变更需各单位提出，报人力资源部进行转岗培训后，办理变更，变更资料交人力资源部、质保部备案存档
厂房的变更	需要确定该变更是否需要报药品监管部门备案或批准
设备、设施的变更	需要确定该变更是否需要报药品监管部门备案或批准

变更控制范围	变更控制流程
检验方法的变更	在法定的检验方法(如药典检验方法)变更后,按照企业内部备案流程在企业内部落实变更后的检验方法
质量标准的变更	在法定标准(如药典中的质量标准)变更后,办理补充申请后,按照企业内部备案流程在企业内部落实变更后的质量标准
在药品监督管理部门注册、备案的技术文件的变更	由药品监管部门批准、备案
生产工艺的变更	根据《药品注册管理办法》,需要确定该变更是否需要到药品监管部门备案或批准。经药品监督管理部门批准后(取得批件后),在实施变更前按照备案流程落实变更后的生产工艺
物料供应商的变更	按照公司内部备案流程在公司内部落实变更
直接接触药品的包装材料的变更	由药品监管部门批准
包装材料的变更	报药品监管部门备案
文件、记录的变更	按照公司内部备案流程在公司内部落实变更
其他可能影响产品质量的变更	按照企业内部备案流程在企业内部落实变更

三、变更控制的程序

企业应建立变更控制程序,对变更进行分类,规定各类变更的控制方法和变更的申请、评估、审核、批准和实施流程（见图7-2）,变更控制程序由质量负责人批准。质量管理部负责变更的管理,指定专人负责变更控制工作。

变更管理

▶ 技能点 ◀

变更实施

对药品质量无影响的变更由申请的部门自行评估、审核、实施,变更完成后报质量管理部门备案。已经药品监督管理部门批准的Ⅱ类、Ⅲ类变更和不需要药品监督管理部门备案或批准的对药品质量有影响的Ⅰ类变更,经质量负责人批准后实施;其他情况的变更按照企业制定的变更批准流程进行。变更实施后,与其有关的变更文件要及时修订,且质量管理部门应当对变更的文件和记录进行保存,并将变更前的文件收回。

与产品质量相关的重大变更执行后,应评估其效果。目的是确认变更是否已经达到预期的目的,而未产生不良的后果。因为批准变更时由开发性研究所获得的支持性数据十分有限,因此仍需在变更执行后积累适当数据做进一步确认。GMP要求变更执行后至少进行最初三个批次药品的质量评估,如果变更可能影响药品的有效期,则质量评估还应包括对变更实施后生产的药品进行稳定性考察。企业对产品长期的监测数据,例如使用质量系统中的一些重要的工具包括:偏差报告、投诉处理、年度数据回顾及工序能力和产品质量的持续监测等,将为产品变更后的质量提供有力的证据和反馈。通过以上评估,如果发现任何质量相关的问题,应进行调查并确认是否为变更引起的。如果是,应重新评估变更并做出处理行动。

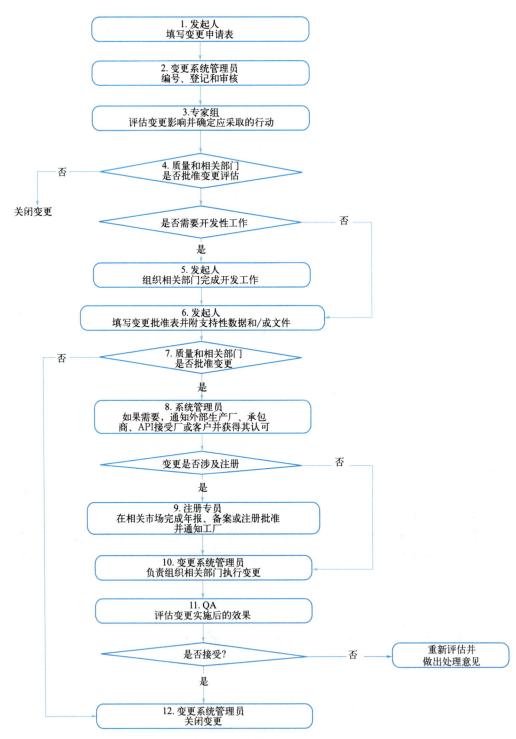

1. 发起人
   填写变更申请表

2. 变更系统管理员
   编号、登记和审核

3. 专家组
   评估变更影响并确定应采取的行动

4. 质量和相关部门
   是否批准变更评估 — 否 → 关闭变更

是否需要开发性工作 — 否 →

是

5. 发起人
   组织相关部门完成开发工作

6. 发起人
   填写变更批准表并附支持性数据和/或文件

7. 质量和相关部门
   是否批准变更 — 否

是

8. 系统管理员
   如果需要，通知外部生产厂、承包
   商、API接受厂或客户并获得其认可

变更是否涉及注册 — 否 →

是

9. 注册专员
   在相关市场完成年报、备案或注册批准
   并通知工厂

10. 变更系统管理员
    负责组织相关部门执行变更

11. QA
    评估变更实施后的效果

是否接受？ — 否 → 重新评估并
做出处理意见

是

12. 变更系统管理员
    关闭变更

图 7-2 变更控制程序流程图

范例 7-3　某药品生产企业的变更申请表（见表 7-5）

表 7-5　变更申请表

变更项目名称						
变更申请部门		变更起草人		申请日期		
变更编号		项目负责人		计划实施日期		
变更来源	□产品上市　□产品撤市　□厂房　□设施、设备（包括容器）　□质量标准 □检验方法　□生产工艺　□SOP　□包装材料　□SMP　□物料供应商 □其他＿＿＿					
变更性质	临时性□　　永久性□					
变更内容						
变更理由						
变更类别	微小变更□　　　　主要变更□　　　　重大变更□					
申请人签名：				日期：		
变更对质量的预期影响	□有		□无			
现场对比试验	□需要		□不需要			
验证	□需要		□不需要			
产品质量检查	□需要		□不需要			
稳定性试验	□需要		□不需要			
涉及变更文件名称或编号						
主管部门负责人审批	签名：			日期：		
QA负责人审批	签名：			日期：		
质量负责人审批	签名：			日期：		
一般变更实施后评价						

 范例 7-4　某药品生产企业变更供应商的变更实施方案和执行情况

　　某制药公司在胶囊生产过程中，发现胶囊灌装后有胶囊破损现象，经过调查，分析原因为空心胶囊的脆碎度在进厂检验时虽然合格，但有不均匀现象，因此该公司决定对空心胶囊供应商进行更换。供应采购部又寻找了一个新的供应商。变更实施方案和执行情况见表 7-6。

表 7-6　变更实施方案和执行情况

变更项目	行动	要求完成日期	执行部门	执行情况	实际完成日期
改变空心胶囊的供应商	供应商选择		供应采购部	根据质量、价格等选择新的空心胶囊生产厂家，索要资质和样品。质量部门审计合格后，签合同	
	供应商审计		QA	对新的供应商资质进行审计，合格后进行现场审计	
	工艺验证		生产技术部	生产技术部组织生产车间、质量部、设备工程部等多部门进行工艺验证	

变更项目	行动	要求完成日期	执行部门	执行情况	实际完成日期
改变空心胶囊的供应商	相关文件的变更		质量部	负责完成验证主计划的更新	
			生产技术部	负责起草工艺验证方案、报告、工艺规程的修订	
	稳定性试验		QC	对小试进行加速试验,对工艺验证的批次进行稳定性试验	

单元三　偏差处理

重点与难点

偏差处理程序

　　偏差是指对批准指令或规定标准的偏离。在药品生产、检验及其他活动中,由于设施设备的劣化、物料的变更、人员操作的不规范等原因,会产生各种偏差。出现偏差并不一定意味着产品要报废或返工,而是要对偏差进行调查,查明原因,判断偏差的严重程度,是否会影响产品质量,影响的程度,做出产品的处理决定,同时应提出整改及预防措施,避免同样问题再出现。

　　偏差处理是对任何偏离已批准的程序(或指导文件)和标准的情况进行分析处理。

一、偏差的分类

1. 根据偏差管理的范围分类

　　根据偏差管理范围将偏差分为实验室偏差和生产偏差,具体见表 7-7。

表 7-7　实验室偏差和生产偏差

偏差类型		含义	举例
实验室偏差		任何与检验过程相关的因素(取样、样品存放、检验操作、计算过程等)引起的检验结果偏差	1. 检验结果超标(OOS) 2. 检验结果超出趋势(OOT) 3. 异常数据(AD)
生产偏差	生产工艺偏差	因工艺本身缺陷引起对产品质量产生实际或潜在的影响的偏差	1. 关键参数偏离 SOP 规定 2. 采用未验证的设备、程序、系统进行生产或相关操作
	非生产工艺偏差	因为操作工未按程序操作、设备故障、生产环境或错误投料等原因所引起的对产品质量产生实际或潜在的影响的偏差	1. 清场不符合要求 2. 物料、产品标签错误 3. 设备状态标识错误 4. 未严格执行相关 SOP

技能点

辨识偏差类型

2. 根据偏差对药品质量影响程度大小分类

　　根据偏差对药品质量影响程度,偏差可分为次要偏差、主要偏差和重要偏差。具体见表 7-8。

表 7-8　次要偏差、主要偏差和重要偏差的比较

偏差类型	含义	举例
次要偏差	对法规或规程的细小偏离，不足以影响产品质量，无需深入调查，但必须立刻采取纠正措施	1. 口服制剂洁净区内发生短时间的温度、湿度微小超标 2. 生产前发现所领物料与生产不符，但未进行生产 3. 由于设备不稳定、调试导致的物料补领
主要偏差	可能对产品质量产生实际或潜在的影响。必须深入调查，查明原因，采取纠正措施	1. 过程控制检验数据或包装重量记录的丢失 2. 设备故障、损坏等 3. 清场不合格 4. 多个重复出现的同类次要偏差可以合并升级为一个主要偏差等
重要偏差	可能对产品质量、安全性或有效性产生严重后果，或可能导致产品报废。必须深入调查，查明原因，采取纠正措施，并建立长期的预防性措施	1. 混药、混批、包装材料混淆等 2. 关键参数偏离标准规定 3. 生产中使用超过复检期的原料 4. 测试结果未达到质量标准或超过警戒水平 5. 多个重复出现的同类主要偏差可以合并升级为一个重要偏差等

▶ 议一议 ◀

投放错误的原料属于哪类偏差？

二、生产偏差处理程序

企业应当建立偏差处理的操作规程，规定偏差的报告、记录、调查、处理及所采取的正确措施，并有相应的记录。偏差的处理程序见图 7-3。

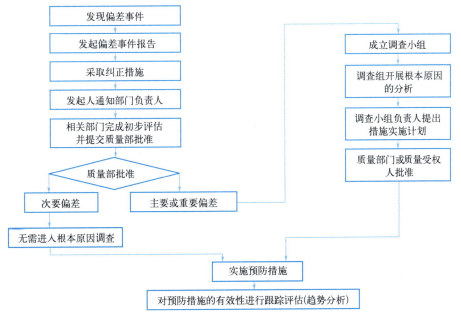

图 7-3　生产偏差调查处理程序图

1. 偏差发现及报告

偏差发现时，发现人应以口头、书面汇报方式在规定时间（24 小时）内向其直接领导报告偏差情况，由主管或相关人员随后撰写生产偏差事件报告。偏差发现部门对偏差进行判定和评估，界定其影响范围、严重性，详细记录偏差事件报告。立

▶ 技能点 ◀

生产偏差处理

即采取措施，以减少事件对生产物料/设备/区域/工艺/程序等的负面影响。如暂停生产；对问题物料或产品进行隔离并贴上待验标识或通过软件系统控制其待验状态；物料或产品分小批。任何怀疑有问题的设备、仪器、系统应安放在一个安全的条件下，调查结束后方可使用，如果有必要，需贴上明显的标签，通知相关部门，并填写偏差记录。生产偏差记录应包含产品名称、批号、发现日期/报告日期、事件发生日期、其他相关调查（如存在）、事件描述，包括如何发现、在何处发现、事件发现者和/或报告者、所有受影响的生产物料/设备/区域/方法/程序状态、知道的其他相关记录事件分类，采取的应急措施。

> **◎ 专家提示**
>
> 在发生偏差时，为了避免、减少可能的损失，如果可能的话，生产人员应及时对产品做好标记，尽可能地将发生偏差前、偏差中、偏差处理完恢复正常后的产品分开，单独作为若干小批。根据批的定义，同一批产品应当具备质量的均一性。发生偏差前后的产品显然有可能存在质量差异。分批后，质量评价人员在评价时，可以针对发生偏差的小批作出专门的决定。以免一旦需要报废，因无法区分偏差前、后的产品而不得不将整个批号全部作报废处理。

2. 偏差事件的评估

偏差事件发生时，主管部门应对其进行初步评估，部门负责人上报 QA，QA通过偏差记录及初步调查后对偏差进行确认，对最初的风险评估及采取的应急处理措施进行评估和批准，确认偏差涉及的物料或产品的隔离方式，避免发生偏差的物料或产品发生混淆/误用。

3. 偏差事件的调查

质量部门根据出现偏差的部门提供的资料对偏差的产生原因进行调查，分析相关数据、记录和相关的文件，找出产生偏差的根本原因。一般在记录中最有可能找到偏差出现的根本原因。

4. 根本原因分析及纠正预防措施的制定

首先需要对相关的文件进行回顾，包括取样记录、批记录、清洁记录、设备或仪器的维护记录，涉及的产品、物料、留样，评价对前/后续批号潜在的质量影响，相关 SOP、质量标准、分析方法、验证报告、产品年度质量回顾报告、设备校验记录、预防维修计划、变更控制，稳定性考察结果趋势、曾经发生过类似不符合事件趋势，必要时应对相关供应商进行审计等。通过排查确定不可能原因并给出充分的理由，逐步缩小范围，找出最可能的根本原因。如果原因不确定，需要记录所有可能的原因并进行趋势分析。根据调查的原因制定纠正与预防措施，保证产品质量，并防止偏差的再发生。

5. 调查报告的审阅和批准

质量管理部门和相关部门应对已解决的偏差进行总结，书写偏差报告。质量负责人负责最后审阅批准主要偏差和重要偏差。审阅人和批准人应确保调查是有条理的，并确认调查的范围、深度、根本原因和适当的纠正/预防措施。

6. 最终处理

偏差管理

根据调查和纠正预防措施的结果、调查组的最终处理建议、各部门审阅意见，质量负责人/受权人作最后批准，并决定有问题的物料、批次、设备、区域或方法的最终处理。质量管理部门应指派专人负责保存偏差的调查、处理的文件和记录。

质量管理部门应跟踪纠正预防措施的实施效果，定期回顾评估所采取措施的有效性。

三、超标结果调查

超标结果（OOS）调查是偏差调查的一种类型。产生 OOS 结果可能是实验室原因导致，也可能是生产过程中差错等原因导致的，所以 OOS 调查应先由实验室进行偏差调查，如有必要应扩展到生产全过程的调查。质量控制实验室应建立超标调查的书面程序。任何超标结果都必须按照书面规程进行完整的调查，并有记录。实验室超标结果 OOS 调查流程见图 7-4。

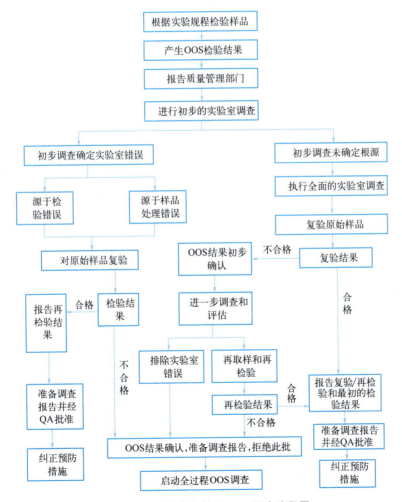

技能点

认知 OOS 调查流程图

图 7-4　实验室超标结果 OOS 调查流程图

蝴蝶效应

一只南美洲亚马孙河流域热带雨林中的蝴蝶，偶尔扇动几下翅膀，可能在两周后引起美国德克萨斯的一场龙卷风。其原因在于：蝴蝶翅膀的运动，导致其身边的空气系统发生变化，并引起微弱气流的产生，而微弱气流的产生又会引起它四周空气或其他系统产生相应的变化，由此引起连锁反应，最终导致其他系统的极大变化。同样，药厂洁净车间里1根头发带来的经济风险会在十万元之上，更遑论对患者生命安全的威胁。

【启示】蝴蝶效应说明，事物发展的结果，对初始条件具有极为敏感的依赖性，初始条件的极小偏差，将会引起结果的极大差异。同样，药厂生产质量管理上极小的偏差也会造成极大的质量风险。

单元四 纠正和预防措施

重点与难点
纠正和预防措施的程序

质量体系中出现了不良趋势，如果不及时处理，将会导致质量问题；处理已经出现的质量问题，可以避免势态进一步恶化或重复发生。因此当持有人及药品生产企业发生偏差及其他问题以后，应当对偏差、投诉、召回、自检或外部检查结果、工艺性能和质量监测趋势等进行调查并采取措施。为防止已出现的不合格、缺陷或其他不希望情况的再次发生，消除其直接原因和潜在原因所采取的措施为纠正和预防措施。

纠正和预防措施是"纠正措施"和"预防措施"的合写，简称 CAPA。纠正措施（corrective action）是指为了消除导致已发现的不符合或其他不良状况的原因所采取的行动。预防措施（preventive action）是指为了消除可能导致潜在的不符合或其他不良状况的诱因所采取的行动。为有效解决产品质量、GMP 相关系统及工艺过程中产生的不符合，纠正和预防措施必须融入质量体系中的各个分支系统。

一、实施纠正和预防措施的要求

执行纠正和预防措施是保证产品质量持续改进的内在动力。对来自产品生命周期活动中发现的缺陷问题，用统计或风险分析方法识别并调查可能对产品质量、系统、生产工艺或患者有不良趋势的因素，并采取纠正措施和预防措施，措施的深度和形式应与风险评估的级别相适应。因此，企业应当建立实施纠正和预防措施的操作规程，内容至少包括：

① 对投诉、召回、偏差、自检或外部检查结果、工艺性能和质量监测趋势以及其他来源的质量数据进行分析，确定已有和潜在的质量问题。必要时，应当采用适当的统计学方法。

② 调查与产品、工艺和质量保证系统有关的原因。

③ 确定所需采取的纠正和预防措施，防止问题的再次发生。

④ 评估纠正和预防措施的合理性、有效性和充分性。

⑤ 对实施纠正和预防措施过程中所有发生的变更应当予以记录。

⑥ 确保相关信息已传递到质量负责人和预防问题再次发生的直接负责人。

⑦ 确保相关信息及其纠正和预防措施已通过高层管理人员的评审。

实施纠正和预防措施应当有文件记录，并由质量管理部门保存。

二、纠正和预防措施的程序

CAPA管理

1. 问题定义与风险评估

对发现的问题进行记录。发生了什么事情、在哪里在发生、何时发生的、怎么发生的、谁发现的、评估缺陷的严重程度和影响范围。

2. 问题调查

问题调查即原因分析，运用质量工具分析根本原因并评价。通过分析造成不合格、缺陷或潜在问题及不良趋势的原因，最终找到问题产生的根本原因。找到已发生问题的原因后，才能为制定纠正措施奠定基础。同时还需要进一步对产生这些问题的潜在原因进行具体分析，才能够制定预防措施，预防这些问题在企业中再次发生。

> ◎ **小试牛刀**
>
> 　　在公司QC小组活动中，小李分享了他的调研结果。他认为药厂出现不合格、缺陷或潜在问题及不良趋势的原因通常在于以下情况：
>
> 　　A.生产工艺能力不足
>
> 　　B.工艺没有经过有效验证或没有正确的执行工艺验证
>
> 　　C.工艺装备、测试设备和环境方面存在问题，例如设备能力不足、测试设备与要求不适应，设备缺乏维修保养，环境温湿度等条件对设备或检测产生影响
>
> 　　D.工艺控制和检验方面存在问题，例如工艺控制不当、操作不符合程序规定、操作者/检验者因缺乏培训而不具备相应技能、检验规程不准确不全面等
>
> 　　E.分析方法未能满足要求或没有正确地执行分析方法等
>
> 　　F.物料及生产现场管理方面存在问题，例如使用了未经检验的物料或物料标识不清造成混料或错料，生产现场状态不清造成混淆
>
> 　　你认同小李的观点吗？

3. CAPA 措施的制定

纠正和预防措施的制定要确定缺陷项目事实、纠正已经发生的缺陷、找出其他类似的缺陷项目、对缺陷项目产生的原因进行调查和分析、提出有效消除该原因的措施。

制定纠正和预防措施的原则：

① 相关部门针对缺陷项目的原因分析要全面和系统，不能流于形式；

② 针对缺陷项目的原因所采取的纠正和预防措施应及时，具备可操作性及有效性；

③ 采取的纠正和预防措施与缺陷项目所带来的质量风险是相符合的；

④ 制定的纠正和预防措施能举一反三，避免类似问题的发生。

4. CAPA 计划批准与发布

CAPA 措施制定出后，一般由质量管理部门和相关职能部门进行认可，目的是确保纠正和预防措施实施的有效性。

CAPA 措施经过认可后，还需进行批准，为实施创造有效条件。CAPA 措施一般由企业质量负责人批准，如果 CAPA 措施涉及几个部门，企业质量负责人需要加以协调，必要时报请企业生产负责人批准。经批准后的 CAPA 措施，可由相关部门和人员付诸实施。

5. CAPA 措施的执行

CAPA 措施完成期限可根据纠正和预防措施的内容和难易程度而定，严重缺陷项目一般为三个月；一般缺陷项目正常为一个月；性质轻微的缺陷项目可在现场立即纠正。

▶ 技能点 ◀

CAPA 措施的执行与跟踪确认

CAPA 措施在执行过程中如遇到客观原因不能按期完成时，其执行部门须向企业质量管理负责人或质量管理部门说明原因，请求延期，得到质量负责人批准后，修改 CAPA 措施实施计划。

6. CAPA 措施的跟踪确认

跟踪确认的目的：

① 促使相关部门采取和实施有效的纠正和预防措施，防止缺陷项目的再次发生；

② 确认纠正和预防措施的有效性；

③ 确保消除存在的严重缺陷项目。

跟踪确认的责任部门：一般由质量管理部门负责，通常由质量保证（QA）人员负责管理并建立相关管理程序，以确保跟踪确认正常有序地实施。

跟踪确认的方式：文件检查、现场复查、提交 CAPA 措施实施方案在下一次企业自检中复查等。

跟踪确认的内容：

① CAPA 措施计划中的各项措施在规定的时间内要全部完成。

② 完成后的效果要达到预期要求；措施完成情况有记录可查。

③ 措施执行如果引起了程序更改，程序更改的内容应有效，更改后的文件应按文件控制规定进行起草、批准和发放，并得到执行。

④ 措施执行引起的相关文件资料如验证文件、变更申请、培训记录等相关资料应该完整。

7. CAPA 措施关闭

质量管理部门针对缺陷项目进行了跟踪验证以后，确认其有效性，在纠正和预防措施确认记录中填写确认结论并签字确认，这项缺陷项目就可宣布关闭。

实施纠正和预防措施的过程和效果应有记录，内容包括：①不符合项的描述；②涉及的范围，有无其他潜在影响；③不符合项的风险或危害评估；④调查过程；⑤采取的纠正和预防措施及措施的负责人及完成日期；⑥结论；⑦纠正和预防措施有效性评估；⑧纠正和预防措施的批准等。

纠正和预防措施流程见图 7-5。

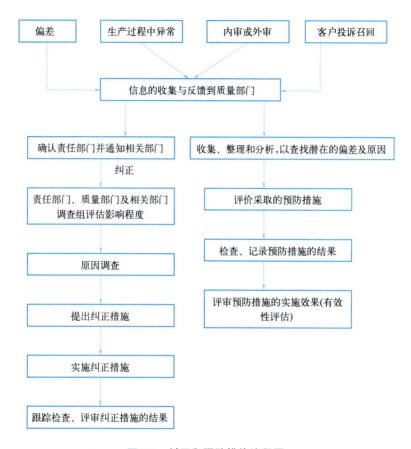

图 7-5　纠正和预防措施流程图

单元五　产品质量回顾分析

　　产品质量回顾是运用统计技术对生产的每种产品相关内容与数据进行回顾，企业应当建立产品质量回顾体系，按照已批准的操作规程，每年对所有生产的品种进行产品质量回顾分析，以确认工艺稳定可靠，原辅料、成品现行质量标准适用，及时发现不良趋势，确定产品及工艺改进的方向。在进行产品质量回顾时，还应当考虑以往回顾分析的历史数据，同时对产品质量回顾分析的有效性进行自检。

▶重点与难点
产品质量回顾的内容

一、产品质量回顾的范围及分类原则

1. 回顾范围

所有已注册的药品、原料药、中间产品在回顾周期内生产的所有批次，包括委托生产的产品批次、暂存和不合格的批次。

2. 分类原则

按品种进行产品质量回顾，包括所有生产的批次，同一产品不同质量标准可以在同一个产品年度质量回顾中总结。

当有合理的科学依据时，可按照产品的剂型分类进行质量回顾，如固体制剂、液体制剂和无菌制剂等。

二、产品质量回顾的内容

企业至少应对下列情形进行回顾分析：

① 产品所用原辅料，尤其是来自新供应商的原辅料。

② 关键中间控制点及成品的检验结果。

③ 所有不符合质量标准的批次及其调查。

④ 所有重大偏差及相关的调查、所采取的整改措施和预防措施的有效性。

⑤ 生产工艺或检验方法等的所有变更情况。

⑥ 已批准或备案的药品注册所有变更情况。

⑦ 稳定性考察的结果及任何不良趋势。

⑧ 所有因质量原因造成的退货、投诉、召回及调查。

⑨ 与产品工艺或设备相关的纠正措施的执行情况和效果。

⑩ 新获批准和有变更的药品，按照注册要求上市后应当完成的工作情况。

⑪ 相关设备和设施，如空调净化系统、水系统、压缩空气等的确认状态。

⑫ 委托生产或检验的技术合同履行情况。

产品质量回顾完成后，应当对回顾分析的结果进行评估，提出是否需要采取纠正和预防措施或进行再确认或再验证的评估意见及理由，及时、有效地完成整改，并保留相关记录。

药品委托生产时，委托方和受托方之间应当有书面的技术协议，规定产品质量回顾分析中各方的责任，确保产品质量回顾分析按时进行并符合要求。

三、产品质量回顾的工作流程

1. 产品质量回顾计划的制定

质量管理部门依据企业的具体情况，建立产品质量回顾的管理程序，制定年度产品质量回顾计划，并按计划实施。质量管理部门将任务分派到各职能部门，并规定完成时限。

2. 信息/数据的收集与整理

各相关职能部门按要求收集产品相关信息/数据，并按时交至 QA。QA 收集产品相关信息/数据后，按一定的格式进行汇总及整理，并进行趋势分析。

3. 报告的编制、审批与分发

QA负责召集专门的会议，组织相关人员对产品的相关信息/数据进行分析、讨论和评价，并对重大事项进行风险评估。

QA负责记录汇总会议的分析讨论结果，对产品年度回顾的质量状况做出总结：产品本年度回顾的质量状态是否稳定可控；对上一年度提出的建议的落实情况或改进措施的实施情况及改进效果进行总结；对本年度出现的不良趋势提出建议（包括产品工艺改进、处方改进、分析方法改进、过程控制及成品质量标准改变、再验证需求、产品召回建议等），最终形成报告，并呈报企业药品质量负责人审批。批准的年度回顾报告的复印件分发至各相关部门，原件在质量部门永久保存。

4. 纠正和预防措施的实施与跟踪

各相关部门按照年度产品质量回顾报告中制定的改进措施及完成时间，进行改进措施的实施；QA跟踪改进措施的实施，并将其执行情况汇总在下年度质量回顾报告中。

5. 产品质量回顾分析结果的评估

产品质量回顾负责人要和参与者一起讨论数据收集、文件准备及审核批准过程的有效性及整改措施的有效性，提出是否需要采取纠正和预防措施或进行再确认或再验证的评估意见及理由，并及时、有效地完成整改。

 范例 7-5 某药品生产企业 F 产品年度质量回顾

F 产品年度质量回顾

产品名称 F 　　　规格×× 　　　回顾日期：×年×月—×年×月 　　　产品编码：××××

起草： QA	签名	时间：
审核： QA 经理 车间主任 生产部负责人 工艺技术负责人 物料/销售负责人 工程部负责人 药品质量受权人	签名	时间：
批准： 质量负责人	签名	时间：

目　录

产品年度质量回顾报告

1. 概要：根据《产品年度质量回顾管理规程》SMP—ZL—×的规定，×年×月对F产品质量回顾。本报告对该品种进行了统计和趋势分析。

2. 回顾期限：×年×月×日—×年×月×日

3. 前次回顾所建议措施的实施情况

4. 制造情况：本回顾年度共生产F产品×批，总产量×（单位），总收率为×。

5. 产品描述

5.1　产品工艺

处方（见表7-9）：

表 7-9　产品处方

序号	原辅料名称	基础处方 （×万片处方量/千克）	生产处方 （×万片处方量/千克）
1	主药		
2	辅料A		
3	辅料B		
4	辅料C		

5.2　产品给药途径及适应证

5.3　关键参数

6. 成品质量标准（见表 7-10）

表 7-10　成品质量标准

项目	接受限度(内控标准)	最低值—最高值(法定标准)

7. 物料质量回顾（表 7-11）

表 7-11　物料质量回顾

原辅料	供应商

7.1　原辅料（包括工艺用水）、包装材料质量问题回顾（见表 7-12）

表 7-12　原辅料、包装材料质量问题回顾

投诉号	时间	品名和入库号	供应商	缺陷描述	处理方法

评价：××××××

7.2　主要原辅料购进情况回顾（见表 7-13）

表 7-13　主要原辅料购进情况回顾

名称/批	月份	1	2	3	4	5	6	7	8	9	10	11	12	汇总	合格率/%
A2	收检		1						1					2	
	放行		1						1					2	
	拒绝														
B3	收检				1			1			1			3	
	放行				1			1			1			3	
	拒绝														
C4	收检				1	1		1			1			4	
	放行					1		1			1			3	
	拒绝				1									1	

评价：原料 A 全年共收检 2 批，均符合规定。原料 B 全年共收检 3 批，均符合规定。原料 C 全年共收检 4 批，合格率为 75%，其中 1 批含量偏低，已退货。

7.3　供应商的管理情况回顾

新增供应商情况：××

变更供应商情况：××

供应商审计情况（见表 7-14）：

表 7-14　供应商审计情况

物料名称	供应商	审计时间	再审计时间

评价：供应商均按计划完成审计，审计过程未见偏差，结果均符合规定。

8. 产品质量指标统计分析

8.1　装量差异（见图 7-6）

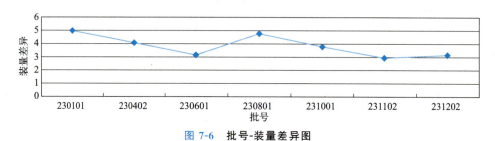

图 7-6　批号-装量差异图

评价：×××××

8.2　崩解时限（见图 7-7）

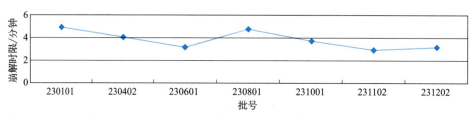

图 7-7　批号-崩解时限图

评价：×××××

8.3　溶出度（见图 7-8）

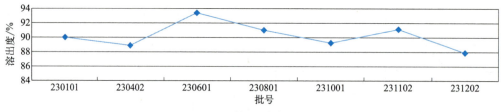

图 7-8　批号-溶出度图

评价：×××××

8.4　含量（见表 7-15）

表 7-15　批号及含量统计表

批号	230101	230402	230601	230801	231001	231102	231202
含量/%	100.0	97.2	99.3	98.1	97.6	98.3	98.1

评价：××××××

8.5　收率（见图7-9）

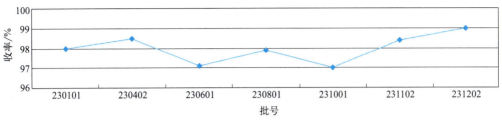

图 7-9　批号-收率图

评价：××××××

8.6　小结

9. 生产分析

9.1　工艺稳定性

9.2　关键工艺参数控制情况（见表7-16）

表 7-16　关键工艺参数控制情况

项　　目	工艺参数		工艺变更情况
混合	干混时间:15分钟	湿混时间:30分钟	无
干燥	温度:60～80℃	时间:2小时	无
××	××	××	××
××	××	××	××
××	××	××	××

9.3　工艺变更情况：有何变更，原因，相关研究，验证情况，申报情况。

9.4　返工情况（见表7-17）

表 7-17　返工情况

时间	品名及批号	缺陷描述	处理措施

评价：××××（全年生产过程中未发生返工）。

9.5　中间体控制情况（见表7-18）

表 7-18　中间体控制情况

批号	性状	鉴别	溶出度	崩解时限	装量差异	含量

回顾分析：全年共检测×批次，性状均符合规定，趋势良好。含量（内控标准：95％～105％）。年度共检测×批次，平均值为99.8％，最高为102.5％，最低为97％。含量均在内控标准内，产品质量稳定。

9.6　物料平衡（见表7-19）

表 7-19　各工序物料平衡

工序	收率/%	物料平衡/%
粉碎、过筛		
称量配料		
制粒		
混合		
干燥		
压片		
××		
××		

评价：上表统计各工序×个批次的总收率和总物料平衡，全部结果符合内控标准。

9.7　设施、设备情况

变更情况：

维护情况：

维修情况：

小结：

10. 偏差回顾（见表 7-20）

表 7-20　偏差回顾

品　名	偏差编号	生产阶段	描述	涉及批次	补救措施

评价：本产品全年在生产过程中共发生×次偏差。所有偏差均能按照措施进行处理，对产品的质量未造成影响。

11. 超常超标回顾（见表 7-21）

表 7-21　超常超标回顾

OOS 编号	物料名称/批号	描述	涉及批次	方案

评价：全年共发生 OOS×次，均能较好地按照相关程序进行处理，其中×已退货。

12. 持续稳定性考察（见表 7-22）

表 7-22　持续稳定性考察

批号	考察时间	检验完成时间	性状	含量/毫克	检验结果				判定
					××	××	××	××	

评价：全年共进行留样检验×批，其中×年产品×批，×年产品×批，×年产品×批，根据法定标准判定，均符合规定。

13. 拒绝放行物料批次

13.1　拒绝的物料（见表 7-23）

表 7-23　拒绝物料统计表

物料名称	生产企业	批号	拒绝原因	解决措施

评价：被拒绝物料已退货，未对产品质量造成影响。

13.2　拒绝的成品及中间产品

评价：本品×年度未发生拒绝的成品及中间产品的情况。

14. 变更控制回顾（见表 7-24）

表 7-24　变更控制回顾

申请日期	变更编号	变更描述	变更结果及评价

评价：××××××

15. 验证/校准回顾（见表 7-25）

表 7-25　验证/校准回顾

序号	设备/系统/工艺	验证文件编号	验证情况	结论

评价：全年本产品涉及的设备、系统、工艺、清洁验证共×个，已全部完成，验证结果均符合规定。

16. 环境监测情况回顾（见表7-26）

表7-26　环境监测情况回顾

监测项目	监测情况			
	区域	频次	结果	结论

评价：×车间为×级洁净区域，全年应测总次数为×次，全年实测次数为×次，监测率为100％。全部监测次数均符合规定，合格率100％。监测过程未发生偏差，该车间环境（尘埃粒子、沉降菌）良好。

17. 委托生产、委托检验情况回顾（见表7-27）

表7-27　委托生产、委托检验情况回顾

序号	品种	进厂编号/批号	规格	类别	对应产品批次	委托单位	委托项目	结论

评价：××××××

18. 不良反应（见表7-28）

表7-28　不良反应统计表

品　名	批　号	事件内容	结果

评价：×××××××。

19. 产品退货（见表7-29）

表7-29　产品退货情况统计表

品名	规格	发货日期	退货日期	返回数量	批号	退货原因及分析	处理措施

评价：本品因运输过程外包装破损退货×盒，已严格按照退货处理程序处理。

20. 投诉（见表7-30）

表 7-30 　投诉情况统计表

编　　　号	产品名称	批　　号	投诉原因	应对措施

评价：本品×年度××××××

21. 召回（见表 7-31）

表 7-31 　召回情况统计表

编　　　号	产品名称	批号	召回原因	处理措施

22. 药品报批与再注册（见表 7-32）

表 7-32 　药品报批与再注册统计表

序　　　号	产品名称	内　　容	结　　果

23. 结论

综合以上分析，在回顾期×年×月×日—×年×月×日内：××××××

24. 建议

单元六　投诉与药物警戒活动

一、投诉管理

▶重点与难点◀

投诉处理、药品不良反应报告

投诉是用户或其他人员提供口头或书面方式所报告的制药企业所售药品可能的或事实上的质量缺陷或药品不良反应。投诉处理是制药企业持续改进的动力，了解企业产品质量信息或了解产品存在潜在质量问题，使企业能进行产品质量改进，保护消费者的利益。

1. 投诉的分类

技能点

辨识投诉类型

企业建立产品质量投诉管理体系时，通常需要根据投诉的严重程度进行分类，可以采用不同的分类标准，例如投诉所隐含的潜在用药安全风险、产品质量风险或法规符合风险的大小等，也可以综合考虑各项指标建立复合分类标准。

📝 **范例 7-6　某企业投诉分类**（表 7-33）

表 7-33　投诉分类

分类	举例
Ⅰ类 可能危及生命或可能严重威胁患者健康的缺陷的投诉	1. 错误的产品(标签与内容物不相符) 2. 正确的产品,但规格错误(有严重的医学后果) 3. 无菌注射剂或眼用制剂受到微生物污染 4. 有严重医学后果的化学污染 5. 不同容器内的产品混淆 6. 复合制剂中的活性成分错误(有严重的医学后果) 7. 有严重医学后果的假药
Ⅱ类 可能引起疾病或误诊的缺陷的投诉,但不属于Ⅰ类	1. 标签错误:文字或数据错误或缺失;信息缺失或不正确(说明书或插页) 2. 非注射剂,非眼用制剂的无菌产品受到微生物污染,有医学后果 3. 化学/物理污染(重要杂质,交叉污染,微粒,包括在原容器中的玻璃微粒) 4. 同一容器内的产品混淆 5. 与规格不相符(例如含量,稳定性,装量/重量) 6. 密封不可靠,有严重医学后果(例如细胞毒素,容器缺乏儿童保护) 7. 疑为假药(初始分类)
Ⅲ类 可能不会严重威胁患者健康的缺陷的投诉	1. 包装缺陷(例如批号或有效期错误或丢失) 2. 密封缺陷 3. 污染(例如任何微生物污染,污物或落屑,不溶性微粒) 4. 容器破裂 5. 合并用药时不符合装量/重量 6. 无标签的个例
Ⅳ类 对患者健康没有危害的缺陷的投诉	1. 偶尔缺失药板 2. 药片装量偶有缺片 3. 偶尔缺少打印的信息 4. 损害或污染次级包装 5. 不严重的打印错误 6. 不严重的偶尔的装置缺陷
Ⅴ类 无缺陷产品	1. 多剂量溶液药品开封之后,发现有颗粒,调查表明,非产品本身或过程引入,是使用环节中环境引入,投诉方认可 2. 疑似假药,最后证明是真品

2. 投诉的处理

企业应建立投诉程序、标准（例如投诉分类标准等）和相应的记录表格；充分培训并运行该系统，及时有效地接收、调查和处理投诉；调查导致质量缺陷的原因，并采取措施，防止再次发生类似的质量缺陷；生成和保存相应的记录和报告；通过进行投诉趋势分析，推动公司产品质量和质量管理体系的持续改进。

投诉处理流程包括：投诉信息的接收、信息的收集和分类、投诉调查和影响的评估、制定纠正和预防措施、答复客户、关闭投诉、投诉记录、文件和样品保存等。

 范例 7-7　某企业投诉管理流程（见图 7-10）

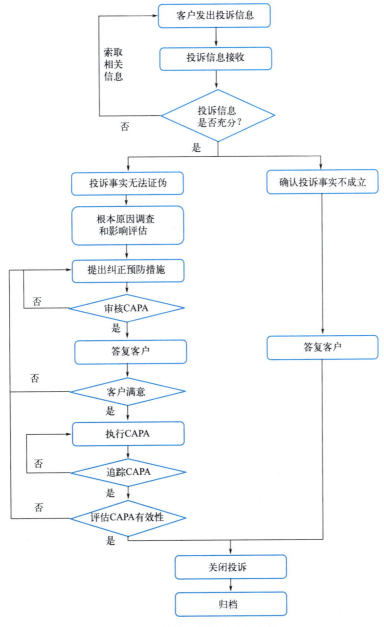

图 7-10　某企业投诉管理流程图

二、药物警戒活动

药物警戒活动是指对药品不良反应及其他与用药有关的有害反应进行监测、识别、评估和控制的活动。

持有人需建立药物警戒体系，并按《药物警戒质量管理规范》（简称 GVP）的要求，基于药品安全性特征开展药物警戒活动，最大限度地降低药品安全风险，保护和促进公众健康。通过体系的有效运行和维护，监测、识别、评估和控制药品不良反应及其他与用药有关的有害反应。

（一）质量管理

持有人应当制定药物警戒质量目标，建立质量保证系统，对药物警戒体系及活动进行质量管理，不断提升药物警戒体系运行效能，确保药物警戒活动持续符合相关法律法规要求。

持有人应当以防控风险为目的，将药物警戒的关键活动纳入质量保证系统中，重点考虑以下内容：

① 设置合理的组织机构；
② 配备满足药物警戒活动所需的人员、设备和资源；
③ 制定符合法律法规要求的管理制度；
④ 制定全面、清晰、可操作的操作规程；
⑤ 建立有效、畅通的疑似药品不良反应信息收集途径；
⑥ 开展符合法律法规要求的报告与处置活动；
⑦ 开展有效的风险信号识别和评估活动；
⑧ 对已识别的风险采取有效的控制措施；
⑨ 确保药物警戒相关文件和记录可获取、可查阅、可追溯。

（二）监测与报告

1. 信息的收集

药品不良反应/事件报告表填写方法

持有人应当建立并不断完善信息收集途径，主动、全面、有效地收集药品使用过程中的疑似药品不良反应信息，包括来源于自发报告、上市后相关研究及其他有组织的数据收集项目、学术文献和相关网站等涉及的信息。

2. 报告的评价与处置

持有人应当对收集到的信息的真实性和准确性进行评估，当信息存疑时，应当核实。对药品不良反应的严重性进行评价；对药品不良反应的预期性进行评价；并按照国家药品不良反应监测机构发布的药品不良反应关联性分级评价标准，对药品与疑似不良反应之间的关联性进行科学、客观的评价。

▶ 技能点 ◀

报告药品不良反应

3. 报告的提交

（1）报告时限

持有人应当在规定时限内向国家药品不良反应监测系统提交个例药品不良反应报告，严重不良反应尽快报告，不迟于获知信息后的 15 日，非严重不良反应不迟于获知信息后的 30 日。跟踪报告按照个例药品不良反应报告的时限提交。

（2）报告内容　报告应当至少包含可识别的患者、可识别的报告者、怀疑药品和药品不良反应的相关信息，报告填写应当真实、准确、完整、规范，符合相关填写要求。

（三）风险识别与风险控制

1. 信号检测

持有人应当对各种途径收集的疑似药品不良反应信息开展信号检测，及时发现新的药品安全风险。在开展信号检测时，应当重点关注以下信号：

① 药品说明书中未提及的药品不良反应，特别是严重的药品不良反应；

② 药品说明书中已提及的药品不良反应，但发生频率、严重程度等明显增加的；

③ 疑似新的药品与药品、药品与器械、药品与食品间相互作用导致的药品不良反应；

④ 疑似新的特殊人群用药或已知特殊人群用药的变化；

⑤ 疑似不良反应呈现聚集性特点，不能排除与药品质量存在相关性的。

2. 风险控制

对于已识别的安全风险，持有人应当综合考虑药品风险特征、药品的可替代性、社会经济因素等，采取适宜的风险控制措施。

（1）常规措施　修订药品说明书、标签、包装，改变药品包装规格，改变药品管理状态等。

（2）特殊措施　医患教育与沟通、药品使用环节的限制、患者登记等。

（3）紧急措施　可采取暂停药品生产、销售及召回产品等措施。

（4）申请注销　药品风险大于获益，持有人主动申请注销药品注册证书。

 药你知道

药物警戒

立足中国，发展自身，造福世界。党的二十大明确了以中国式现代化全面推进中华民族伟大复兴的使命任务。中国式现代化，是中国共产党领导的社会主义现代化，既有各国现代化的共同特征，更有基于自己国情的中国特色。

坚定不移推进中国式现代化，建设有中国特色的药物警戒制度，2019年我国将建立药物警戒制度正式确立于《药品管理法》中，2021年颁布《药物警戒质量管理规范》、2022年发布《药物警戒体系主文件撰写指南》，在我国构建药物警戒制度体系的道路上取得了里程碑性的进展。

单元七　质量风险管理

重点与难点
药品质量风险识别及风险管理工具应用

药品行业中引入质量风险管理的概念最早可见于 FDA 在 2002 年发布的《21 世纪

GMP》中提出"一种基于风险管理的方法"，鼓励制药企业采用先进的制药技术，运用现代化的质量管理手段和风险管理的方法，保证产品的质量。现在欧盟也在推动和实施这一理念，我国是在 2010 年版药品 GMP 中引入了这一概念。

质量风险管理概念的引入，解决了以往在实施 GMP 时一些无法确定的问题，如验证内容的选择、验证程度的确定等。同时新版药品 GMP 中围绕着质量风险的概念又增加了一系列新制度，如变更控制、偏差管理、超标（OOS）调查、纠正和预防措施（CAPA）、产品质量回顾分析等。这些制度对生产的各个环节可能出现的风险进行管理和控制，及时发现影响药品质量的不安全因素，主动防范质量事故的发生，确保药品质量，提供了进一步的保障。

一、风险与风险管理

ICH（人用药品注册技术要求国际协调会）在其质量管理的 Q9 中对风险一词的定义是：危害发生的可能性及危害的严重性的综合体。其中，可能性指危害发生的概率，即危害发生的频率是多少。严重性指危害的后果，即危害发生后造成的不良后果的严重程度有多大。

风险管理是一种预防性和系统性的管理方法。目标是用最小的风险管理成本获得最大的安全保障；其本质是事先预测，做好防范，将可能发生的风险，通过科学的方法将之预测出来，并用行之有效的方法将之进行有效的预防。

二、药品质量风险的来源

案例
狂犬病疫苗
染菌事件

在药品行业中，风险无处不在，如跑冒滴漏、人员疏忽、设备异常，或生产工艺本身就是掌控难度大等；既有潜在的，也有明示的。这些风险中的危害主要是指对患者健康造成的损害。

这些风险散布在生产、储运等各环节中，如在暴露环境中的生物性污染、其他物料引起的交叉污染；在包装过程中会出现的规格、装量、标志差错等；在储运过程中的温度、湿度、运输的安全性等。实施 GMP 的核心就是要防止污染、交叉污染、差错、变质，保证药品质量。

质量风险管理是对质量风险进行评估、控制、沟通、审核（回顾）的系统过程，风险评估可采用两种方式：前瞻式或回顾式。风险高的严格管理，风险低的适当放宽。这是企业正确实施风险管理的依据，也正是风险管理的意义所在。

三、风险管理工具

用于风险管理的工具非常多，如因果图、流程图、矩阵图、树图、故障模式与影响分析、危害分析及关键控制点等。

因果图主要是从结果找原因；排列图主要是从众多的原因中找关键的少数；矩阵图是从各类要素中找出有关联性的成对要素，确定关键点等。没有一个工具是万能的，必须根据目的和工具的特性进行选用。有时是仅用一个工具，有时需几个工具联合使用。

　　风险管理是一种对未来可能出现的问题进行预防性管理的方法。管理的重点是如何科学、有效地对可能出现的问题进行评估、预测，并用有效的方法加以预防。掌握风险管理的方法可简单地分为三步：一是正确理解风险的概念——明确要做什么；二是了解药品在生产、质量管理过程中存在哪些风险——明确问题所在；三是熟知风险管理的工具——可合理、有效地使用这些工具。

1. 因果图

　　因果图（见图 7-11）是由日本东京大学教授石川馨于 1953 年第一次提出的，又称石川图。由于因果图是将许多可能的原因归纳成原因类别与子原因类别，画成的图形似鱼刺，所以该工具也叫鱼刺图。

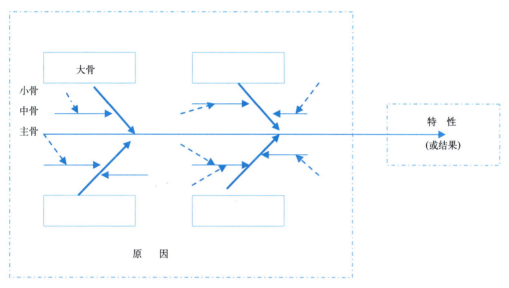

图 7-11　因果图的结构

说明：————————为主骨，表示因果之间的联系。

　　　　————▶为大骨，表示原因中大的类别，一般是从 5M1E：人、机、料、法、测、环六个方面考虑，也叫第一层原因。

　　　　———▶为中骨，表示各大类原因中小一些的类别，也叫第二层原因。

　　　　- - - ▶为小骨，表示更小的类别或具体原因，也叫第三层原因。

　　因果图的制图原理是：导致过程或产品问题的原因可能有很多因素，通过对这些因素进行全面系统地观察和分析，可以找出其因果关系。因果图就是这样一种简单易行的方法。该图在诞生之时主要是用于质量分析，分析质量特性与影响质量特性的可能原因之间因果关系的一种工具，它是通过把握现状、分析原因、寻找措施来促进问题的解决。由于因果图比较实用有效，所以在其他领域也得到了广泛的应用。

　　绘制因果图时一般是从特性沿主骨向左推原因，再列出影响结果的主要原因作为大骨用方框框上，依次列出影响大骨的原因，即第二层原因作为中骨；用小骨列出第三层原因，以此类推，直至具体的原因。将所有可能的因素列出之后，根据对质量特性影响的重要程度，将认为有显著影响的重要因素标出来，再通过制定措施，各个击破，解决问题。

绘制因果图时，可以用逻辑推理的方法，从结果到主骨、大骨、中骨、小骨之间是按逻辑推理法完成的，即是从大到小的过程；也可以利用发散思维的方法，将各种原因找出，再经过归纳整理从小骨到中骨、大骨的过程，即是从小到大先发散后归纳的过程。以上两种方法有时可以结合起来使用。

绘制因果图时要注意两个问题：

① 确定原因，应尽可能具体：不具体，没法采取措施，如果分析出的原因不能采取措施，问题就不能得到解决，这种分析意义不大。

② 几个问题，就要绘几张图：一张图上若同时绘制若干问题，往往会使问题复杂化，无法管理。所以最好是一个问题一张图。

 范例 7-8 某药品生产企业片剂车间产品因果图分析方法示例

某片剂车间生产的去痛片的片子硬度不够，经检查是因为水分过大。试分析原因并制定解决办法。

▶ 技能点 ◀
因果图应用

为简化问题，预先设置的前提是：该产品是该企业的老品种，以前的生产工艺稳定，检测方法无异议，检测仪器正常，生产环境都在规定的范围内，这次的原料是同一厂家，但是新的批次。

一是根据问题"硬度不够"，已知水分过大是原因，以此作大骨，展开因果图的绘制。

二是根据预先设置的前提，可取人、机、料、法、测、环六大类别中的前三项——人、机、料作大骨。

三是分析各大骨中与水分问题有关的因素，逐一列出，绘出中骨。

四是再对各中骨因素进一步分析，看是否还有各自的成因，绘出小骨，如原料中的水分过高、新批次原料等。绘制出"去痛片水分超标因果分析图"（见图 7-12）。

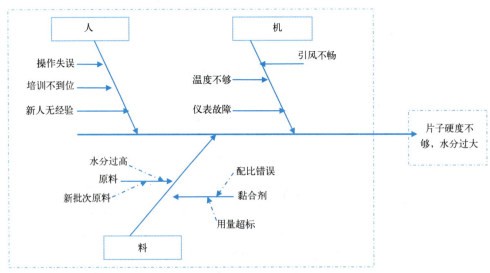

图 7-12 去痛片水分超标因果分析图

五是图绘制完成后，要对各因素逐一进行分析。因果图中所有的因素与结果不一定都是紧密相关的，经分析后，将对结果有显著影响的因素标记出来，进行分析解决。

经分析，是由于干燥设备上温度仪表出现了故障，操作人员经验又不足，对出现的异常现象没有意识到而造成的。解决的办法是：修仪表，培训人员。

以上是最简单的分析事例，采用的是逻辑推理的方法。在实际生产中，出现的问题往往会非常复杂，可能先采用逻辑推理的方法，然后再用发散思维的方法进行补充。就是将一切可能存在的因素都列出，做到重要的因素不能遗漏；同时一定要细致，最后要能用措施解决问题。

2. 排列图

排列图也叫帕雷特图，是由美国的朱兰博士以意大利经济学家帕雷特（V. Pareto）命名的分析法。朱兰博士认为，在许多情况下，多数不合格及其引起的损失是由相对少数的原因引起的，并将质量问题分为"关键的少数"和"次要的多数"。因此，一旦明确了"关键的少数"，就可以消除原因，避免由此所引起的大量损失，且可达到事半功倍的效果。排列图即是依据此原理产生的。

排列图是将发生频次从最高到最低的项目从左向右依次进行排列而采用的简单图示技术，通过区分排列，找出关键的少数，以最少的努力获取最佳的效果。

方法是：先收集不合格项的数据，列入不合格调查表，再填入排列图数据表，根据数据制排列图。根据图上显示，找出关键的少数，并制定解决措施。

📝 **范例 7-9　某药品生产企业应用排列图进行风险管理示例**

某企业生产的小容量注射剂灯检工序，抽检一批（1000 支）药品，检出的不合格品的不合格项有多种，经统计，不合格品总计有 200 支，经过收集整理列入排列图数据表中（见表 7-34）。

▶ **技能点** ◀

排列图应用

表 7-34　排列图数据表

不合格类型	不合格数/支	累计不合格/支	比率/%	累计比率/%
玻璃屑	104	104	52	52
碳化点	42	146	21	73
纤维毛	20	166	10	83
装量	10	176	5	88
黑点	6	182	3	91
泡头	4	186	2	93
其他	14	200	7	100
合计	200		100	

按表做排列图"不合格项目排列图"（见图 7-13），找出关键的少数。

通过本排列图可知，关键的少数是玻璃屑，占总不合格数的半数以上。本次就将解决问题的重点放在减少玻璃屑上，待这一问题得到解决之后再重复进行不合格项的排列图，依次找出关键的少数，直至总的不合格率达到可接受的程度为止。

排列图与因果图配合使用效果更好，先用因果图找出产生问题的原因，然后将各原因用排列图列出，从排列图中找出"关键的少数"。

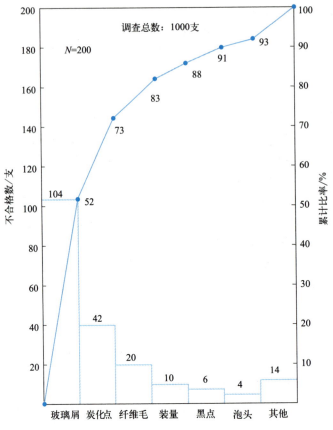

图 7-13　不合格项目排列图

3. 危害分析和关键控制点

危害分析和关键控制点（HACCP）是 ICH Q9 中推荐的一个系统地保证产品质量可靠性和安全性的主动预防性方法。它使用技术和科学原理去分析、评估、预防和控制风险或是由于产品的设计、开发、生产和使用所产生危害的后果。该工具的应用需基于对过程或产品有深刻的理解，有助于监控生产过程中的关键点。

HACCP 分析流程共有 7 步：

① 列出过程每一步的潜在危害，进行危害分析和控制；

② 确定主要控制点（CCP）；

③ 对主要控制点建立可接受限度；

④ 对主要控制点建立监测系统；

⑤ 确定出现偏差时的正确行动；

⑥ 建立系统以确定 HACCP 被有效执行；

⑦ 确定所建立的系统被持续维持。

HACCP 用于产品的物理、化学性质等危害分析，只有对产品及过程有全面的了解和认识时方可正确地确定控制点，其输出结果可推广用于不同的产品生命周期阶段。

HACCP 也可以用来确定和管理与物理、化学和生物学危害源（包括微生物污染）有关的风险。当对产品和工艺的理解足够深刻、足以支持关键控制点的设定时，HACCP 是最有效的。

一、名词解释

1. 留样　　2. 偏差　　　3. 纠正措施　　　4. 预防措施

5. 放行　　6. 药物警戒活动

二、单项选择

1. 用于持续稳定性考察的设备应经过（　　）。

　　A. 维修和保养　　　　　　　B. 确认和维护

　　C. 验证和校准　　　　　　　D. 确认和校准

2. 质量控制实验室的文件包括（　　）。

　　A. 取样操作规程和检验报告　　B. 检验记录

　　C. 必要的检验方法验证报告和记录　D. 以上都是

3. 发现或怀疑某批药品存在缺陷，应当考虑检查（　　）。

　　A. 其他批次的药品　　　　　B. 稳定性考察样品

　　C. 成品留样　　　　　　　　D. 原辅料留样

4. 高风险项目要采用何种方式预测。（　　）

　　A. 回顾式　　　　　　　　　B. 统计式

　　C. 前瞻式　　　　　　　　　D. 低频次

5. 每批药品的留样数量一般至少应当能够确保按照注册批准的质量标准完成多少次全检（无菌检查和热原检查等除外）。（　　）

　　A. 1 次　　　　　　　　　　B. 2 次

　　C. 3 次　　　　　　　　　　D. 4 次

6. 用于中药注射剂生产的中药材或中药饮片的留样，应当保存至使用该批中药材或中药饮片生产的最后一批制剂产品放行后（　　）。

　　A. 半年　　　　　　　　　　B. 2 年

　　C. 1 年　　　　　　　　　　D. 3 个月

7. 《药物警戒质量管理规范》简称为（　　）。

　　A. GMP　　　　　　　　　　B. GVP

　　C. GSP　　　　　　　　　　D. GAP

8. 留样应当按照注册批准的储存条件至少保存至药品有效期后（　　）。

　　A. 1 年　　　　　　　　　　B. 2 年

　　C. 3 年　　　　　　　　　　D. 4 年

9. 按照规定的方法对原辅料、包装材料、中间产品、待包装产品和成品取样的人员是（　　）。

　　A. 库房管理员　　　　　　　B. QC 检验员

　　C. 质量保证员　　　　　　　D. 经授权的人员

10. 质量风险管理过程所采用的方法、措施、形式及形成的文件应当与（　　）相适应。

　　A. 风险的频次　　　　　　　B. 风险的可能性

C. 风险的级别　　　　　　　　D. 风险的严重性

三、多项选择

1. 下列哪些情况，应当进行持续稳定性考察。（　　　）

    A. 重大变更　　　　　　　　B. 返工

    C. 重新加工　　　　　　　　D. 回收

2. 风险管理的程序包括（　　　）。

    A. 风险识别　　　　　　　　B. 风险量化

    C. 应对计划　　　　　　　　D. 风险监控

3. 已取样的容器应当贴有标签，标签的内容应包括（　　　）。

    A. 样品名称　　　　　　　　B. 批号

    C. 取样日期　　　　　　　　D. 取自哪一包装容器

4. 实施质量风险管理的作用包括（　　　）。

    A. 可以对可能发生的失败有更好的计划和对策

    B. 便于对生产过程、管理过程有更多的了解，有效地识别关键参数

    C. 可以提高管理者决策的正确性和准确性

    D. 可以实现资源的合理配置

5. 以下哪些需要进行风险评估。（　　　）

    A. 验证的范围和程度　　　　B. 变更

    C. 质量体系有效性　　　　　D. 质量保证系统的适用性

四、简答题

1. GMP 对质量控制实验室的要求是什么？

2. 生产偏差的处理程序包括哪些环节？

3. 药品质量风险的来源有哪些？

    1. 某药品生产企业质量控制实验室检测某产品含量结果超标，简要说明应从哪些方面进行实验室调查。试绘制因果分析图。

    2. 为某药品生产企业制定产品质量回顾的简要工作流程。

    3. 某药品生产企业片剂产品对乙酰氨基酚片的原料药供应商经常不能保证及时供应该原料药，采购部已经初步调研了另一家对乙酰氨基酚原料药供应商，并发起了原料药供应商变更申请，简述在变更正式实施前该企业应完成哪些工作。

温故知新7

实 训 项 目 八

原辅料、成品取样

一、实训目的

1. 掌握 GMP 对原辅料、成品取样的相关规定。

2. 学会原辅料、成品的取样方法。

3. 培养科学、严谨、认真的工作作风，以及互相协调、配合的职业素养。

二、实训内容

1. 原辅料取样操作。

2. 成品取样操作。

三、实训步骤

1. 实训指导

（1）取样应遵守企业制定的《取样管理规程》和《取样操作规程》。

（2）取样员应在企业规定时限内到规定地点在取样间内取样。取样前确认取样环境的温度、湿度及洁净度是否符合要求。

（3）取样员在开启物料包装前核对物料名称、批号、数量，检查包装应完整、清洁，无水迹、霉变等异常情况，如有异常应单独取样。

（4）液体物料摇匀后取样。光敏性药品用棕色瓶装，必要时加套黑纸；腐蚀性物料避免用金属取样工具取样；毒剧性药品两人取样，并佩戴防护用具。

（5）一批物料的品名、批号、包装、生产厂家相同时，可作一个取样单位，否则需要分别取样。

（6）原料药取样

① 固体原料药在取样间用洁净的不锈钢勺或不锈钢探子，在每一包件不同部位取样。样品放在具有封口装置的无毒塑料取样袋内，封口，做好样品标识。

② 液体原料药在取样间用洁净的玻璃吸管取样，放在洁净的具塞玻璃瓶中，密塞，做好样品标识。

③ 原料、辅料需检验微生物限度的样品，用已灭菌的取样器在每一包件的不同部位按无菌操作法取样，样品放在已灭菌的容器内，封口，做好样品标识。

（7）成品取样

① 成品入库前，生产车间填写成品请验单送交质量管理部门。由车间现场质量监控员取样，或由化验室专人到成品存放地或外包装岗位，按批取样。

② 核对请验单内容与成品标签内容，无误后取样。每批成品在不同的包装内抽取一定的小包装，总量供三次全项检验和留样。

（8）取样结束，在已取样的内包装材料上及时贴"取样证"，将外包装重新密封，挂上取样证后送回原处。

（9）取样器具按相应的清洗标准操作规程清洗后定置存放。品种、规格不同的物料取样器具应分开，避免污染。

（10）检验剩余样品不能返回原包装，作留样样品保管。

（11）留样由专人负责，具有一定的专业知识，熟悉样品的性质和储存方法。

2. 设计《请验通知单》、取样证、取样记录和留样记录。

3. 选择取样及留样所需的器具、容器。

4. 确定取样量：根据请验单的品名、规格、数量计算取样样本数、取样量。

5. 原辅料取样、成品取样。

四、实训组织

1. 教师创设情境，布置任务。

2. 班级学生分组，每组 3～5 人，阅读范例 7-1 和范例 7-2，观看二维码视频《取样与样品管理》。每人填写《请验通知单》依次交给组内下一位同学，扮演取样员练习原辅料和成品取样操作。

3. 填写取样记录和留样记录。

4. 组长归纳本组学生取样与留样操作训练的收获和存在的问题，在班级进行发言讨论。

5. 教师答疑，总结。

五、实训报告

1. 设计并填写《请验通知单》、取样证、取样记录和留样记录。

2. 总结本次实训的收获与不足。

学习评价

职业核心能力与思政素质测评表

（在□中打√，A良好，B一般，C较差）

职业核心能力与思政素质	评价标准	评价结果
自我学习	1. 有学习计划 2. 关注相关课程知识的关联 3. 有适合自己的学习方式和方法	□A □B □C □A □B □C □A □B □C
交流合作	1. 会选择交流的时机、方式 2. 能把握交流的主题 3. 善于寻找和把握合作的契机	□A □B □C □A □B □C □A □B □C
信息处理	1. 有多种获取药品不良反应信息的方法 2. 会进行信息的梳理、筛选、分析 3. 能使用多媒体手段展示信息	□A □B □C □A □B □C □A □B □C
解决问题	1. 能纵观全局，抓住问题的关键 2. 能做出解决问题的方案，并组织实施 3. 分析问题解决的效果，及时改进不足之处	□A □B □C □A □B □C □A □B □C
革新创新	1. 关注药品生产质量管理的新技术、新方法 2. 能提出创新的想法和见解 3. 改进方案实施效果好	□A □B □C □A □B □C □A □B □C
思政素质	1. 把人民群众的生命安全和身体健康放在第一位 2. 切实履行责任，对待工作尽职尽责 3. 精细周密，一丝不苟做好每一项工作	□A □B □C □A □B □C □A □B □C

专业能力测评表

（在□中打√，A具备，B基本具备，C未具备）

专业能力	评价标准	评价结果
质量控制实验室管理	1. 合理配置和使用检验仪器 2. 能进行取样并对样品进行管理 3. 能进行留样操作并对留样进行管理	□A □B □C □A □B □C □A □B □C
变更控制	1. 能判断变更类型 2. 能实施变更 3. 能对变更效果进行评估	□A □B □C □A □B □C □A □B □C
偏差处理	1. 能辨识偏差类型 2. 熟悉生产偏差处理程序 3. 能初步制定纠正预防措施	□A □B □C □A □B □C □A □B □C
产品质量回顾	1. 熟悉产品质量回顾的内容 2. 能进行产品信息数据收集 3. 能对收集的信息数据进行初步分析	□A □B □C □A □B □C □A □B □C
质量风险管理	1. 理解风险及风险管理的含义 2. 熟悉药品质量风险的来源 3. 能运用因果图或排列图进行产品风险管理	□A □B □C □A □B □C □A □B □C

项目八
确认和验证

【知识点】确认的定义及范围、验证的定义及范围、前验证、同步验证、再验证、工艺验证、清洁验证、计算机化系统验证。

【技能点】辨识确认的类型、辨识适用前验证的情形、辨识适用同步验证的情形、辨识适用再验证的情形、辨识验证目的、认知工艺验证、解读验证方案。

【职业能力目标】

专业能力：制定验证方案，实施前验证、同步验证、再验证，撰写验证小结。

职业核心能力：自我学习，交流合作，信息处理，解决问题。

【思政素质目标】实事求是，守正创新，行稳致远。

开宗明义8

学习导航

　　验证是通过一系列的方法和手段证明企业整个生产管理体系及生产环节"为什么"能生产出合格产品的一个基本保证，是避免生产风险、减小管理偏差的有效措施。本章内容会带你了解确认和验证的方式、程序及管理要求，知道怎样运用科学的方式方法确认产品的工艺操作、设备操作及管理方法是否切实可行，以符合GMP要求。

引 例

　　2018年7月15日，国家食品药品监督管理总局通过官方网站发布通告称，国家药监局发现长春长生冻干人用狂犬病疫苗生产存在严重违反《药品生产质量管理规范》行为。此次违规问题主要出在狂犬病疫苗生产过程中的"小罐发酵"环节。如果按照GMP规定，需要用一定规格的发酵罐进行细胞发酵，但为了提高产量，企业违规使用了较大规格的发酵罐进行。经查明，企业存在编造生产记录和产品检验记录，随意变更工艺参数和设备等问题。上述行为均严重违反了《中华人民共和国药品管理法》《药品生产质量管理规范》等有关规定，国家药监局和吉林省药监局分别对长春长生公司作出多项行政处罚，罚没款共计91亿元，吊销其《药品生产许可证》。对涉案的直接负责的主管人员和其他直接责任人作出依法不得从事药品生产经营活动的行政处罚。药品生产过程中任意更改已经验证和确认过的参数和设备，会导致难以预料的后果。

药厂的运行必须以质量保证体系为手段，任何一个关系到药品质量的生产行为，都必须有一套完整的验证方案和验证手段。验证是保证药品在生产过程中能达到生产预期的一个基本保证，验证是动态的，随生产过程、生产设备的改变加以科学地修正，以确保验证的有效性和真实性。验证之前要对所采用的验证方案及验证方法进行科学的风险评估，并把评估内容及评估结果存档备查，便于在生产过程中对已验证状态是否发生了漂移作出事后评估，更有利于细化和完善验证工作的不足，使所做的验证过程都经得起历史的推敲和检验。

验证除了对产品的质量指标进行考察外，新建药厂必须要经过厂房、设施、设备的运行参数、工艺条件、物料标准、操作及管理规程等各个方面的验证才可投入运行，否则就不能够保证生产的产品质量的均一性。对于生产多年的老药厂也要对已获得的各种数据资料进行回顾检查，对关键的工艺做适当的再验证，进一步确认旧的生产过程及生产工艺是否发生了漂移，以便及时纠偏，否则就容易使车间的生产处于失控状态。

验证的目的就是以真实数据证实程序、生产过程、设备、物料、活动或系统能否达到标准和预定目标。也就是通过一系列的证据证明生产所需要的厂房、设施、设备等在生产过程中能满足生产的要求、达到生产预期的结果，并且不对药品产生污染；通过一系列的证据证明所设计的工艺、规程、检验方法能够持续地生产出符合预期的质量标准和质量属性的产品。

单元一　确认

重点与难点
确认的定义、
范围和类型

确认是证明厂房、设施、设备能正确运行并可达到预期结果的一系列活动。

确认主要针对厂房、设施、设备和检验仪器。其中厂房和设施主要指药品生产所需的建筑物以及与工艺配套的空调系统、纯化水及注射用水处理系统、压缩空气等公用工程；生产、包装、清洁、灭菌所用的设备以及用于质量控制（包括用于中间过程控制）的检测设备、分析仪器等也都是确认的考察对象。

确认包括设计确认（DQ）、安装确认（IQ）、运行确认（OQ）和性能确认（PQ）。厂房、设施、设备等的生命周期包含设计、采购、施工、测试、操作、维护、变更以及退役，而确认工作应贯穿生命周期的全过程，确保生命周期中的所有步骤始终处于一种受控的状态。确认与生命周期的对应关系见图 8-1。

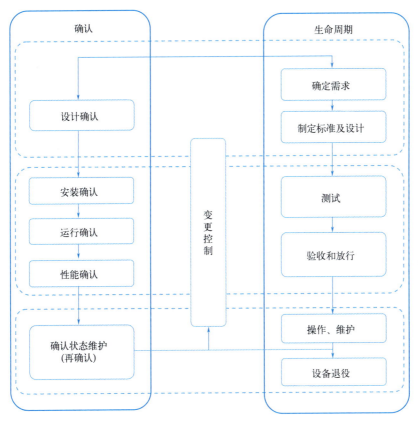

图 8-1　确认与生命周期的对应关系

▶ 注　意 ◀

确认中的测试项目、范围和程度由风险分析而定。当发生变更时，应执行变更管理程序并通过风险评估确定是否需要进行再确认。

一、用户需求说明文件

用户需求说明文件是从用户角度对厂房、设施、设备或其他系统提出的要求及期望。需求的程度和细节应与风险、复杂程度相匹配，对待设计的厂房、设施、设备等应考虑以下内容：

① 法规方面的要求（GMP 要求、环保要求等）；

② 安装方面的要求和限制（尺寸、材质、动力类型、洁净级别等）；

③ 功能方面的要求（通常由供应商提供）；

④ 文件方面的要求（供应商应提供的文件及格式要求，如图纸、维护计划、使用说明、备件清单等）。

二、设计确认

设计确认指为确认设施、系统和设备的设计方案符合期望目标所作的各种查证及文件记录。

设计确认目的是确保设计符合用户所提出的各方面需求，经过批准的设计确认是后续确认活动（如安装确认、运行确认、性能确认）的基础。

▶ 技能点 ◀
辨识确认的类型

三、安装确认

安装确认是为确认安装或改造后的设施、系统和设备符合已批准的设计及制造商建议所作的各种查证及文件记录。

新的或改造的厂房、设施、设备需进行安装确认。企业应当根据用户需求和设计确认中的技术要求对厂房、设施、设备进行验收并记录。

1. 安装确认的内容

① 根据最新的工程图纸和技术要求，检查设备、管道、公用设施和仪器的安装是否符合设计标准；

② 收集及整理（归档）由供应商提供的操作指南、维护保养手册；

③ 相应的仪器仪表应进行必要的校准。

2. 安装确认的检查项目（见表 8-1）

表 8-1　安装确认的检查项目

检查项目	检查内容及方法
到货完整性	1. 将到货的实物与订单、发货单、设计确认文件等进行对比 2. 检查设计确认文件中所规定的文件(如操作说明、备件清单、图纸等)是否齐全
材质和表面	1. 检查直接接触产品的设备材质类型和表面的光滑程度 2. 检查可能对产品质量产生影响的其他物质(如润滑剂、冷却剂等)
安装和连接情况	1. 对照图纸检查安装情况(机械安装、电器安装、控制回路等) 2. 加工情况(如焊接、排空能力、管路斜度、盲管等) 3. 设备等的标识(内部设备编号的标识、管路标识等) 4. 检查设备设施等与动力系统(如供电)的连接情况 5. 检查设备设施等与公用设施(如压缩空气系统、冷水系统等)的连接情况
初始清洁	1. 去除设备本体的灰尘、脏污,复原设备基本功能,使设备恢复到最初的状态 2. 制定初始清洁的操作要求,梳理清洁的内容、注意事项和清洁接受标准 3. 实施初始清洁并记录清洁的操作过程 4. 对清洁过程采用合适方法进行检查,确认达到预期的清洁效果
校准	1. 对厂房、设备、设施等的控制或测量用的仪表等进行校准需求的评估 2. 对需校准的仪表等建立校准方法,完成初始校准
文件	1. 收集及整理(归档)由供应商提供的操作指导、维护方面的要求 2. 建立设备设施等的工作日志 3. 技术图纸等的审核(确认为最新状态)

四、运行确认

运行确认是为确认已安装或改造后的设施、系统和设备能在预期的范围内正常运行而作的试车、查证及文件记录。运行确认应在安装确认完成之后进行。企业应当证明厂房、设施、设备的运行符合设计标准。运行确认应根据设施、设备的设计标准制定运行测试项目；试验/测试应在一种或一组运行条件之下进行，包括设备运行的上下限，必要时选择"最差条件"（例如最高和最低温度），而且测试应重复足够次数以确保结果可靠并且具有意义。

1. 运行确认的准备

（1）检查测量用仪器　必须确保运行确认中所使用的测量用仪器仪表等都经过校准。

（2）检查相关文件的准备情况　①操作规程：与设备设施操作、清洁相关的操作规程应在运行确认过程中进行完善和修改并在运行确认结束之前完成；②预防性维护计划：新设备已加入企业预防性维护计划中；③校准计划；④监测计划。以上文件都应在运行确认结束前完成。

（3）培训　在运行确认结束之前，应确认相关人员的培训已经完成，其中应至少包括设备操作、维护以及安全指导方面的内容。

▶ 注　意 ◀

安装和运行确认完成并符合要求后，方可进行性能确认。在某些情况下，性能确认可与运行确认或工艺验证结合进行。

2. 运行确认的内容

运行确认主要包括的功能测试：①设备的基本功能；②系统控制方面的功能（如报警、自动控制等）；③安全方面的功能（如设备的急停开关功能、安全联锁功能等）。

五、性能确认

性能确认是为确认已安装连接的设施、系统和设备能够根据批准的生产方法和产品的技术要求有效稳定（重现性好）运行所作的试车、查证及文件记录。即通过测试设施、设备等的产出物（例如纯化水系统所生产出的纯化水、设备生产出的产品等）证明它们正确的性能。

应当根据已有的生产工艺、设施和设备的相关知识制定性能确认方案，使用生产物料、适当的替代品或者模拟产品来进行试验/测试，测试应包含"最差条件"，例如在设备最高速度运行时测试、在灭菌设备的可能最冷点的测试。

六、再确认

厂房、设施、设备等的初次确认完成之后，应对它们的确认状态进行维护。在没有发生较大的变更的情况下，可以通过对维护、校准、工作日志、偏差、变更等的定期回顾确保厂房、设施、设备等的确认状态。这种周期性的回顾可视为再确认。

当发生改造、变更或反复出现故障时，需通过风险评估确定是否进行再确认，以及再确认的范围和程度。

设备确认
管理

单元二　验证

▶重点与难点◀

验证的定义、类型、适用范围

验证是证明任何操作规程（或方法）、生产工艺或系统能达到预期结果的一系列活动。

验证主要考察生产工艺、操作规程、检验方法和清洁方法等。目前制药行业通常认为计算机化系统也属于验证的范畴。

针对验证对象不同，验证类型见表 8-2。本书重点介绍工艺验证、清洁验证和计算机化系统验证。

表 8-2 验证类型

验证对象	验证类型
生产工艺	工艺验证
清洁程序	清洁验证
分析方法	分析方法验证
计算机化系统	计算机化系统验证
物料和产品运输	运输确认

▶ 技能点 ◀

认知工艺验证

一、工艺验证

工艺验证是为证明工艺在设定参数范围内能有效稳定地运行并生产出符合预定质量标准和质量特性药品的验证活动。

1. 工艺验证前应当确认完成的工作

① 厂房、设施、设备经过确认并符合要求，分析方法经过验证或确认；

② 日常生产操作人员应当参与工艺验证批次生产，并经过适当的培训；

③ 用于工艺验证批次生产的关键物料应当由批准的供应商提供，否则需评估可能存在的风险。

2. 工艺验证方案包括的内容

① 工艺的简短描述（包括批量等），工艺验证批的批量应当与预定的商业批的批量一致；

② 关键质量属性的概述及可接受限度；

③ 关键工艺参数的概述及其范围；

④ 应当进行验证的其他质量属性和工艺参数的概述；

⑤ 所要使用的主要设备、设施清单及其校准状态；

⑥ 成品放行的质量标准；

⑦ 相应的检验方法清单；

⑧ 中间控制参数及其范围；

⑨ 拟进行的额外试验，以及测试项目的可接受标准和已验证的用于测试的分析方法；

⑩ 取样方法及计划；

⑪ 记录和评估结果的方法（包括偏差处理）；

⑫ 职能部门和职责；

⑬ 建议的时间进度表。

3. 工艺验证的类型

工艺验证通常可以按照以下三种方式进行：前验证（也称为前瞻性验证或预验

证）、同步验证、回顾性验证。

（1）前验证

前验证系指在任一工艺、设备或物料等在正式使用前按照预定验证方案进行的验证。

适用情况：针对新的生产工艺或者当工艺发生重大变化时所进行的工艺验证，在验证成功结束之后才可以放行产品。工艺验证中所生产的产品批量应与最终上市的产品批量相同。通常，工艺验证要求进行连续三个成功批次的生产。

▶ 技能点 ◀

辨识适用前验证的情形

（2）同步验证

同步验证系指在常规生产过程中进行的验证，验证批次产品的质量符合验证方案中所有规定的要求，但未完成该产品所有工艺和质量的评价即放行上市。进行同步验证的决定必须合理、有文件记录并且经过质量管理负责人批准。

适用情况：由于需求很小而不常生产的产品，如用来治疗罕见疾病的药物或每年生产少于 3 批的产品；生产量很小的产品，如放射性药品。

▶ 技能点 ◀

辨识适用同步验证的情形

（3）回顾性验证

有些历史遗留的产品未进行工艺验证。这些工艺过程在满足规定条件时可以通过对历史数据回顾的方式进行回顾性验证。一般情况下，这种类型的验证不建议使用。

4. 生产工艺的再验证

再验证系指某一工艺、设备或物料等经过验证并在使用一段时间后进行的，旨在证实已验证状态没有发生漂移而进行的重新验证。

生产工艺的再验证主要为以下两种情况：

① 可能再验证　当发生可能影响产品质量的变更或出现异常情况时，应通过风险评估确定是否需要进行再验证以及确定再验证的范围和程度。

② 周期性再验证　生产工艺在完成首次验证之后，应定期进行再验证以确定它们仍保持验证状态并仍能满足要求，再验证的频率可以由企业根据产品、剂型等因素自行制定。

▶ 技能点 ◀

辨识适用再验证的情形

> ⊙ **拓展方舟**
>
> 持续工艺确认
>
> 持续工艺确认是在产品生命周期中，对商业化生产的产品质量进行监控和趋势分析，以确保工艺和产品质量始终处于受控状态的确认。在产品生命周期中，考虑到对工艺的理解和工艺性能控制水平的变化，应当对持续工艺确认的范围和频率进行周期性的审核和调整。
>
> 持续工艺确认应当按照批准的文件进行，并根据获得的结果形成相应的报告。必要时，应当使用统计工具进行数据分析，以确认工艺处于受控状态。

二、清洁验证

清洁验证是考虑到多种因素，如批量、剂量、毒性、设备大小，确立清洁程序能将残留降低到可接受水平的有文件和记录的相关活动。

1. 清洁验证的内容

① 验证设备清洁后的残留物浓度小于可接受标准；

② 确认设备生产结束至开始清洁的最长时间；已清洁设备用于下次生产前的最长存放时间；

③ 连续生产的最长时间。

2. 清洁验证的一般要求

① 在清洁验证中应至少执行连续 3 个成功的清洁循环；

② 共用设备的清洁验证要基于活性成分的药理毒理或基于健康的暴露限度等信息确定合理的限度；

③ 专用设备的清洁验证可以不考察活性成分，但必须考虑清洁剂残留以及潜在的微生物污染等因素，对于一些特殊的产品，还应考察降解产物；

④ 对于没有与药物成分接触的设备（如加工辅料用的流化床或包衣片所使用的包装设备），清洁验证可以不考察活性成分，但必须考虑清洁剂残留及微生物污染等因素。

3. 清洁验证的测试项目

测试项目应根据产品的类型通过风险分析而定，通常需考虑的内容：①目测检查；②活性成分残留；③清洁剂残留；④微生物污染；⑤内毒素残留；⑥难清洁并可能对后续产品造成不良影响的辅料（如色素或香料）。

三、计算机化系统验证

计算机系统是由硬件、系统软件以及相关外围设备组成的，可执行某一功能或一组功能的体系。计算机化系统指受控系统、计算机控制系统以及人机接口的组合体，由硬件、软件和网络以及受控功能与相关文档组成。两者关系见图 8-2。

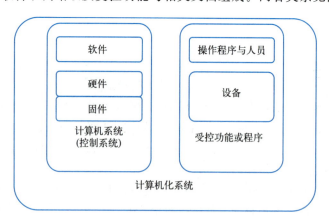

图 8-2　计算机系统与计算机化系统关系图

计算机化系统验证是指证明计算机化系统能够达到预期结果的一系列活动。该验证包括应用程序的验证和基础架构的确认，其范围与程度应当基于科学的风险评估。风险评估应当充分考虑计算机化系统的使用范围和用途。

计算机化系统验证可借助工艺验证的概念来定义和理解。工艺验证中的"工艺"相当于计算机的"输入"过程和"内部处理"过程（软件）；工艺中用到的设备相当于计算机的主机、外围设备（硬件）及其相关的生产设备或质量控制设备；工艺的"产品"相当于计算机的"输出"或对另一设备的控制等。

计算机化系统的验证，适用于制药企业被确定为与 GMP 相关的计算机系统。所谓"GMP 相关"指的是用于控制生产过程，或处理过程与产品制造、质量控制及质量保证相关的数据的系统，如实验室用系统、库存管理系统、生产过程或控制系统、统计分析系统、报表系统等。

计算机化系统验证的主要工作是通过审计、审核和控制过程的正确性，使过程有完整的文件记载，所有的结果由专人审核和审批，保证系统在安装和使用前得到控制。在确认阶段要完成软件编制与硬件安装并进行系统的安装确认，在验证阶段要完成数据验证、系统验证和工艺验证。计算机化系统验证专业性较强，需经过专业培训人员才能胜任这项工作。

> ◎ **文化与素养**
>
> 扁鹊论医
>
> 　　魏文王问名医扁鹊说："你们家兄弟三人，都精于医术，到底哪一位医术最好呢？"扁鹊答说："长兄最好，中兄次之，我最差。"文王吃惊地问："你的名气最大，为何长兄医术最高呢？"扁鹊惭愧地说："我扁鹊治病，是治病于病情严重之时。一般人都看到我在经脉上穿针管来放血、在皮肤上敷药等治疗，所以以为我的医术高明，名气因此响遍全国。我中兄治病，是治病于病情初起之时。一般人以为他只能治轻微的小病，所以他的名气只及于本乡里。而我长兄治病，是治病于病情发作之前。由于一般人不知道他事先能铲除病因，所以觉得他水平一般，但在医学专家看来他水平最高。"
>
> 　　【启示】以上的"病"可以理解为"质量事故"。能将质量事故在"病"情发作之前就进行消除，才是"善之善者也"。预防质量事故，要从"小病"做起，也就是要防患于未然。事后控制不如事中控制，事中控制不如事前控制。确认和验证强调事前、事中、事后的全面质量控制，有助于提高产品质量，是科学的管理方式。

单元三　验证管理

制药企业内部的验证基本程序为：提出验证要求、建立验证组织、制定验证总计划、制定验证方案、审批验证方案、组织实施、撰写验证报告、审批验证报告、验证文件管理。

▶**重点与难点**
制定验证方案

一、提出验证要求

验证要求可以由质量管理部门或质量管理部门领导下的项目验证小组以书面方

式提出并传达到相关部门，讨论、落实验证的方法和时间。验证要求的提出主要是针对产品生产的关键环节、重点工序，只要是能影响到产品质量的环节都有必要提出验证要求，如液体制剂的配料工序、灌装工序、灭菌工序等。验证要求应包括验证对象、验证的原因、验证要达到的预期目的。

▶ 技能点 ◀
辨识验证目的

对新产品提出验证要求的目的主要是考察新产品工艺的稳定性，并对新工艺的质量风险进行评估，确保生产的药品有效、可靠；对生产一个阶段的产品也要提出验证要求，目的是检验生产过程中的工艺规程及操作手段是否发生漂移，以便及时纠正，防止质量事故的发生；对药品检验方法提出验证要求，主要目的是确认药品检验方法是否科学、合理，能否反应药品真实的内在质量；对计算机化系统提出验证要求，目的是确认计算机化系统工作是否正常、计算是否准确无误。

二、建立验证组织

验证程序

完整健全的验证组织有两种形式：一种是常设机构；一种是兼职机构。也可根据不同验证对象，分别建立由各有关部门组成的验证小组。常设机构由质量负责人和各部门负责人联合组成。涉及哪个项目验证，就要组成由项目负责人负责的项目验证部。项目验证部是一个临时机构，可以随着项目验证的结束而解散。验证组织见图8-3，该组织机构的主要职责是：①负责验证管理的日常工作；②规程的制定及修订；③年度计划的制定及监督；④验证方案的制定和监督实施；⑤验证文档管理。

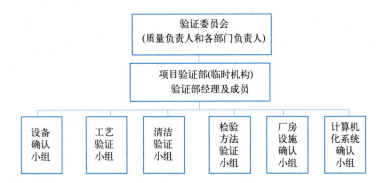

图 8-3　验证组织示意图

三、制定验证总计划

确认与验证应贯穿于产品生命周期的全过程，确认与验证是一个细致而又繁杂的工作，所有的确认与验证活动都应当事先计划，其关键要素都应在验证总计划或同类文件中详细说明。对于大型和复杂的项目，可制定单独的项目验证总计划。

每个企业必须有验证总计划，该文件是指导企业进行验证的纲领性文件，企业的最高领导层和质量负责人需批准该文件，而且该文件必须定期更新，以反映企业的最新的验证状况。验证总计划至少包含以下信息：

① 确认与验证必须遵循的指导方针与指南；

② 确认与验证活动的组织机构，详细说明在验证活动中相关部门的职责；

③ 待确认或验证项目的概述；

④ 确认或验证方案、报告的基本要求；

⑤ 总体计划和日程安排；

⑥ 在确认与验证中偏差处理和变更控制的管理；

⑦ 保持持续验证状态的策略，包括必要的再确认和再验证；

⑧ 所引用的文件、文献。

四、制定验证方案

确认与验证方案是阐述一项验证中即将举行相关的活动的文件，详细阐述所要实施的确认和验证的内容和要求。

验证方案的起草是设计检查及试验方案的过程，是实施验证的工作依据，也是重要的技术标准。验证的每个阶段都应有各自的验证方案。

1. 验证方案制定方式

（1）合作商提供验证方案　由于有些设备、设施及检测仪器的功能和结构比较复杂，企业需要邀请厂家协助制定验证方案草案，草案经过验证委员会讨论、修订，使其符合本厂实际并经验证委员会批准后，即成为可以执行的验证方案。

▶ 议一议 ◀
验证方案为什么遵循"谁用谁起草"的原则

（2）企业制定验证方案　对于工艺性、检验性、清洁消毒类及规程类验证方案应当由企业内部起草。验证方案遵循"谁用谁起草"的原则，如生产设备由生产车间起草，公用工程由工程部人员起草，检验方法由质控人员起草等。因此验证文件的作者通常为验证对象的使用者，批准人通常包括技术批准人和质量负责人，并且最后应该由质量负责人进行最终批准。技术批准人主要从技术角度保证验证对象的可用性，质量批准人需要确保文件的内容和验证对象必须符合法规和企业的要求。验证方案只有经过批准后才能执行。方案的任何变更应该在变更实施前经过批准。

2. 验证方案内容

包括验证小组成员及职责、验证目的、验证范围、流程/过程/内容、相关文件、偏差及变更、附录。此外，还应包括验证过程中记录和审批所需的各种表格。所有的验证方案都应使得所验证的系统或产品能稳定地再现预定的质量要求。

五、审批验证方案

书面的验证方案在正式实施以前必须经过审查、分析和批准。GMP 要求"谁监管，谁审核""谁负责，谁批准"，在审查时，首先要审查验证方案内容的完整性，是否达到预期要求。另外要审核验证方法的科学性、可靠性，认真分析通过该方案的实施是否真实地验证了生产工序的各个质量控制点在可控范围内。最后要由质量负责人再进一步按 GMP 管理的要求审核并批准通过。

▶ 注　意 ◀
生产负责人无权对任何验证方案、文件进行批准，只具备审核的资格。

例如车间的工艺验证方案，应由车间技术员负责起草，由车间主任和生产负责人审核，再交由质量负责人终审并批准通过。

六、组织实施

验证组织实施是由质量保证部牵头，分别与当次验证相关职能部门共同参与的一个过程。验证方法及步骤按验证方案进行。在组织实施中监督是关键，验证是做出来的不是写出来的，如果为了省事和应付 GMP 检查，不去实地做验证，而是用文字拼凑验证，这样就失去了验证本身存在的意义，很容易给企业的药品生产质量带来巨大的风险。

▶ 注 意 ◀
验证方案在实施过程中，有时需要补充和修改，此时可以起草一个补充性验证方案，说明修改或补充验证的具体内容及理由，由批准原验证方案的负责人审查批准后实施。

验证小组成员来自各个部门，负责与本部门有关的方案实施部分。各个部门完成本部门的验证后，再由主管部门负责汇总，形成完整的验证内容。

七、撰写验证报告

验证每个阶段的工作全部完成后，应做出阶段性验证小结，然后对各个验证小结进行汇总。最终形成相应的验证报告。验证报告应包括以下内容。

1. 简介

概述验证总结的内容和目的。

2. 系统描述

对所验证的系统进行简要描述，包括其组成、功能及在线的仪器仪表等情况。

3. 相关的验证文件

将相关的验证计划、验证方案、验证报告列一索引，以便必要时进行追溯调查。

4. 人员及职责

说明参加验证的人员及各自的职责，特别是外部资源的使用情况。

5. 验证合格的标准

验证合格的标准尽可能用数据表示，并注明标准的出处（如药典标准），以便复核。

6. 验证的实施情况

预计要进行哪些试验，实际实施情况如何，有些系统的自动控制系统作为计算机验证单列，有的则作为系统功能的组成部分在系统验证过程中完成。如包装线的验证，只需做到性能确认，不必进行产品验证。

7. 验证实施结果

各种验证试验的主要结果，尽可能列出汇总表，如以灭菌程序的验证为例，可列出各个产品灭菌程序的挑战性试验结果，共进行了多少次、标准灭菌时间、F_0值的上限与下限等。有时此项也可与"验证的实施情况"合并起来写。

8. 偏差及措施

阐述验证实施过程中所发现的偏差情况以及所采取的措施。将验证过程中观察到的各种问题及解决办法记录在案，对今后设备的维修及生产运行极为重要。那些对产品质量有直接影响的因素，应予充分注意，它们是制定常规生产操作规程的重要背景资料。验证完成后，人员工作发生了变动，临时参与验证工作的人员从事其他工作去了，而系统或设备的使用者对整个验证过程未必都很清楚，繁忙的生产实际工作往往使人难以有足够的时间再去看成堆的原始记录，因此，应当将小结作为验证的结晶，切实写好，它是使文件转化为生产力的重要途径。

9. 验证结论

明确说明被验证的对象是否通过验证并能否交付使用。

八、验证文件管理

所有的验证文件，必须按照企业文件管理规程进行管理（包括文件的生效、借阅、复印、报废等）。

验证文件的标识是验证资料具备可追溯性的重要手段，同其他质量文件一样，每一文件都必须用唯一的编号进行标识。标识的方法与标准操作规程类似，具体方法可由企业根据自己的情况决定。

行业先锋

智能化、数字化助力药企提效升级

某制药集团应用智能化、数字化技术，建立完善的制造管理体系，实现了企业的数字化管控。通过软件系统与生产设备的连接，实现车间生产计划的制订、执行、跟踪。车间通过扫条形码实现物料移动管控，由计算机代替手工称量物料，通过计算机系统管理中间过程控制和偏差，生产设备与软件系统联网，设备数据自动上传。管理系统软件的应用确保了生产数据的完整和可追溯，确保药品生产过程和质量管理全面合规。通过对生产过程中的大数据进行分析，可以进一步优化相关生产工艺和处方设计，不仅可以提高生产效率，提升资源配置，实现节能降耗，减少碳排放，也为集团与美国、欧盟、日本等国外业务拓展奠定基础。

【启示】党的二十大报告中指出，"加快发展数字经济，促进数字经济和实体经济深度融合"。该药业集团为企业数字化、智能化树立了新典范。

 范例 8-1 某药企车间大容量注射剂药液输送系统在线清洁验证

验证方案编码：YZ-XD107−01

▶ **技能点** ◀

解读清洁验证方案

车间大容量注射剂药液输送系统在线清洁验证方案

验证方案起草

部门	姓名	职务	签字	日期
一车间				

验证方案审核

部门	姓名	职务	签字	日期
生产部		部长		
质保部		部长		
生产车间		主任		
化验室		主任		

验证方案的批准

姓名	职务	签字	日期

1. 概述

一车间大容量注射剂的药液输送路线为浓配→过滤→稀配→过滤→灌装。与药液直接接触的设备、管路有浓配罐、稀配罐、药液输送管路及灌装机。

为了证实所制定的清洁程序能够有效地避免交叉污染，在进行产品工艺再验证的同时对药液输送系统清洁效果进行同步验证。

2. 验证目的

通过采用目检、化学检测和微生物检测的方法，检查按所制定的清洁 SOP 进行清洁后，可将设备及管路清洁到规定标准，证明清洁规程的可行性和可靠性。从而消除了设备及管路清洗不彻底造成对下一批次产品污染的发生，有效地保证产品质量。

3. 验证项目组成人员及职责

3.1 验证委员会

3.1.1 负责验证方案的批准。

3.1.2 负责验证的协调工作，以保证本验证方案规定项目的顺利实施。

3.1.3 负责验证数据及结果的审核。

3.1.4 负责验证报告的审批。

3.1.5 负责发放验证证书。

3.1.6 负责验证周期的确认。

3.2 质保部

3.2.1 负责制定验证方案。

3.2.2 验证的结果评价。

3.2.3 验证文件、供应商的确认。

3.2.4 现场监督保证整个验证过程按照验证计划进行。

3.2.5 负责验证文件管理。

3.3 生产部

3.3.1 负责审阅验证方案和报告。

3.3.2 负责验证的实施及协调工作。

3.3.3 培训、考核人员。

3.3.4 起草有关规程。

3.3.5 会签验证报告。

3.3.6 负责拟定验证周期。

3.3.7 负责收集各项验证、试验记录，报验证委员会。

3.4 生产车间

3.4.1 在生产部组织下，按照验证计划实施。

3.4.2 配合生产部收集验证资料，填写相应的验证记录。

3.5 化验室

3.5.1 负责验证所需样品、试剂、试液等的准备。

3.5.2 负责取样和检测，并将检测结果反馈到相关部门。

4. 验证涉及文件

▶ 点 滴 ◀

纸上得来终觉浅，绝知此事要躬行。

文件名称	文件编号	存放地点	备注
车间配制罐及管路清洁标准操作规程	SOP-A1037-00	本岗位	为复印件
注射用水质量标准	BZS-YF050-00	化验室	为复印件
注射用水检验规程	JYS-YF050-00	化验室	为复印件
细菌、霉菌(酵母菌)检查法	SOP-QC2044-00	化验室	为复印件
可见异物检查法	SOP-QC2035-00	化验室	为复印件
pH 值测定法	SOP-QC2017-00	化验室	为复印件
细菌内毒素检查法	SOP-QC2005-00	化验室	为复印件

5. 验证所需设备、材料

紫外-可见分光光度计、手控灭菌器、无菌镊子、磨口具塞锥形瓶、无菌棉签、无菌纯化水、无菌生理盐水、营养琼脂培养皿、玫瑰红钠琼脂培养皿、恒温培养箱、电热干燥箱、蒸汽灭菌器、超净工作台等。

6. 验证用检验仪器、仪表确认一览表

名称	规格型号	检定或校准单位	校准周期	校准结果
紫外-可见分光光度计	7530G	××市计量检定测试所	一年	合格
酸度计	pHS-3C	××市计量检定测试所	一年	合格
恒温培养箱	DH5000A	化验室	一年	合格
电热干燥箱	202-3A	化验室	一年	合格
手提灭菌器	YXQ-SG41-280A	化验室	一年	合格

7. 验证前准备工作

7.1 选择清洗验证的产品

本次验证的产品为葡萄糖注射液、氯化钠注射液、羟乙基淀粉 40 氯化钠注射液,主药葡萄糖、氯化钠、羟乙基淀粉 40 均易溶于水,容易清除、不易形成残留,所以只对水溶性成分(包括清洗剂)潜在残留进行验证,不考虑活性成分残留。

7.2 关键部位与最难清洁部位的确定

7.2.1 浓配罐及管路:罐壁、配制罐底部出口、脱炭过滤器排液口。

7.2.2 稀配罐(2 个)及管路:罐壁、罐底部出口。由于药液从稀配开始至灌装结束,药液长时间浸润稀配罐壁底部,因此稀配罐壁底部出液口处确定为最难清洁部位。

7.2.3 高位槽:高位槽进料口、高位槽下料口。

7.2.4 药液回流入罐口。

7.3 淋洗水取样方法

7.3.1 当清洗进行到最终淋洗将结束时,用普通取样瓶(已精洗合格的输液瓶即可)在各取样点取样各两瓶(500 毫升/瓶)淋洗水,进行可见异物、pH 值和水溶性成分(包括清洗剂)潜在残留检查。

7.3.2 用无菌取样瓶在各取样点取样(200 毫升/瓶)淋洗水,进行微生物和细菌内毒素检查。取样时注意避免取样造成的污染。

注:无菌取样瓶的制作:取 250 毫升具塞三角瓶,先用清洗液浸渍 15 分钟后,用饮用水冲洗至 pH 呈中性,用注射用水冲瓶内壁及外塞共 3 次,每次 200 毫升,之后于 250℃烘箱内烘 1

小时，冷却待用。

7.4　清洁

生产结束后按"一车间配制罐及管路清洁标准操作规程"对配液罐及药液输送系统进行清洁。

8. 验证内容和方法

8.1　辅助系统确认

8.1.1　目的：检查并确认在线清洁系统安装符合设计要求。

8.1.2　确认项目和标准要求。

确认项目	标准要求
蒸汽	蒸汽压力≥0.2兆帕斯卡
注射用水	注射用水系统已验证合格,水质达到《中国药典》标准
电源	380伏±10伏、220伏±10伏,50赫兹,有可靠接地线,电气设备的绝缘和耐压符合规定

8.1.3　确认结果：见附件1。

8.2　目检物理性外观可靠性确认

8.2.1　目的：通过目检简单鉴别设备清洗洁净度。

8.2.2　确认项目、方法及合格标准。

确认项目	确认方法	合格标准
物理性外观	在不低于150勒克斯照度的情况下目视检查设备所有清洁部位	无肉眼可见的药物残留及挂珠现象,清洁表面洁净光洁
	用洁净棉签在设备和部件的多处表面取样,用试管盛新鲜注射用水洗脱棉签后对光进行观察	应无色、无油污及肉眼可见颗粒

8.2.3　重现性实验：验证过程重复3次，确认结果见附件1。

8.3　最终淋洗水确认

8.3.1　目的：通过检测淋洗水各指标鉴别设备清洗洁净度。

8.3.2　确认项目、方法及合格标准。

确认项目	确认方法	合格标准
可见异物	目检	无任何可见异物
pH值	取最终淋洗水,用酸度计按pH值测定法测定	pH值与注射用水相同
水溶性成分(包括清洗剂)潜在残留	接收最后一次清洗用水,各取样100毫升,用紫外-可见分光光度计在波长223纳米测定	吸光度≤0.025
微生物限度	用灭菌的带盖三角瓶接取最终淋洗水200毫升,之后密封。按《中国药典》非无菌产品微生物限度检查法检测	需氧菌总数≤10cfu/100毫升
细菌内毒素	按细菌内毒素检查法检测	<0.25EU/毫升

8.3.3　重现性实验：验证过程重复3次，验证结果见附件2～附件4。

8.4　异常情况处理程序

系统性能确认过程中，应严格按照"一车间配制罐及其管路清洁标准操作规程"进行操作和判定。出现个别验证项目不符合标准规定，并且属于系统清洁过程方面的原因，必须报验证委员会，调整系统运行状况或对系统重新进行清洁处理。

9. 拟订验证周期

生产部负责根据系统清洁验证确认情况，拟订验证周期（附件5），报验证委员会审核。

10. 验证结果评定与结论

生产部负责收集各项验证、试验结果记录，验证小组根据验证、试验结果进行评价（附件6），起草验证报告（略），报验证委员会。

验证委员会负责对验证结果进行综合评审，做出验证结论，发放验证证书（略），确认清洁验证周期。对验证结果的评审应包括：

① 验证试验是否有遗漏？

② 验证实施过程中对验证方案有无修改？修改原因、依据以及是否经过批准？

③ 验证记录是否完整？

④ 验证试验结果是否符合标准要求？偏差及对偏差的说明是否合理？是否需要进一步补充试验？

附件1

大容量注射剂药液输送系统在线清洁验证结果及记录（1）

验证名称	一车间大容量注射剂药液输送系统在线清洁验证		验证方案编号	YZ-XD107-01
辅助系统确认	标准要求		确认结果	
蒸汽	蒸汽压力≥0.2兆帕斯卡			
注射用水	注射用水系统已验证合格，水质达到《中国药典》要求			
电源	380伏±10伏、220伏±10伏、50赫兹，有可靠接地线，电气设备的绝缘和耐压符合规定			
确认人：	复核人：		确认日期：	年 月 日

目检物理性外观可靠性确认				
标准	物理外观检查	无肉眼可见的药物残留及挂珠现象，清洁表面洁净光洁		
		应无色、无油污及肉眼可见颗粒		
检查项目 取样点	物理性外观			
	1	2		3
浓配罐壁				
浓配罐底部出口				
稀配罐进料口				
稀配罐壁1				
稀配罐底部出口1				
稀配罐壁2				
稀配罐底部出口2				
结果				
检验人：	复核人：		检验及报告日期：	年 月 日
结果评价及建议：				
验证小组：				年 月 日

大容量注射剂药液输送系统在线清洁验证结果及记录（2）

验证名称	一车间大容量注射剂药液输送系统 在线清洁验证		验证方案编号		YZ-XD107－01
检查项目	淋洗水理化项目		检验及报告日期		年　月　日
标准	可见异物		无任何可见异物		
	pH 值		pH 值与注射用水相同		
	水溶性成分潜在残留		吸光度≤0.025		

取样点 ＼ 检查项目	pH 值	水溶性成分潜在残留	可见异物
浓配罐壁	1：　　2：　　平均：	$A_1=$　　$A_2=$　　$\overline{A}=$	
浓配罐底部出口	1：　　2：　　平均：	$A_1=$　　$A_2=$　　$\overline{A}=$	
稀配罐进料口	1：　　2：　　平均：	$A_1=$　　$A_2=$　　$\overline{A}=$	
稀配罐壁 1	1：　　2：　　平均：	$A_1=$　　$A_2=$　　$\overline{A}=$	
稀配罐底部出口 1	1：　　2：　　平均：	$A_1=$　　$A_2=$　　$\overline{A}=$	
稀配罐壁 2	1：　　2：　　平均：	$A_1=$　　$A_2=$　　$\overline{A}=$	
稀配罐底部出口 2	1：　　2：　　平均：	$A_1=$　　$A_2=$　　$\overline{A}=$	

检验人：	复核人：

结果评价及建议：

验证小组：　　　　　　　　　　　　　　　　　　　　　　　　　　年　月　日

附件 3

大容量注射剂药液输送系统在线清洁验证结果及记录（3）

验证名称	一车间大容量注射剂药液输送系统 在线清洁验证	验证方案编号	YZ-XD107－01
检查项目	淋洗水微生物限度检查	检验日期	年　月　日
标准	需氧菌总数≤10cfu/100 毫升	报告日期	年　月　日

供试品的制备：取淋洗水样 200 毫升，薄膜过滤法过滤两张滤膜（每膜 100 毫升），滤干后，将滤膜菌面朝上分别贴于两只 R2A 琼脂培养基平板上，倒置培养。

阴性对照品制备：取 pH7.0 无菌氯化钠-蛋白胨缓冲液 200 毫升，薄膜过滤法过滤两张滤膜（每膜 100 毫升），滤干后，将滤膜菌面朝上分别贴于两只 R2A 琼脂培养基平板上，倒置培养。

菌类 ＼ 项目	培养基名称	培养温度	培养时间
需氧菌总数	R2A 琼脂培养基	30～35℃	5 天

取样点或部位 ＼ 检验结果	需氧菌总数/(cfu/100 毫升)			检验结果
	1	2	阴性对照	
浓配罐壁				
浓配罐底部出口				
稀配罐进料口				
稀配罐壁 1				
稀配罐底部出口 1				
稀配罐壁 2				
稀配罐底部出口 2				

检验人：	复核人：

结果评价及建议：

验证小组：　　　　　　　　　　　　　　　　　　　　　　　　　　年　月　日

附件 4

大容量注射剂药液输送系统在线清洁验证结果及记录（4）

验证名称	一车间大容量注射剂药液输送系统在线清洁验证		验证方案编号		YZ-XD107－01
检查项目	淋洗水细菌内毒素检查		检验日期		年　月　日
标准	＜0.25EU/毫升		报告日期		年　月　日

试剂名称	生产单位	批号	灵敏度	规格
鲎试剂	××生物有限公司	0511162	0.25EU/毫升	0.1毫升
细菌内毒素工作标准品	××生物有限公司	0508050	10EU/支	—
细菌内毒素检查用水	××生物有限公司	0601240	—	2毫升

1. 标准品稀释:细菌内毒素工作标准品复溶体积为1毫升。

$$E_{10} \xrightarrow[2.7\,毫升]{0.3\,毫升} E_1 \xrightarrow[1.5\,毫升]{1.5\,毫升} E_{0.5}$$

2. 供试品制备:直接取供试品。

3. 供试品阳性对照液的制备:直接取供试品0.1毫升溶解,加2.0λ浓度的细菌内毒素标准溶液制成。

检验记录　　　　　　　　　　室温:　　℃

保温时间:　时　分至　时　分　　　　　　　　　　　　　　保温温度:　　℃

检测结果 取样点或部位	供试品		供试品阳性对照		2.0λ 阳性对照		阴性对照	
	1	2	1	2	1	2	1	2
浓配罐壁								
浓配罐底部出口								
稀配罐进料口								
稀配罐壁1								
稀配罐底部出口1								
稀配罐壁2								
稀配罐底部出口2								

检验人:　　　　　复核人:　　　　　检验及报告日期:　　年　月　日

结果评价及建议:

验证小组:　　　　　　　　　　　　　　　　　　　　　　　年　月　日

附件 5

验证结果评定表

验证名称	一车间大容量注射剂药液输送系统在线清洁验证	验证方案编号	YZ-XD107－01
验证结果			
评价及建议			
确认	验证小组:		年　月　日

附件 6

验证报告

验证报告

　　年　月　日至　年　月　日,验证小组根据批准的编号为"YZ-XD107－01"的"一车间大容量注射剂药液输送系统在线清洁验证方案"对一车间药液输送系统在线清洁效果进行了再验证工作,达到了预期效果,兹将有关事项说明如下:

　　1. 验证方案在实施过程中未做修改;

　　2. 验证方案各项性能指标在验证中未做变动,误差在允许范围内;

　　3. 验证过程中结果符合规定要求,记录完整属实;

　　4. 验证结果符合设计要求和 GMP 原则要求,可以投入使用。

以上情况,请验证委员会审批!

验证小组
　年　月　日

 范例 8-2　某药品生产企业三足式离心机验证

▶ 技能点 ◀

解读设备验证
方案

SS-1000 型三足式离心机验证方案

验证方案起草　　　　　　　　　　　　　　　　　　验证方案编码:YZ-SB309－00

部门	姓名	职务	签字	日期

验证方案审核

部门	姓名	职务	签字	日期
生产部				
工程部				
质保部				

验证方案的批准

姓名	职务	签字	日期

1. 引言

1.1　概述

1.1.1　设备结构

转鼓由带孔的圆柱形鼓壁、拦液板和转鼓三部分组成。

外壳侧面装有刹车手柄,受刹车装置控制,离心机起步是由电机通过电机起步轮带动传动工作。

1.1.2　设备用途

SS-1000 型三足式离心机用于原料药生产线中水解甩料工序,以保证水解淀粉的水分在规定范围内,确保产品质量符合要求。

1.1.3　设备工作原理

SS-1000 型三足式离心机,采用三点悬挂式结构。机身外壳及装在机身上的主轴和转鼓,由三根吊杆挂在三根支柱的球面座上。吊杆上装有缓冲弹簧，这种支撑方式使转鼓内胆装料不均而处于不平衡状态时能自动进行调整，减轻主轴和轴承的动力负荷，获得稳定的运转，离心机由装在外壳侧面的电动机通过三角皮带驱动。装有转鼓的主轴垂直安装在一对滚动轴承内，轴承座与大盘成一体。

1.1.4　主要规格及技术参数

转鼓直径：800 毫米	转鼓转速：1460 转/分钟	分离因数：645
有效容积：100 升	装料限量：135 千克	电机功率：5.5 千瓦

1.2　验证目的

通过一系列检查和试验，提供足够的数据和文件依据，以证明 SS-1000 型三足式离心机的性能符合设计和生产工艺要求，设备资料和文件符合 GMP 管理要求。

1.3　验证项目组成员及职责

1.3.1　验证委员会

1.3.1.1　负责验证方案的批准。

1.3.1.2　负责验证的协调工作，以保证本验证方案规定项目的顺利实施。

1.3.1.3　负责验证数据及结果的审核。

1.3.1.4　负责验证报告的审批。

1.3.1.5　负责发放验证证书。

1.3.1.6　负责验证周期的确认。

1.3.2　工程部

1.3.2.1　负责制定验证方案。

1.3.2.2　负责验证的实施。

1.3.2.3　负责设备的安装、调试并做好相应的记录。

1.3.2.4　负责建立设备档案。

1.3.2.5　负责仪器、仪表的校正。

1.3.2.6　负责拟定验证周期。

1.3.2.7　负责收集各项验证、试验记录，报验证委员会。

1.3.3　质保部

1.3.3.1　负责验证方案的审核。

1.3.3.2　负责取样和检测，并将检测结果反馈到相关部门。

1.3.4　生产车间

负责验证实施的配合。

2. 验证涉及文件

SS-1000 型三足式离心机标准操作规程	SOP-D3024-00
SS-1000 型三足式离心机维护标准操作规程	SOP-D3025-00
SS-1000 型三足式离心机清洁规程	SOP-D1015-00
羟乙基淀粉水解标准操作规程	SOP-D2002-00
原料药中间体检验标准操作规程	JYGC-QA4002-03

3. 验证用检验仪器、仪表确认一览表

名称	型号	检定单位	检定周期	检定结果
干燥箱	202 型	××市计量检定测试所	一年	合格
天平	GR-202 型	××市计量检定测试所	一年	合格

4. 验证内容和方法

4.1 安装确认

4.1.1 目的

检查并确认 SS-1000 型三足式离心机安装符合设计要求，资料和文件符合 GMP 的管理要求。

4.1.2 安装确认所需文件

序号	检查项目	检查要求	确认结果	确认人
1	产品合格证	有产品合格证		
2	设备装箱单	有装箱单		
3	技术图纸和资料	有技术图纸和资料		
4	安装使用说明书	有使用说明书		
5	平面布置图	确认设备平面布置合理与正确性		

4.1.3 安装确认

检查设备的安装情况是否与设计要求相符，并按下列方式记录数据：

验证项目	设计要求	确认结果	确认人
技术参数的确认	对照说明书检查设备技术参数是否符合设计要求		
设备材质	与药品接触的部位为不锈钢		
设备安装情况	设备与墙四周距离应大于 80 厘米,有足够的操作和维修空间		
供电系统	三相四线,380 伏 50 赫兹,5.5 千瓦,有良好的接地保护		
供水系统	操作间内配有纯化水,供清洗及工艺使用		

4.1.4 安装确认报告：见附件 1。

4.2 运行确认

4.2.1 目的

在空载情况下，设备各部分动作功能正常，符合设计要求。

4.2.2 运行确认所需文件

文件名	存放处	备注	确认结果	确认人
SS-1000 型三足式离心机标准操作规程	本岗位	为复印件		
SS-1000 型三足式离心机维护操作规程	本岗位	为复印件		
SS-1000 型三足式离心机清洁规程	本岗位	为复印件		

4.2.3 运行准备工作

运行测试前应肯定 SS-1000 型三足式离心机各项操作准备工作就绪，如设备安装固定、电气连接、纯化水连接、润滑检查等。

4.2.4 运行测试

连续空载运行 SS-1000 型三足式离心机三次，确认 SS-1000 型三足式离心机各个动作执行机构运行正常，符合操作使用说明书要求。

4.2.5 运行确认报告：见附件 2。

4.3 性能确认

4.3.1 目的

通过机器运行一定时间确定本机器是否能达到设计指标，是否符合工艺要求。

4.3.2 回顾性分析甩干效果

取连续生产羟乙基淀粉 20 批水分测试结果进行分析，见附件 3。

测试项目	标准值
水分	水解淀粉水分为 $45\%\sim50\%$
收率	收率≥76%

5. 再验证

本设备再验证的周期为：一年一次。

6. 验证结果评价与结论

由工程部负责收集各项验证试验结果记录，根据验证试验结果起草验证报告（附件 4），报验证委员会，验证委员会对验证结果进行综合评审，做出验证结论，发放验证证书（附件 5），确认验证周期。对验证结果的评审应包括：

6.1　验证实验是否有遗漏。

6.2　验证实验过程中对验证方案有无修改，修改原因依据以及是否经过批准。

6.3　验证记录是否完整。

6.4　验证试验结果是否符合要求，偏差及对偏差的说明是否合理，是否需要进一步补充试验。

附件 1

SS-1000 型三足式离心机验证结果及记录（1）

验证项目名称		设备的安装确认	验证方案编号		YZ-SB309－00
设备名称		SS-1000 型三足式离心机	规格型号		SS-1000
设备位置		三车间	设备编号		
制造厂家		××制药机械有限公司			
确认检查项目		检查要求	确认结果		确认人
所需文件检查	产品合格证	有产品合格证			
	设备装箱单	有装箱单			
	技术图纸和资料	有技术图纸和资料			
	安装使用说明书	有使用说明书			
	平面布置图	设备平面布置合理与正确性			
安装检查	技术参数的确认	对照说明书检查设备技术参数是否符合设计要求			
	设备材质	与药品接触的部位为不锈钢			
	设备安装情况	设备与墙四周距离应大于 80 厘米,有足够的操作和维修空间			
	供电系统	三相四线,880 伏 50 赫兹,5.5 千瓦,有良好的接地保护			
	供水系统	操作间内配有纯化水,供清洗及工艺使用			

结果评价及建议：

工程部/日期：　　　　　　　　　　　　　　　　三车间/日期：
质保部/日期：　　　　　　　　　　　　　　　　生产部/日期：

备注：

附件 2

SS-1000 型三足式离心机验证结果及记录（2）

验证项目名称	设备的运行确认		验证方案编号	YZ-SB309－00
设备名称	SS-1000 型三足式离心机		规格型号	SS-1000
设备位置	三车间		设备编号	
制造厂家	××制药机械有限公司			
检查项目	标准要求		检查结果	检查人
操作规程	按说明书提供的操作规程进行了全部操作			
功能按键	各功能按键动作正常			
接通电源,按启动按钮,点动一下	转鼓转向正确	(1)		
		(2)		
		(3)		
开机运行	主机运转平稳,无异常振动、无杂音;各密封面无泄漏;主轴轴承外侧无温升现象	(1)		
		(2)		
		(3)		
按停止按钮,手拉制动杆	制动器灵敏可靠,刹车时间短	(1)		
		(2)		
		(3)		
结果评价及建议: 工程部/日期: 三车间/日期: 质保部/日期: 生产部/日期:				
备注:				

附件 3

SS-1000 型三足式离心机验证结果及记录（3）

验证项目名称	设备的性能确认		验证方案编号	YZ-SB309－00
设备名称	SS-1000 型三足式离心机		规格型号	SS-1000
设备位置	三车间		设备编号	
制造厂家	××制药机械有限公司			
检查项目	标准要求		检查结果	检查人
水分	水解淀粉水分为 45％～50％			
收率	收率≥76％			

具体数据如下:

批号						
水分/％						
收率/％						
批号						
水分/％						
收率/％						

结果评价及建议:

工程部/日期: 三车间/日期:
质保部/日期: 生产部/日期:

备注:

附件 4

验证最终评价报告

验证方案名称	SS-1000 型三足式离心机验证		
验证方案编号	YZ-SB309-00	设备位置	三车间
设备名称	SS-1000 型三足式离心机	规格型号	SS-1000
制造厂家	××制药机械有限公司	设备编号	
部门	最终评价		
工程部			
质保部			
生产部			
批准			
备注			

证书编号：YZ-SB309-00

附件 5

验证合格证书

验证名称：SS-1000 型三足式离心机验证
经××药业有限公司主管经理审核，该验证方案及结果符合 GMP 要求，特颁发此证。
颁发人：_____　颁发日期_____

稳扎稳打

一、名词解释

1. 验证　　2. 确认　　3. 前验证　　4. 同步验证　　5. 回顾性验证

二、单项选择

1. 在清洁验证中应至少执行连续（　　）成功的清洁循环。

    A. 1 个　　　　　　　　　　B. 2 个

    C. 3 个　　　　　　　　　　D. 4 个

2. 不适用同步验证的药品是（　　）。

    A. 放射性药品　　　　　　　B. 每年生产少于 3 批的药品

    C. 治疗罕见疾病的药物　　　D. 历史遗留的未进行工艺验证的产品

3. 下列关于验证说法不正确的是（　　）。

    A. 工艺验证要求进行连续 3 个成功批次的生产

    B. 公用工程验证的重点是空调系统、工艺用水系统和压缩空气

    C. 对洁净室交替使用的消毒剂可以不进行消毒效果验证

    D. 清洁验证是指清洁工艺对设备或工具清洁有效性的验证

4. 关键设备更新、批次量数量级的变更、趋势分析中发现有系统性偏差时需要进行（　　）。

    A. 同步验证　　　　　　　　B. 再验证

    C. 回顾性验证　　　　　　　D. 前验证

5. 企业为证明有关操作的关键要素能够得到有效控制需要进行确认或验证。其范围和程度应当经过下列何种程序来确定。（　　）

    A. 质量会议   B. 风险评估

    C. 实践检验   D. 实际确认

6. 企业的生产工艺、操作规程和检验方法应当经过验证才能被采用，并持续保持下列何种状态。（　　）

    A. 生产   B. 可操作

    C. 验证   D. 确认

7. 验证是证实程序、生产过程、设备、物料、活动或系统能否达到标准的过程，其依据是（　　）。

    A. 切实的行动   B. 实际操作

    C. 真实数据   D. 可靠的方法

8. 性能确认阶段也就是（　　）。

    A. 性能验证   B. 生产能力测试

    C. 设备能力测试   D. 模拟生产试验

9. 厂房验证主要指厂房的（　　）。

    A. 性能认定   B. 设备认定

    C. 设施认定   D. 布局认定

10. 生产环境的验证应按下列哪项对室内空气中的尘粒和微生物含量、温度、湿度、换气次数等进行监测。（　　）

    A. 工艺规程   B. 生产环节

    C. 洁净级别   D. 相关参数

三、多项选择

1. 设备验证包括（　　）。

    A. 设计确认   B. 安装确认

    C. 运行确认   D. 性能确认

2. 验证方案内容包括（　　）。

    A. 验证目的   B. 验证范围

    C. 偏差及变更   D. 验证内容

3. 验证主要考察（　　）。

    A. 生产工艺   B. 操作规程

    C. 检验方法   D. 清洁方法

4. 下列关于验证方案说法正确的是（　　）。

    A. "谁监管，谁审核"   B. "谁负责，谁批准"

    C. 由总经理终审并批准   D. 由质量负责人终审并批准

5. 清洁方法应当经过验证，证实其清洁的效果，以有效防止（　　）。

    A. 清洁死角   B. 污染

    C. 清洁不彻底   D. 交叉污染

四、简答题

1. 简述验证的基本程序。

2. 确认和验证的范围分别是什么？

温故知新8

学以致用

根据所学知识，制定某输液车间全年验证计划。

实训项目九

制定旋转式压片机验证方案

一、实训目的

1. 熟悉验证目的和验证方案的内容。

2. 培养查阅技术资料的能力。

3. 培养自我学习、信息处理、与人合作和解决实际问题的能力。

二、实训内容

1. 查阅旋转式压片机的技术资料。

2. 设计旋转式压片机的验证方案。

三、实训步骤

1. 查阅旋转式压片机说明书，记录其型号及技术参数。

2. 实地观察压片机结构，了解其工作原理和用途。

3. 确定验证目的。

4. 确定验证内容和方法。

5. 设计验证所需记录。

6. 参考教材项目八确认和验证中范例8-2，起草旋转式压片机验证方案。

四、实训组织

1. 教师课前提出验证要求。

2. 学习小组查阅资料，熟练掌握压片机操作，制定验证方案。

3. 各组长汇报本组验证方案。归纳本次实训的收获和遇到的问题，在班级进行发言讨论。

4. 教师答疑、总结。

五、实训报告

旋转式压片机验证方案。

学习评价

职业核心能力与思政素质测评表

（在□中打√，A良好，B一般，C较差）

职业核心能力与思政素质	评价标准	评价结果
自我学习	1. 会管理时间	□A □B □C
	2. 关注相关课程知识的关联	□A □B □C
	3. 有适合自己的学习方式和方法	□A □B □C

职业核心能力与思政素质	评价标准	评价结果
交流合作	1. 能准确理解对方的意思，会表达自己的观点 2. 善于寻找和把握合作的契机 3. 明白各自在合作中的作用和优势	□A □B □C □A □B □C □A □B □C
信息处理	1. 有多种获取信息的途径和方法 2. 会进行信息的梳理、筛选、分析 3. 能使用多媒体手段展示信息	□A □B □C □A □B □C □A □B □C
解决问题	1. 能纵观全局，抓住问题的关键 2. 能做出解决问题的方案，并组织实施 3. 分析问题解决的效果，及时改进不足之处	□A □B □C □A □B □C □A □B □C
思政素质	1. 从实际情况出发，把握事物发展规律 2. 恪守正道，胸怀正气，善于创造，不断推陈出新 3. 戒骄戒躁，自我控制能力强	□A □B □C □A □B □C □A □B □C

专业能力测评表

（在□中打√，A具备，B基本具备，C未具备）

专业能力	评价标准	评价结果
制定验证方案	1. 熟悉各种验证类型适用的情形 2. 能为验证对象选择验证形式 3. 能初步设计设备验证方案	□A □B □C □A □B □C □A □B □C
前验证	1. 熟悉前验证适用的情形 2. 熟悉前验证的工作流程 3. 能协助开展前验证	□A □B □C □A □B □C □A □B □C
同步验证	1. 熟知同步验证的定义 2. 熟悉同步验证适用的情形 3. 能进行各种数据的收集和初步统计分析	□A □B □C □A □B □C □A □B □C
再验证	1. 熟知再验证适用的情形 2. 能辨识再验证的类型 3. 能辨识需进行可能再验证的情形	□A □B □C □A □B □C □A □B □C
撰写验证小结	1. 能汇总验证试验的主要结果 2. 能阐述验证实施过程中所发现的偏差情况及所采取的措施 3. 能辨识被验证对象是否通过验证	□A □B □C □A □B □C □A □B □C

项目九

自检

【知识点】自检含义、自检要求、自检程序、自检后续管理。

【技能点】认知自检、编制自检计划、编制检查表、现场检查、制定纠正与预防措施。

【职业能力目标】

专业能力：自检准备、自检实施、自检后续管理。

职业核心能力：自我学习，交流合作，信息处理，解决问题，革新创新。

【思政素质目标】责任担当，工匠精神，自查自纠。

开宗明义9

学习导航

为考察与GMP的一致性，药品生产企业根据规定的方案和程序，定期对企业内部有关项目进行检查纠正。本章内容会带你了解自检人员的资格要求、职责和自检的内容及程序，知道如何开展自检的启动、准备、实施、报告及自检后续管理工作。

引 例

某省药品监督管理局对某药业有限公司检查发现，中药饮片供应商（某中药股份有限公司）按文件规定应三年审计一次，至检查期间已过审计有效期；生化原料药供应商现场审计报告中未体现起始物料追溯情况。另企业自检方案虽有相关人员签字，但均无文件编号。不符合GMP自检管理规定，责令修改、跟踪落实。

自检管理

GMP 自检（也叫内部审核、内部审计）是指持有人定期组织对受托药品生产企业、药品经营企业的质量管理体系进行审核，以监督其持续具备质量保证和控制能力，评估企业是否符合药品质量管理规范要求，及时发现缺陷和隐患，并提出必要的纠正和预防措施，主动防范质量风险的发生，确保产品质量稳定可靠，并规避违规事件的发生和发展。

一、自检范围

对机构与人员、厂房与设施设备、物料与产品、确认与验证、文件管理、生产管理、质量控制与质量保证、委托生产与委托检验、产品发运与召回等项目定期进行检查，以确认其符合 GMP 规范的要求。

二、自检频次

企业应根据风险管理的原则，考虑实际情况，设定自检的频率。GMP 相关的部门和区域，至少每年进行一次自检。必要时，可进行特定的自检，特别是出现下列情况时，应及时调整或增加自检频次，有针对性进行自检：

① 质量投诉后，如有必要；

② 质量管理相关事故或事件证实质量管理体系出现重大偏离；

③ 重大法规环境变化（例如新版 GMP 实施）；

④ 重大生产质量条件变化（例如新项目、新车间投入使用）；

⑤ 重大经营环境变化（例如企业所有权转移）等。

受托生产企业出现重大质量事故、重大变更等情况时，需及时告知持有人，持有人将安排质量管理人员增加自检频次，对其进行有针对性的自检。

三、自检员的资格确认及职责

1. 自检员资格确认

① 根据相关的培训、教育、经验（特别是进行或接受内外部审计的经验）确认自检员的资质，通常应是所在部门负责人或主要骨干；

② 自检员应通过质量管理体系自检员课程培训并考试合格；

③ 有需要也可邀请特殊领域的专家（如微生物专家、毒理学专家、软件工程师等）参加自检，应通过书面协议明确双方的权利义务，并对相关人员的资质进行书面确认；

④ 合格自检员应有符合自检员资格的相关说明文件，并定期对他们进行培训，维护一个现行的自检人员名单。

2. 职责

▶ 技能点 ◀

认知自检

根据自检活动目的、范围、部门、过程及日程安排，最高管理者授权成立自检小组。

（1）自检组长职责

① 协商并制定自检活动计划，准备工作文件，布置自检组成员工作；

② 主持自检会议，控制现场自检实施，使自检按计划和要求进行；

③ 确认自检员检查发现的不合格项报告。

（2）自检员职责

① 根据自检要求编制检查表；

② 按自检计划完成检查任务；

③ 将检查发现形成书面资料，编制不合格项报告；

④ 协助受检部门制定纠正措施，并实施跟踪审核。

👤 时代楷模

质量工作"守护者"为健康护航

李卫国是某制药公司的质量总监，他工作严谨、专业敬业，始终以质量为唯一的标准，努力践行工匠精神，得到业内人士的肯定，被评为"敬业奉献"道德模范。

为了公司产品能有机会迈出国门，李卫国带领团队历时近十个月时间，对2000多个文件进行整体升级。修订后的新体系层级结构、互通衔接更科学、合理，在接受世界公认的最严格的美国FDA现场检查时，得到FDA检查员的高度认可，公司产品得以正式出口美国，在通往制剂国际化道路上迈出了跨越性的一大步。

德国检查官以严谨和细致著称，企业接受欧盟（德国）的现场检查后得到的评价是"企业处于良好的GMP状态"。这是对企业的高度评价，也是对质量管理负责人李卫国工作的赞扬。

当发现车间部分生产工序可能对产品质量有潜在影响时，李卫国通知立即停产整改并当即组织召开现场质量分析会，虽然影响了产量，但产品质量得到保证。凭着他的这种执着与认真的精神，公司药品质量市场抽检合格率达100%、无违法违规被处罚、客户满意度评价良好，公司荣获中国医药十大领军品牌、中国化学制药行业制剂出口型优秀企业品牌。

【启示】"品质是产品的生命，严谨是品质的保证"。质量人是质量工作的"守护者"，李卫国以实际行动诠释了一名质量人的初心使命和责任担当，也为我们树立了榜样。

单元二　自检程序

▶重点与难点

编制检查表

自检程序一般分为四个阶段：自检启动、自检准备、自检实施和自检报告。

一、自检启动

1. 确定自检的目的和范围

自检的目的是确定药品 GMP 管理体系或其一部分与自检准则的符合程度；评价该体系满足法律法规和合同要求的能力以及实现规定目标的有效性；识别其潜在的改进方面。

自检范围是指一次自检的区域和界限，通常包括实际位置、组织单元（如职能部门、车间、仓库等）、活动和过程及所覆盖的时期。

2. 指定自检组长和组成自检组

自检组长应是经企业授权的经过培训的自检员；熟悉自检过程、部门情况；具有较多的自检经验；具备组织管理协调整个自检工作的能力。根据需要组成自检组，自检组成员应独立于自检活动并避免利益冲突。

3. 与受检部门建立初步联系

自检组长应将与自检有关的事宜与受检部门建立初步联系。与受检方进行初步联系的方式可以是正式的（如下达书面的文件等），也可以是非正式（如电话口头沟通等）。通过建立初步联系可以达到如下目的：与受检方的代表建立沟通渠道，以便及时沟通有关的自检信息；确认自检组实施自检的权限，包括自检组收集自检证据时需要查阅的文件和记录，进入和观察的现场、活动和过程，以及与有关人员的面谈沟通等；与受检部门沟通自检时间安排和自检组成员的信息，征求受检方的意见和建议，以便确定自检的安排。

二、自检准备

1. 编制自检计划

技能点
编制自检计划

自检组长负责编制自检计划，明确自检的具体内容和要求，为自检的实施提供预先的安排和参照，也使受检部门了解自检活动的内容和安排，以便提前做好有关的准备。自检计划应提交给受检部门确认，如受检部门提出异议，可以对自检计划进行适当调整和修改。

📝 **范例 9-1　某制药有限公司自检计划**

自检目的：1. 对公司执行《药品生产质量管理规范》的情况进行一次全面的检查和评价，发现存在的问题并致力于改进和预防。 　　　　　2. 对上次自检所发现的缺陷项的整改情况进行跟踪。
自检范围：公司所属与质量有关的部门
自检依据：《药品管理法》《药品生产监督管理办法》《药品生产质量管理规范》公司自检规程及各种管理文件
自检小组：组长：××× 　　　　　第一组：×××　×××　×××　　　　第二组：×××　×××　×××
自检日期：××××年××月××日-××日

自检日程安排			
时间		第一组	第二组
10月11日	8:00—8:30	首次会议	
	8:30—10:30	办公室(人事部)	生产部
	10:30—12:00	市场部	工程部
	13:30—15:30	采购部	制剂1车间
	15:30—17:00	QC(化验室)	制剂2车间
	17:00—17:30	自检组内部会议	
10月12日	8:00—10:00	QA	制剂3车间
	10:00—12:00		物流部(仓库)
	13:30—15:30	工艺技术部	
	15:30—16:30	自检组内部会议	
	16:30—17:30	与受检方交换意见	
	17:30—18:30	末次会议	

备注:文件管理应在各部门进行自检。

编制:×××　　　日期:××××年××月××　　　批准:×××　　　日期:××××年××月××日

2. 准备自检工作文件

▶ 技能点 ◀

编制检查表

自检组成员明确各自的自检任务分工后，应了解和熟悉与其所承担的自检任务有关的 GMP 管理体系信息，并准备必要的自检工作文件，包括：检查表和抽样计划；记录信息（例如自检记录、缺陷报告、自检报告和会议记录等）的表格。

⊙ 专家提示

检查表的编制

检查表的编制应依据自检的要求和规定。以过程自检为主的检查表，重点列出与该过程有关的主要部门和自检方法；以部门自检为主的检查表，重点列出与该部门有关的主要过程的自检内容和方法。检查表的主要内容应反映出"找谁查？到哪查？查什么？怎么查？"。检查表的内容不应限制自检活动的内容，应灵活地使用以达到自检的目的。

 范例 9-2　某制药有限公司文件控制过程检查表

检查表

序号	受检部门	检查内容	检查方法	自检结果
1	企管部	文件控制程序	检查提供的文件控制程序是否是经过批准的有效版本,其内容是否符合要求,从中了解文件的种类和主要的控制方法和职责	
2	企管部	文件批准情况	从各类文件中分别抽取3~5份文件,查其批准的手续或记录	
3	企管部	文件发放情况	向负责人了解公司的各类文件的分发范围和分发手续,并根据程序文件的规定,查已抽查的文件的发放手续或记录。记录其中一些文件的分发部门或分发号,以便到相应部门核查	

序号	受检部门	检查内容	检查方法	自检结果
4	企管部	文件的评审、更新、识别、再次批准及其发放情况	1. 向负责人了解在什么情况下需要对已有的文件进行评审或更新,企管部是否已经组织实施过这方面的活动,如何让使用文件的部门和人员了解文件的更改和现行修订状态。 2. 查对文件进行评审的证据(记录);抽查 3～5 份经过更新的文件的更新记录或更新后的文件,查这些更新文件再次经过审批的手续或记录。查 3～5 份文件的再次发放的手续和记录,记录这几份文件的分发部门或分发号,以便到相应部门核查。 3. 查识文件更改和修订状态的有关规定或记录或文件清单,核实这些证据是否能起到识别文件更新和修订状态的作用	
5	企管部	作废文件的处置和作废保留文件的标识和管理	1. 查 3～5 份作废文件的处置手续或记录(如回收或销毁),看其是否按规定进行了处置。 2. 抽查 3～5 份作废保留文件,看其是否按规定进行标识,其管理方式是否符合程序文件的规定	
6	企管部	外来文件的识别及其分发控制情况	1. 向负责人了解公司外来文件的种类和主要的控制方法和职责,询问如何追踪外来文件的更新情况。 2. 从各类外来文件中各抽 3～5 份,查其是否为适用版本;查这些文件的发放记录。记录其中一些外来文件的分发部门或分发号,以便到相应部门核查	
7	相关所有部门	1. 核查需要使用文件的部门和人员是否得到适用版本的有关文件 2. 使用文件的场所是否在使用作废文件	1. 根据在企管部查证时记录的一些文件(包括外来文件)的发放部门和分发号,请使用这些文件的部门或人员提供所使用的相应文件,对照在企管部审核的审核记录,核查这些部门和人员确实接收到并正在使用这些文件,并验证文件生效时间与文件到位时间的一致性。 2. 观察文件使用现场是否有使用作废文件的现象,如果文件使用现场有作废文件保留,查看这些文件是否有标识并能够防止其误用,其管理是否符合程序文件的规定	

三、自检实施

在完成自检小组的组建和自检准备工作后就可以按计划实施自检了。

技能点
现场检查

1. 首次会议

现场检查前应召开首次会议,由自检小组全员和受检部门负责人及有关人员参加,会议由自检组长主持,与会人员应签到,会议时间以不超过半小时为宜。

首次会议召开的主要内容:

① 向受检部门介绍自检组成员分工;

② 声明检查范围、目的和依据;

③ 简要介绍实施自检所采用的方法和程序;

④ 在自检组和受检部门之间建立联系;

⑤ 宣读自检计划,澄清计划中不明确的内容。

2. 现场检查和文件检查

现场检查是使用抽样检查的方法寻找客观证据的过程。自检人员通过察看现场和审核文件记录，记录必要的信息来确认缺陷项目。自检小组内部也应当定期或不定期开会讨论自检过程中发现的各种问题。尤其是自检小组负责人，要通过内部交流，掌握并控制自检工作，使其按计划进行。

（1）现场检查的原则

① 坚持以"客观证据"为依据的原则　没有客观证据而获取的任何信息都不能作为不合格项判断的依据；客观证据不足或未经验证也不能作为判断不合格项的证据。

② 坚持独立、公正的原则　审核判断时应坚决排除其他干扰因素，包括来自受检方的、自检员感情上的等等影响判断独立、公正的因素，自始至终维护、保持审核判断的独立性和公正性，不能因情面或畏惧而私自消化不合格项。

▶ 注　意 ◀

为保证自检人员的公正客观和独立性，自检员不负责审核自己部门的工作。

③ 坚持"三要三不要"原则　要讲客观证据，不要凭感情、凭感觉、凭印象用事；要追溯到实际做得怎样，不要停留在文件、嘴巴（回答）上面；要按自检计划如期进行，不要"不查出问题非好汉"。

当按抽样方案审核后无不合格项时，就应采取"无罪推定"的原则，转到下一个检查项目上去。

（2）现场检查记录

在提问、验证、观察中，自检员应作好记录，记下自检中听到、看到的有用的真实信息，这些记录是自检员提出报告的真凭实据。

3. 末次会议

末次会议实际上是自检沟通会议或自检总结会议。目的是向各部门通报自检中发现的缺陷，对纠正和预防行动提出要求等。

总结会议邀请受检部门人员参加，会议上需澄清所有在自检过程中发现的缺陷与实际情况，初步评估缺陷的等级以及相应的纠正和预防措施。

范例 9-3　某制药有限公司 GMP 管理体系自检缺陷项目报告

受检查部门	QC	自检员	×××	陪同人员	×××
缺陷项目描述:在 QC 微生物实验室检查时,在培养基存放柜中有过期的硫乙醇酸盐培养基。有效期为:2023 年 10 月					
缺陷:☑体系性　　□实施性　　□效果性					
缺陷项目性质:□严重　　☑一般　　□其他					
缺陷理由:违反 GMP 第 10 章,对检验过程的管理不负责任造成培养基过期,同时违反了试剂管理规定。					
要求纠正措施完成时间:□一周　　☑两周　　□四周					
自检员:××× 时间:××××年××月××日			检查方确认(受检查部门负责人):××× 时间:××××年××月××日		
缺陷原因分析:1. 微生物实验室的人员系新进人员,没有有效的培训; 　　　　　　　2. 最近工作忙,没对检验工作进行检查; 　　　　　　　3. 在试剂管理规定中没有对培养基的管理。 纠正措施:1. 对新进人员进行岗位培训并考核; 　　　　　2. QC 部门要求由部长每月对检验工作进行检查; 　　　　　3. 在公司试剂管理中加入对培养基保质期的规定。					

纠正措施执行及确认效果

　　1. 对两名微生物实验员进行培训，并经考核，取得上岗资格。培训记录编号为：RO20231210。

　　2. QC部长每月检查一次本部门工作列入本部门工作手册中。并于××××年××月××日对本部门进行了检查。

　　3. 在公司试剂管理中加入对培养基保质期的规定。

☑满足要求　　　　□需进一步观察　　　　□重新制定纠正措施

执行人：×××　　　　　　　　　　　　　确认人：×××

时间：××××年××月××日　　　　　　　时间：××××年××月××日

四、自检报告

　　现场自检结束后，自检组长应组织自检组成员对自检过程的记录进行汇总、分析、评价和总结，在此基础上对 GMP 管理体系的符合性和有效性进行总体评价。自检组要对缺陷项进行汇总、分析、统计，包括：缺陷项的数量和缺陷项性质情况的统计，并绘制成缺陷项分布表。从缺陷项分布表上可直观地看出缺陷项在各过程和各部门的分布情况。根据对缺陷项的分布情况、数量、类型以及实际情况的分析，确定 GMP 管理体系在哪些过程和哪些部门是有效运行的，哪些过程和部门是重点改进的对象。

点 滴

独学而无友，则孤陋而寡闻。

范例 9-4　某制药有限公司自检缺陷项目分布表

质量职能 \ 部门（一般/严重）	人事部	采购部	市场部	物流部	QA质量保证部	QC质量控制部	工艺技术部	工程部	制剂一车间	制剂二车间	合计
机构与人员					●1						●1
厂房与设施											
设备											
物料			★3						★3		★6
卫生						★3					★3
验证	★3										★3
文件			●1								●1
生产管理											
质量管理					★3				▲1		★3▲1
产品销售与回收						●1					●1
投诉与不良反应						▲2					▲2
统计	★3		★3 ●1		●1 ★3	★3●1 ▲2			★3 ▲1		●3▲3 ★15
备注	共21项缺陷，其中：体系性 3 项，效果性 3 项，实施性 15 项										

注：● 体系性缺陷；▲ 效果性缺陷；★ 实施性缺陷。

　　自检报告是自检组结束现场自检工作后必须编制的一份文件。自检报告通常由自检组长或自检组的其他自检员编制，自检组长应对自检报告的内容负责。自检报告经审批后，分发给相关受检部门。自检报告的格式没有统一的规定和要求，其内容应完整、准确、简明和清晰。

 范例 9-5 **某制药有限公司 GMP 管理体系自检报告**

报告编号：QNS—××××：03

自检时间：××××年××月××～××日 自检组成员：组长：×××　　　　组员：×××　××　×××等 自检报告分发：总经理、副总经理各一份，各部门各一份，质量部两份，其中一份存档。
1. 自检目的 ① 对公司执行《药品生产质量管理规范》的情况进行一次全面的自检和评价，发现存在的问题并致力于改进与预防；②对上一次自检所发现的缺陷项目的整改情况进行跟踪。
2. 自检范围：公司所属与质量有关的部门
3. 自检依据：《药品生产质量管理规范》及公司质量管理体系的各种规定
4. 受检查部门的主要负责人员：×××　　　×××　　　×××
5. 自检总结和要求 　　①本次自检是公司依据《药品生产质量管理规范》要求进行的年度第一次自检，自检小组按照自检计划对公司 12 个部门进行了为期 2 天的自检。本次自检得到了总经理及各部门的重视和支持，按计划完成预定的自检内容，本次自检共发现缺陷项目 21 个，未出现严重的缺陷项目，自上一次自检至今，公司没有重大的客户投诉和产品回收。公司有效地执行了《药品生产质量管理规范》要求，但个别部门对《药品生产质量管理规范》和程序文件的熟悉程度尚有一定差距，需进一步改进。 　　②被检查部门在 7 日内，向质量部提出纠正措施计划，对纠正措施的计划和实施安排，质量部将在 7 日内给出书面答复。 　　③本次自检总结 　　值得肯定的方面：通过自检，自检组认为在计量管理、QC 实验室控制、批记录管理、客户投诉处理方面，程序文件完善并能得到有效的执行，上次自检的问题在本次自检中没有重复发生等值得表扬。 　　缺陷项目情况：通过自检发现，公司目前基本符合本次自检所依据的标准要求，但依然存在一些缺陷项目，本次自检中，对发现的缺陷项目内容和缺陷项目的数量进行了统计。严重缺陷项目：0 项，一般缺陷项目 18 项，观察项 3 项。 　　改进的方向和建议：通过自检发现，公司目前在生产管理、验收管理、厂房设施维护、新产品引入管理等方面需进一步完善相关管理程序和提高程序文件执行的有效性。

单元三　自检后续管理

重点与难点

制定纠正与预防措施

自检后续活动是针对自检组发现的缺陷项或潜在缺陷或识别的其他改进需求而采取的活动。持有人及药品生产企业应对自检中发现的缺陷项，制定相应的纠正措施和预防措施（CAPA），指定责任人、设立计划完成时限及目标等。要建立一个有效的追踪程序，追踪纠正和预防措施的执行情况。

一、制定纠正与预防措施计划

技能点

制定纠正与预防措施

在收到正式的自检报告后，持有人及药品生产企业要组织缺陷项整改，运用风险评估工具，找出根本原因，针对根本原因制定有效的纠正措施，同时更进一步，要将发现的根本原因，推而广之，防止其他步骤或其他产品也受到类似缺陷项的影响，防止同类缺陷的重复发生，制定预防措施。制定包括每一条缺陷项整改措施的责任人及完成时限的书面的详细整改计划。报质量负责人批准后方可实施。

二、实施纠正与预防措施计划

持有人及药品生产企业的相关责任部门按照批准后的纠正和预防措施计划逐项实施，并将整改的实施情况及结果进行记录或拍照等，作为实施整改的证据保留。

三、跟踪确认纠正与预防措施

质量管理部门负责对受检部门采取的纠正和预防措施的实施情况进行跟踪，接到受检部门完成整改措施并提交的实施证据后，对纠正与预防措施完成情况及其有效性进行确认。认为整改确已达到预期效果后，出具验证有效的意见，这项缺陷就关闭了。如果经确认发现未完成整改或未达到预期效果，则提请受检部门继续完成或重新采取更为有效的纠正与预防措施。

四、自检总结

持有人应定期对各次自检中发现的缺陷项按风险管理程序的规定，运用风险管理工具对缺陷项进行风险评估、分级回顾分析、提出预防措施，进行风险控制。

五、自检文件管理

自检活动中所产生的文件，包括：自检计划、自检记录、整改要求、跟踪确认文件等均应按质量文件的存档要求进行存档管理。

持有人及药品生产企业的自检程序中应定义自检活动的记录和报告的保存期限，并定义自检文件的编号规则，便于追溯和档案管理。

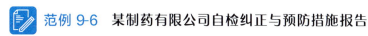 范例 9-6 某制药有限公司自检纠正与预防措施报告

缺陷项目信息来源：☑自检　□外部检查　□日常检查　□顾客投诉　□其他来源					
发起部门	内审组	接受部门	物料部	相关部门	工艺技术部

缺陷项目描述：
SOP：M010；01《仓库储存条件》规定常温库房的温度要求为 10～30℃,但检查库房物品,发现库房存放的×××存放条件要求为≤20℃,物料存放条件与要求不符。
　　　　　　　　　　　　　　检查人：×××　　　时间：××××年××月××日

整改要求：完成时间在□一周内　☑两周内　□三周内　□四周内
完成要求：☑提交书面方案　□进行现场跟踪
　　　　　　　　　　　　　　检查人：×××　　　时间：××××年××月××日

原因分析	采取措施	责任人	完成时间
新的物料在入库存放前,没有有效地核实物料储存条件。	1. 对仓库管理员等进行培训。 2. 核实现存库房所有物料的储存件。	××× ×××	××××年××月××日 ××××年××月××日

整改措施制定者：×××　　　　　　　　　　审核者：×××
时间：××××年××月××日　　　　　　　时间：××××年××月××日

整改效果执行与确认：
1. 已建立库房物料储存条件清单并核实现存物料储存条件,在××××年××月××日执行,并组织进行培训。
2. 已组织对仓库管理员等进行培训,并考核合格。
执行人：×××　　　　　　　　　　　　　确认人：×××
时间：××××年××月××日　　　　　　　时间：××××年××月××日

稳扎稳打

一、名词解释

1. 自检　2. 自检后续活动

二、单项选择

1. 自检员现场检查时，不正确的做法是（　　）。

　　A. 以"客观证据"为依据

　　C. 不参加审核自己部门的工作

　　B. 不因情面而私自消化不合格项

　　D. 不查出问题绝不转到下一个检查项目

2. 自检后续活动不包括（　　）。

　　A. 受检部门确定和实施纠正、预防或改进措施

　　B. 报告实施纠正、预防或改进措施的状态

　　C. 对纠正措施的实施情况及其有效性进行确认

D. 制定下次自检计划

3. 受检部门接到自检报告后应该进行的活动不包括（　　　）。

A. 向自检小组解释产生缺陷的原因，以减轻责任

B. 防止同类缺陷重复发生，制定预防措施

C. 分析并确定导致产生缺陷项的原因

D. 针对缺陷项的原因，制定相应的纠正措施

4. 自检中绘制缺陷项分布表的作用不包括（　　　）。

A. 通过对缺陷项的分析，发现自检过程中未发现的缺陷项目

B. 从缺陷项分布表上可直观地看出缺陷项在各过程和各部门的分布情况

C. 通过对缺陷项的分析，确定哪些部门是有效运行的

D. 通过对缺陷项的分析，确定需要重点改进的部门或过程

5. 对质量管理部门进行自检的内容不包括（　　　）。

A. 实验室管理

B. 持续稳定性考察

C. 生产记录

D. 偏差处理

三、多项选择

1. 对企业自检员的要求包括（　　　）。

A. 学历

B. 经过培训

C. 必须是部门负责人

D. 具有实践经验

2. 开展有针对性自检的情况包括（　　　）。

A. 企业所有权转移　　　　　　B. 新法规实施

C. 新车间投入使用　　　　　　D. 质量管理体系出现重大偏离

3. 自检员的职责包括（　　　）。

A. 执行质量审核程序，按时完成自检负责人分配的自检任务

B. 与接受检查的企业各部门各环节进行沟通合作，记录自检过程

C. 汇总分析自检结果，编写不合格项报告

D. 控制和协调自检活动

4. 自检程序一般可分为以下几个阶段。（　　　）

A. 自检启动　　　　　　　　　B. 自检准备

C. 自检实施　　　　　　　　　D. 自检报告

5. 自检检查表的主要内容应包括（　　　）。

A. 自检的对象　　　　　　　　B. 自检项目和重点

C. 自检方法　　　　　　　　　D. 自检结果

四、简答题

1. 简述自检的主要作用。

2. 简述编制和使用自检计划需考虑和注意的事项。

温故知新9

为某药品生产企业制定一份年度自检计划。

学习评价

职业核心能力与思政素质测评表

（在□中打√，A良好，B一般，C较差）

职业核心能力与思政素质	评价标准	评价结果
自我学习	1. 能按计划有效学习 2. 关注相关课程知识的关联 3. 有适合自己的学习方式和方法	□A　□B　□C □A　□B　□C □A　□B　□C
交流合作	1. 能准确理解对方的意思，会表达自己的观点 2. 明白各自在合作中的作用和优势 3. 会换位思考，能接受不同的意见和观点	□A　□B　□C □A　□B　□C □A　□B　□C
信息处理	1. 有多种获取信息的途径和方法 2. 会进行信息的梳理、筛选、分析 3. 能使用多媒体手段展示信息	□A　□B　□C □A　□B　□C □A　□B　□C
解决问题	1. 能纵观全局，抓住问题的关键 2. 能做出解决问题的方案，并组织实施 3. 分析问题解决的效果，及时改进不足之处	□A　□B　□C □A　□B　□C □A　□B　□C
革新创新	1. 关注新技术、新方法以及课程领域内的问题 2. 能提出创新的想法和见解 3. 改进方案实施效果好	□A　□B　□C □A　□B　□C □A　□B　□C
思政素质	1. 切实履行责任，对待工作尽职尽责 2. 能务实肯干、坚持不懈、精雕细琢 3. 积极审视自己的行为，纠正错误，成为更好的人	□A　□B　□C □A　□B　□C □A　□B　□C

专业能力测评表

（在□中打√，A具备，B基本具备，C未具备）

专业能力	评价标准	评价结果
自检准备	1. 熟悉自检要求及自检项目 2. 初步编制自检计划 3. 初步准备自检工作文件	□A　□B　□C □A　□B　□C □A　□B　□C
自检实施	1. 能初步判断抽样查阅的文件、记录的规范性 2. 能收集缺陷项的支持性自检证据，并填写"缺陷报告" 3. 能正确分析缺陷原因并制定纠正措施	□A　□B　□C □A　□B　□C □A　□B　□C
自检后续管理	1. 初步制定纠正与预防措施 2. 实施纠正与预防措施 3. 跟踪确认纠正与预防措施并进行总结	□A　□B　□C □A　□B　□C □A　□B　□C

小试牛刀参考答案

项目二　机构与人员

小试牛刀1　ABC；小试牛刀2　ABCDEFGH

项目三　厂房、设施与设备

小试牛刀1　ABCDEF；小试牛刀2　科学；小试牛刀3　1—G　2—B　3—C　4—D　5—E　6—AF

项目四　物料与产品管理

小试牛刀　ABCDE

项目五　文件管理

小试牛刀　可以增加：产品代码、文件编号、版本号、页码

项目六　生产管理

小试牛刀1　①—厂房　②—设备　③—材料　④—人员　⑤—制度；
小试牛刀2　ABCDEFGHI

项目七　质量控制与质量保证

小试牛刀　认同

稳扎稳打部分参考答案

项目一　走近 GMP

一、单项选择

1. B　2. D　3. A　4. B　5. A

二、多项选择

1. ABC　2. ABCD　3. ABCD　4. BCD　5. ABCD

项目二　机构与人员

二、单项选择

1. A　2. C　3. D　4. C　5. A

三、多项选择

1. ABCD　2. ACD　3. ACD　4. ABCD　5. ABCD

项目三　厂房、设施与设备

二、单项选择

1. D　2. B　3. C　4. A　5. A　6. B　7. A　8. C　9. B　10. C

三、多项选择

1. ABCD　2. ABC　3. BCD　4. ABC　5. ACD　6. ABC　7. ABCD　8. ABC
9. ACD　10. BCD

项目四　物料与产品管理

二、单项选择

1. A　2. A　3. B　4. A　5. A

三、多项选择

1. ABCD　2. ABD　3. ABCD　4. ACD　5. ABC

项目五　文件管理

二、单项选择

1. B　2. A　3. A　4. D　5. C

三、多项选择

1．ABCD　2. ACD　3. ABCD　4. ABCD　5. ABCD

项目六　生产管理

二．单项选择

1. C　2. B　3. C　4. D　5. D　6. B　7. C　8. D　9. D　10. B

三、多项选择

1. ABCD　2. ACD　3. BD　4. ABCD　5. ABCD　6. ABCD　7. ABCD

8. ABCD　9. ABCD　10. ABCD

学以致用

物料平衡率＝(19＋0.9)/20×100％＝99.5％　　收率＝19/20×100％＝95％

项目七　质量控制与质量保证

二、单项选择

1. B　2. D　3. A　4. C　5. B　6. C　7. B　8. A　9. D　10. C

三、多项选择

1. ABCD　2. ABCD　3. ABC　4. ABCD　5. ABCD

项目八　确认和验证

二、单项选择

1. C　2. D　3. C　4. B　5. B　6. C　7. C　8. D　9. A　10. C

三、多项选择

1. ABCD　2. ABCD　3．ABCD　4. ABD　5. BD

项目九　自检

二、单项选择

1. D　2. D　3. A　4. A　5. C

三、多项选择

1. ABD　2. ABCD　3. ABC　4. ABCD　5. ABCD

附录

药品生产质量管理规范（2010年修订）

（卫生部令第79号）

2011 年 02 月 12 日发布

《药品生产质量管理规范（2010 年修订）》已于 2010 年 10 月 19 日经卫生部部务会议审议通过，现予以发布，自 2011 年 3 月 1 日起施行。

部长　陈竺

二〇一一年一月十七日

第一章　总　则（1～4）

第一条　为规范药品生产质量管理，根据《中华人民共和国药品管理法》、《中华人民共和国药品管理法实施条例》，制定本规范。

第二条　企业应当建立药品质量管理体系。该体系应当涵盖影响药品质量的所有因素，包括确保药品质量符合预定用途的有组织、有计划的全部活动。

第三条　本规范作为质量管理体系的一部分，是药品生产管理和质量控制的基本要求，旨在最大限度地降低药品生产过程中污染、交叉污染以及混淆、差错等风险，确保持续稳定地生产出符合预定用途和注册要求的药品。

第四条　企业应当严格执行本规范，坚持诚实守信，禁止任何虚假、欺骗行为。

第二章　质　量　管　理

第一节　原　则（5～7）

第五条　企业应当建立符合药品质量管理要求的质量目标，将药品注册的有关安全、有效和质量可控的所有要求，系统地贯彻到药品生产、控制及产品放行、贮存、发运的全过程中，确保所生产的药品符合预定用途和注册要求。

第六条　企业高层管理人员应当确保实现既定的质量目标，不同层次的人员以及供应商、经销商应当共同参与并承担各自的责任。

第七条　企业应当配备足够的、符合要求的人员、厂房、设施和设备，为实现质量目标提供必要的条件。

第二节　质量保证（8～10）

第八条　质量保证是质量管理体系的一部分。企业必须建立质量保证系统，同时建立完整的文件体系，以保证系统有效运行。

第九条　质量保证系统应当确保：

（一）药品的设计与研发体现本规范的要求；

（二）生产管理和质量控制活动符合本规范的要求；

（三）管理职责明确；

（四）采购和使用的原辅料和包装材料正确无误；

（五）中间产品得到有效控制；

（六）确认、验证的实施；

（七）严格按照规程进行生产、检查、检验和复核；

（八）每批产品经质量受权人批准后方可放行；

（九）在贮存、发运和随后的各种操作过程中有保证药品质量的适当措施；

（十）按照自检操作规程，定期检查评估质量保证系统的有效性和适用性。

第十条　药品生产质量管理的基本要求：

（一）制定生产工艺，系统地回顾并证明其可持续稳定地生产出符合要求的产品；

（二）生产工艺及其重大变更均经过验证；

（三）配备所需的资源，至少包括：

1. 具有适当的资质并经培训合格的人员；

2. 足够的厂房和空间；

3. 适用的设备和维修保障；

4. 正确的原辅料、包装材料和标签；

5. 经批准的工艺规程和操作规程；

6. 适当的贮运条件。

（四）应当使用准确、易懂的语言制定操作规程；

（五）操作人员经过培训，能够按照操作规程正确操作；

（六）生产全过程应当有记录，偏差均经过调查并记录；

（七）批记录和发运记录应当能够追溯批产品的完整历史，并妥善保存、便于查阅；

（八）降低药品发运过程中的质量风险；

（九）建立药品召回系统，确保能够召回任何一批已发运销售的产品；

（十）调查导致药品投诉和质量缺陷的原因，并采取措施，防止类似质量缺陷再次发生。

第三节　质量控制（11、12）

第十一条　质量控制包括相应的组织机构、文件系统以及取样、检验等，确保物料或产品在放行前完成必要的检验，确认其质量符合要求。

第十二条　质量控制的基本要求：

（一）应当配备适当的设施、设备、仪器和经过培训的人员，有效、可靠地完成所有质量控制的相关活动；

（二）应当有批准的操作规程，用于原辅料、包装材料、中间产品、待包装产品和成品的取样、检查、检验以及产品的稳定性考察，必要时进行环境监测，以确保符合本规范的要求；

（三）由经授权的人员按照规定的方法对原辅料、包装材料、中间产品、待包装产品和成品取样；

（四）检验方法应当经过验证或确认；

（五）取样、检查、检验应当有记录，偏差应当经过调查并记录；

（六）物料、中间产品、待包装产品和成品必须按照质量标准进行检查和检验，并有记录；

（七）物料和最终包装的成品应当有足够的留样，以备必要的检查或检验；除最终包装容器过大的成品外，成品的留样包装应当与最终包装相同。

第四节　质量风险管理（13~15）

第十三条　质量风险管理是在整个产品生命周期中采用前瞻或回顾的方式，对质量风险进行评估、控制、沟通、审核的系统过程。

第十四条　应当根据科学知识及经验对质量风险进行评估，以保证产品质量。

第十五条　质量风险管理过程所采用的方法、措施、形式及形成的文件应当与存在风险的级别相适应。

第三章　机构与人员

第一节　原　则（16~19）

第十六条　企业应当建立与药品生产相适应的管理机构，并有组织机构图。

企业应当设立独立的质量管理部门，履行质量保证和质量控制的职责。质量管理部门可以分别设立质量保证部门和质量控制部门。

第十七条　质量管理部门应当参与所有与质量有关的活动，负责审核所有与本规范有关的文件。质量管理部门人员不得将职责委托给其他部门的人员。

第十八条　企业应当配备足够数量并具有适当资质（含学历、培训和实践经验）的管理和操作人员，应当明确规定每个部门和每个岗位的职责。岗位职责不得遗漏，交叉的职责应当有明确规定。每个人所承担的职责不应当过多。

所有人员应当明确并理解自己的职责，熟悉与其职责相关的要求，并接受必要的培训，包括上岗前培训和继续培训。

第十九条　职责通常不得委托给他人。确需委托的，其职责可委托给具有相当资质的指定人员。

第二节　关键人员（20~25）

第二十条　关键人员应当为企业的全职人员，至少应当包括企业负责人、生产管理负责人、质量管理负责人和质量受权人。

质量管理负责人和生产管理负责人不得互相兼任。质量管理负责人和质量受权人可以兼任。应当制定操作规程确保质量受权人独立履行职责，不受企业负责人和其他人员的干扰。

第二十一条　企业负责人

企业负责人是药品质量的主要责任人，全面负责企业日常管理。为确保企业实现质量目标并按照本规范要求生产药品，企业负责人应当负责提供必要的资源，合理计划、组织和协调，保证质量管理部门独立履行其职责。

第二十二条　生产管理负责人

（一）资质：

生产管理负责人应当至少具有药学或相关专业本科学历（或中级专业技术职称或执业药师资格），具有至少三年从事药品生产和质量管理的实践经验，其中至少有一年的药品生产管理经验，接受过与所生产产品相关的专业知识培训。

（二）主要职责：

1. 确保药品按照批准的工艺规程生产、贮存，以保证药品质量；

2. 确保严格执行与生产操作相关的各种操作规程；

3. 确保批生产记录和批包装记录经过指定人员审核并送交质量管理部门；

4. 确保厂房和设备的维护保养，以保持其良好的运行状态；

5. 确保完成各种必要的验证工作；

6. 确保生产相关人员经过必要的上岗前培训和继续培训，并根据实际需要调整培训内容。

第二十三条　质量管理负责人

（一）资质：

质量管理负责人应当至少具有药学或相关专业本科学历（或中级专业技术职称或执业药师资格），具有至少五年从事药品生产和质量管理的实践经验，其中至少一年的药品质量管理经验，接受过与所生产产品相关的专业知识培训。

（二）主要职责：

1. 确保原辅料、包装材料、中间产品、待包装产品和成品符合经注册批准的要求和质量标准；

2. 确保在产品放行前完成对批记录的审核；

3. 确保完成所有必要的检验；

4. 批准质量标准、取样方法、检验方法和其他质量管理的操作规程；

5. 审核和批准所有与质量有关的变更；

6. 确保所有重大偏差和检验结果超标已经过调查并得到及时处理；

7. 批准并监督委托检验；

8. 监督厂房和设备的维护，以保持其良好的运行状态；

9. 确保完成各种必要的确认或验证工作，审核和批准确认或验证方案和报告；

10. 确保完成自检；

11. 评估和批准物料供应商；

12. 确保所有与产品质量有关的投诉已经过调查，并得到及时、正确的处理；

13. 确保完成产品的持续稳定性考察计划，提供稳定性考察的数据；

14. 确保完成产品质量回顾分析；

15. 确保质量控制和质量保证人员都已经过必要的上岗前培训和继续培训，并根据实际需要调整培训内容。

第二十四条 生产管理负责人和质量管理负责人通常有下列共同的职责：

（一）审核和批准产品的工艺规程、操作规程等文件；

（二）监督厂区卫生状况；

（三）确保关键设备经过确认；

（四）确保完成生产工艺验证；

（五）确保企业所有相关人员都已经过必要的上岗前培训和继续培训，并根据实际需要调整培训内容；

（六）批准并监督委托生产；

（七）确定和监控物料和产品的贮存条件；

（八）保存记录；

（九）监督本规范执行状况；

（十）监控影响产品质量的因素。

第二十五条 质量受权人

（一）资质：

质量受权人应当至少具有药学或相关专业本科学历（或中级专业技术职称或执业药师资格），具有至少五年从事药品生产和质量管理的实践经验，从事过药品生产过程控制和质量检验工作。

质量受权人应当具有必要的专业理论知识，并经过与产品放行有关的培训，方能独立履行其职责。

（二）主要职责：

1. 参与企业质量体系建立、内部自检、外部质量审计、验证以及药品不良反应报告、产品召回等质量管理活动；

2. 承担产品放行的职责，确保每批已放行产品的生产、检验均符合相关法规、药品注册要求和质量标准；

3. 在产品放行前，质量受权人必须按照上述第 2 项的要求出具产品放行审核记录，并纳入批记录。

第三节 培 训（26～28）

第二十六条 企业应当指定部门或专人负责培训管理工作，应当有经生产管理负责人或质量管理负责人审核或批准的培训方案或计划，培训记录应当予以保存。

第二十七条 与药品生产、质量有关的所有人员都应当经过培训，培训的内容应当与岗位的要求相适应。除进行本规范理论和实践的培训外，还应当有相关法规、相应岗位的职责、技能的培训，并定期评估培训的实际效果。

第二十八条 高风险操作区（如：高活性、高毒性、传染性、高致敏性物料的生产区）的工作人员应当接受专门的培训。

第四节 人员卫生（29～37）

第二十九条 所有人员都应当接受卫生要求的培训，企业应当建立人员卫生操作规程，最大限度地降低人员对药品生产造成污染的风险。

第三十条　人员卫生操作规程应当包括与健康、卫生习惯及人员着装相关的内容。生产区和质量控制区的人员应当正确理解相关的人员卫生操作规程。企业应当采取措施确保人员卫生操作规程的执行。

第三十一条　企业应当对人员健康进行管理，并建立健康档案。直接接触药品的生产人员上岗前应当接受健康检查，以后每年至少进行一次健康检查。

第三十二条　企业应当采取适当措施，避免体表有伤口、患有传染病或其他可能污染药品疾病的人员从事直接接触药品的生产。

第三十三条　参观人员和未经培训的人员不得进入生产区和质量控制区，特殊情况确需进入的，应当事先对个人卫生、更衣等事项进行指导。

第三十四条　任何进入生产区的人员均应当按照规定更衣。工作服的选材、式样及穿戴方式应当与所从事的工作和空气洁净度级别要求相适应。

第三十五条　进入洁净生产区的人员不得化妆和佩戴饰物。

第三十六条　生产区、仓储区应当禁止吸烟和饮食，禁止存放食品、饮料、香烟和个人用药品等非生产用物品。

第三十七条　操作人员应当避免裸手直接接触药品、与药品直接接触的包装材料和设备表面。

第四章　厂房与设施

第一节　原　则（38～45）

第三十八条　厂房的选址、设计、布局、建造、改造和维护必须符合药品生产要求，应当能够最大限度地避免污染、交叉污染、混淆和差错，便于清洁、操作和维护。

第三十九条　应当根据厂房及生产防护措施综合考虑选址，厂房所处的环境应当能够最大限度地降低物料或产品遭受污染的风险。

第四十条　企业应当有整洁的生产环境；厂区的地面、路面及运输等不应当对药品的生产造成污染；生产、行政、生活和辅助区的总体布局应当合理，不得互相妨碍；厂区和厂房内的人、物流走向应当合理。

第四十一条　应当对厂房进行适当维护，并确保维修活动不影响药品的质量。应当按照详细的书面操作规程对厂房进行清洁或必要的消毒。

第四十二条　厂房应当有适当的照明、温度、湿度和通风，确保生产和贮存的产品质量以及相关设备性能不会直接或间接地受到影响。

第四十三条　厂房、设施的设计和安装应当能够有效防止昆虫或其他动物进入。应当采取必要的措施，避免所使用的灭鼠药、杀虫剂、烟熏剂等对设备、物料、产品造成污染。

第四十四条　应当采取适当措施，防止未经批准人员的进入。生产、贮存和质量控制区不应当作为非本区工作人员的直接通道。

第四十五条　应当保存厂房、公用设施、固定管道建造或改造后的竣工图纸。

第二节　生产区（46～56）

第四十六条　为降低污染和交叉污染的风险，厂房、生产设施和设备应当根据所生产药品的特性、工艺流程及相应洁净度级别要求合理设计、布局和使用，并符合下列要求：

（一）应当综合考虑药品的特性、工艺和预定用途等因素，确定厂房、生产设施和设备多产品共用的可行性，并有相应评估报告；

（二）生产特殊性质的药品，如高致敏性药品（如青霉素类）或生物制品（如卡介苗或其他用活性微生物制备而成的药品），必须采用专用和独立的厂房、生产设施和设备。青霉素类药品产尘量大的操作区域应当保持相对负压，排至室外的废气应当经过净化处理并符合要求，排风口应当远离其他空气净化系统的进风口；

（三）生产 β-内酰胺结构类药品、性激素类避孕药品必须使用专用设施（如独立的空气净化系统）和设备，并与其他药品生产区严格分开；

（四）生产某些激素类、细胞毒性类、高活性化学药品应当使用专用设施（如独立的空气净化系统）和设备；特殊情况下，如采取特别防护措施并经过必要的验证，上述药品制剂则可通过阶段性生产方式共用同一生产设施和设备；

（五）用于上述第（二）、（三）、（四）项的空气净化系统，其排风应当经过净化处理；

（六）药品生产厂房不得用于生产对药品质量有不利影响的非药用产品。

第四十七条　生产区和贮存区应当有足够的空间，确保有序地存放设备、物料、中间产品、待包装产品和成品，避免不同产品或物料的混淆、交叉污染，避免生产或质量控制操作发生遗漏或差错。

第四十八条　应当根据药品品种、生产操作要求及外部环境状况等配置空调净化系统，使生产区有效通风，并有温度、湿度控制和空气净化过滤，保证药品的生产环境符合要求。

洁净区与非洁净区之间、不同级别洁净区之间的压差应当不低于 10 帕斯卡。必要时，相同洁净度级别的不同功能区域（操作间）之间也应当保持适当的压差梯度。

口服液体和固体制剂、腔道用药（含直肠用药）、表皮外用药品等非无菌制剂生产的暴露工序区域及其直接接触药品的包装材料最终处理的暴露工序区域，应当参照"无菌药品"附录中 D 级洁净区的要求设置，企业可根据产品的标准和特性对该区域采取适当的微生物监控措施。

第四十九条　洁净区的内表面（墙壁、地面、天棚）应当平整光滑、无裂缝、接口严密、无颗粒物脱落，避免积尘，便于有效清洁，必要时应当进行消毒。

第五十条　各种管道、照明设施、风口和其他公用设施的设计和安装应当避免出现不易清洁的部位，应当尽可能在生产区外部对其进行维护。

第五十一条　排水设施应当大小适宜，并安装防止倒灌的装置。应当尽可能避免明沟排水；不可避免时，明沟宜浅，以方便清洁和消毒。

第五十二条　制剂的原辅料称量通常应当在专门设计的称量室内进行。

第五十三条　产尘操作间（如干燥物料或产品的取样、称量、混合、包装等操作间）应当保持相对负压或采取专门的措施，防止粉尘扩散、避免交叉污染并便于清洁。

第五十四条　用于药品包装的厂房或区域应当合理设计和布局，以避免混淆或交叉污染。如同一区域内有数条包装线，应当有隔离措施。

第五十五条　生产区应当有适度的照明，目视操作区域的照明应当满足操作要求。

第五十六条　生产区内可设中间控制区域，但中间控制操作不得给药品带来质量风险。

第三节　仓储区（57～62）

第五十七条　仓储区应当有足够的空间，确保有序存放待验、合格、不合格、退货或召回的原辅料、包装材料、中间产品、待包装产品和成品等各类物料和产品。

第五十八条　仓储区的设计和建造应当确保良好的仓储条件，并有通风和照明设施。仓储区应当能够满足物料或产品的贮存条件（如温湿度、避光）和安全贮存的要求，并进行检查和监控。

第五十九条　高活性的物料或产品以及印刷包装材料应当贮存于安全的区域。

第六十条　接收、发放和发运区域应当能够保护物料、产品免受外界天气（如雨、雪）的影响。接收区的布局和设施应当能够确保到货物料在进入仓储区前可对外包装进行必要的清洁。

第六十一条　如采用单独的隔离区域贮存待验物料，待验区应当有醒目的标识，且只限于经批准的人员出入。

不合格、退货或召回的物料或产品应当隔离存放。

如果采用其他方法替代物理隔离，则该方法应当具有同等的安全性。

第六十二条　通常应当有单独的物料取样区。取样区的空气洁净度级别应当与生产要求一致。如在其他区域或采用其他方式取样，应当能够防止污染或交叉污染。

第四节　质量控制区（63～67）

第六十三条　质量控制实验室通常应当与生产区分开。生物检定、微生物和放射性同位素的实验室还应当彼此分开。

第六十四条　实验室的设计应当确保其适用于预定的用途，并能够避免混淆和交叉污染，应当有足够的区域用于样品处置、留样和稳定性考察样品的存放以及记录的保存。

第六十五条　必要时，应当设置专门的仪器室，使灵敏度高的仪器免受静电、震动、潮湿或其他外界因素的干扰。

第六十六条　处理生物样品或放射性样品等特殊物品的实验室应当符合国家的有关要求。

第六十七条　实验动物房应当与其他区域严格分开，其设计、建造应当符合国家有关规定，并设有独立的空气处理设施以及动物的专用通道。

第五节　辅助区（68～70）

第六十八条　休息室的设置不应当对生产区、仓储区和质量控制区造成不良影响。

第六十九条　更衣室和盥洗室应当方便人员进出，并与使用人数相适应。盥洗室不得与生产区和仓储区直接相通。

第七十条　维修间应当尽可能远离生产区。存放在洁净区内的维修用备件和工具，应当放置在专门的房间或工具柜中。

第五章　设　备

第一节　原　则（71～73）

第七十一条　设备的设计、选型、安装、改造和维护必须符合预定用途，应当尽可能降低产生污染、交叉污染、混淆和差错的风险，便于操作、清洁、维护，以及必要时进行的消毒或灭菌。

第七十二条　应当建立设备使用、清洁、维护和维修的操作规程，并保存相应的操作记录。

第七十三条　应当建立并保存设备采购、安装、确认的文件和记录。

第二节　设计和安装（74～78）

第七十四条　生产设备不得对药品质量产生任何不利影响。与药品直接接触的生产设备表面应当平整、光洁、易清洗或消毒、耐腐蚀，不得与药品发生化学反应、吸附药品或向药品中释放物质。

第七十五条　应当配备有适当量程和精度的衡器、量具、仪器和仪表。

第七十六条　应当选择适当的清洗、清洁设备，并防止这类设备成为污染源。

第七十七条　设备所用的润滑剂、冷却剂等不得对药品或容器造成污染，应当尽可能使用食用级或级别相当的润滑剂。

第七十八条　生产用模具的采购、验收、保管、维护、发放及报废应当制定相应的操作规程，设专人专柜保管，并有相应记录。

第三节　维护和维修（79～81）

第七十九条　设备的维护和维修不得影响产品质量。

第八十条　应当制定设备的预防性维护计划和操作规程，设备的维护和维修应当有相应的记录。

第八十一条　经改造或重大维修的设备应当进行再确认，符合要求后方可用于生产。

第四节　使用和清洁（82～89）

第八十二条　主要生产和检验设备都应当有明确的操作规程。

第八十三条　生产设备应当在确认的参数范围内使用。

第八十四条　应当按照详细规定的操作规程清洁生产设备。

生产设备清洁的操作规程应当规定具体而完整的清洁方法、清洁用设备或工具、清洁剂的名称和配制方法、去除前一批次标识的方法、保护已清洁设备在使用前免受污染的方法、已清洁设备最长的保存时限、使用前检查设备清洁状况的方法，使操作者能以可重现的、有效的方式对各类设备进行清洁。

如需拆装设备，还应当规定设备拆装的顺序和方法；如需对设备消毒或灭菌，还应当规定消毒或灭菌的具体方法、消毒剂的名称和配制方法。必要时，还应当规定设备生产结束至清洁前所允许的最长间隔时限。

第八十五条　已清洁的生产设备应当在清洁、干燥的条件下存放。

第八十六条　用于药品生产或检验的设备和仪器，应当有使用日志，记录内容包括使用、清洁、维护和维修情况以及日期、时间、所生产及检验的药品名称、规格和批号等。

第八十七条　生产设备应当有明显的状态标识，标明设备编号和内容物（如名称、规格、批号）；没有内容物的应当标明清洁状态。

第八十八条　不合格的设备如有可能应当搬出生产和质量控制区，未搬出前，应当有醒目的状态标识。

第八十九条　主要固定管道应当标明内容物名称和流向。

第五节　校　准（90～95）

第九十条　应当按照操作规程和校准计划定期对生产和检验用衡器、量具、仪表、记录和控制设备以及仪器进行校准和检查，并保存相关记录。校准的量程范围应当涵盖实际生产和检验的使用范围。

第九十一条　应当确保生产和检验使用的关键衡器、量具、仪表、记录和控制设备以及仪器经过校准，所得出的数据准确、可靠。

第九十二条　应当使用计量标准器具进行校准，且所用计量标准器具应当符合国家有关规定。校准记录应当标明所用计量标准器具的名称、编号、校准有效期和计量合格证明编号，确保记录的可追溯性。

第九十三条　衡器、量具、仪表、用于记录和控制的设备以及仪器应当有明显的标识，标明其校准有效期。

第九十四条　不得使用未经校准、超过校准有效期、失准的衡器、量具、仪表以及用于记录和控制的设备、仪器。

第九十五条　在生产、包装、仓储过程中使用自动或电子设备的，应当按照操作规程定期进行校准和检查，确保其操作功能正常。校准和检查应当有相应的记录。

第六节　制药用水（96～101）

第九十六条　制药用水应当适合其用途，并符合《中华人民共和国药典》的质量标准及相关要求。制药用水至少应当采用饮用水。

第九十七条　水处理设备及其输送系统的设计、安装、运行和维护应当确保制药用水达到设定的质量标准。水处理设备的运行不得超出其设计能力。

第九十八条　纯化水、注射用水储罐和输送管道所用材料应当无毒、耐腐蚀；储罐的通气口应当安装不脱落纤维的疏水性除菌滤器；管道的设计和安装应当避免死角、盲管。

第九十九条　纯化水、注射用水的制备、贮存和分配应当能够防止微生物的滋生。纯化水可采用循环，注射用水可采用70℃以上保温循环。

第一百条　应当对制药用水及原水的水质进行定期监测，并有相应的记录。

第一百零一条　应当按照操作规程对纯化水、注射用水管道进行清洗消毒，并有相关记录。发现制药用水微生物污染达到警戒限度、纠偏限度时应当按照操作规程处理。

第六章 物料与产品

第一节 原 则（102～109）

第一百零二条 药品生产所用的原辅料、与药品直接接触的包装材料应当符合相应的质量标准。药品上直接印字所用油墨应当符合食用标准要求。

进口原辅料应当符合国家相关的进口管理规定。

第一百零三条 应当建立物料和产品的操作规程，确保物料和产品的正确接收、贮存、发放、使用和发运，防止污染、交叉污染、混淆和差错。

物料和产品的处理应当按照操作规程或工艺规程执行，并有记录。

第一百零四条 物料供应商的确定及变更应当进行质量评估，并经质量管理部门批准后方可采购。

第一百零五条 物料和产品的运输应当能够满足其保证质量的要求，对运输有特殊要求的，其运输条件应当予以确认。

第一百零六条 原辅料、与药品直接接触的包装材料和印刷包装材料的接收应当有操作规程，所有到货物料均应当检查，以确保与订单一致，并确认供应商已经质量管理部门批准。

物料的外包装应当有标签，并注明规定的信息。必要时，还应当进行清洁，发现外包装损坏或其他可能影响物料质量的问题，应当向质量管理部门报告并进行调查和记录。

每次接收均应当有记录，内容包括：

（一）交货单和包装容器上所注物料的名称；

（二）企业内部所用物料名称和（或）代码；

（三）接收日期；

（四）供应商和生产商（如不同）的名称；

（五）供应商和生产商（如不同）标识的批号；

（六）接收总量和包装容器数量；

（七）接收后企业指定的批号或流水号；

（八）有关说明（如包装状况）。

第一百零七条 物料接收和成品生产后应当及时按照待验管理，直至放行。

第一百零八条 物料和产品应当根据其性质有序分批贮存和周转，发放及发运应当符合先进先出和近效期先出的原则。

第一百零九条 使用计算机化仓储管理的，应当有相应的操作规程，防止因系统故障、停机等特殊情况而造成物料和产品的混淆和差错。

使用完全计算机化仓储管理系统进行识别的，物料、产品等相关信息可不必以书面可读的方式标出。

第二节 原辅料（110～117）

第一百一十条 应当制定相应的操作规程，采取核对或检验等适当措施，确认每一包装内的原辅料正确无误。

第一百一十一条 一次接收数个批次的物料，应当按批取样、检验、放行。

第一百一十二条　仓储区内的原辅料应当有适当的标识，并至少标明下述内容：

（一）指定的物料名称和企业内部的物料代码；

（二）企业接收时设定的批号；

（三）物料质量状态（如待验、合格、不合格、已取样）；

（四）有效期或复验期。

第一百一十三条　只有经质量管理部门批准放行并在有效期或复验期内的原辅料方可使用。

第一百一十四条　原辅料应当按照有效期或复验期贮存。贮存期内，如发现对质量有不良影响的特殊情况，应当进行复验。

第一百一十五条　应当由指定人员按照操作规程进行配料，核对物料后，精确称量或计量，并作好标识。

第一百一十六条　配制的每一物料及其重量或体积应当由他人独立进行复核，并有复核记录。

第一百一十七条　用于同一批药品生产的所有配料应当集中存放，并作好标识。

第三节　中间产品和待包装产品（118、119）

第一百一十八条　中间产品和待包装产品应当在适当的条件下贮存。

第一百一十九条　中间产品和待包装产品应当有明确的标识，并至少标明下述内容：

（一）产品名称和企业内部的产品代码；

（二）产品批号；

（三）数量或重量（如毛重、净重等）；

（四）生产工序（必要时）；

（五）产品质量状态（必要时，如待验、合格、不合格、已取样）。

第四节　包装材料（120～127）

第一百二十条　与药品直接接触的包装材料和印刷包装材料的管理和控制要求与原辅料相同。

第一百二十一条　包装材料应当由专人按照操作规程发放，并采取措施避免混淆和差错，确保用于药品生产的包装材料正确无误。

第一百二十二条　应当建立印刷包装材料设计、审核、批准的操作规程，确保印刷包装材料印制的内容与药品监督管理部门核准的一致，并建立专门的文档，保存经签名批准的印刷包装材料原版实样。

第一百二十三条　印刷包装材料的版本变更时，应当采取措施，确保产品所用印刷包装材料的版本正确无误。宜收回作废的旧版印刷模板并予以销毁。

第一百二十四条　印刷包装材料应当设置专门区域妥善存放，未经批准人员不得进入。切割式标签或其他散装印刷包装材料应当分别置于密闭容器内储运，以防混淆。

第一百二十五条　印刷包装材料应当由专人保管，并按照操作规程和需求量发放。

第一百二十六条　每批或每次发放的与药品直接接触的包装材料或印刷包装材料，均应当有识别标志，标明所用产品的名称和批号。

第一百二十七条　过期或废弃的印刷包装材料应当予以销毁并记录。

第五节　成　品（128、129）

第一百二十八条　成品放行前应当待验贮存。

第一百二十九条　成品的贮存条件应当符合药品注册批准的要求。

第六节　特殊管理的物料和产品（130）

第一百三十条　麻醉药品、精神药品、医疗用毒性药品（包括药材）、放射性药品、药品类易制毒化学品及易燃、易爆和其他危险品的验收、贮存、管理应当执行国家有关的规定。

第七节　其　他（131~137）

第一百三十一条　不合格的物料、中间产品、待包装产品和成品的每个包装容器上均应当有清晰醒目的标志，并在隔离区内妥善保存。

第一百三十二条　不合格的物料、中间产品、待包装产品和成品的处理应当经质量管理负责人批准，并有记录。

第一百三十三条　产品回收需经预先批准，并对相关的质量风险进行充分评估，根据评估结论决定是否回收。回收应当按照预定的操作规程进行，并有相应记录。回收处理后的产品应当按照回收处理中最早批次产品的生产日期确定有效期。

第一百三十四条　制剂产品不得进行重新加工。不合格的制剂中间产品、待包装产品和成品一般不得进行返工。只有不影响产品质量、符合相应质量标准，且根据预定、经批准的操作规程以及对相关风险充分评估后，才允许返工处理。返工应当有相应记录。

第一百三十五条　对返工或重新加工或回收合并后生产的成品，质量管理部门应当考虑需要进行额外相关项目的检验和稳定性考察。

第一百三十六条　企业应当建立药品退货的操作规程，并有相应的记录，内容至少应当包括：产品名称、批号、规格、数量、退货单位及地址、退货原因及日期、最终处理意见。

同一产品同一批号不同渠道的退货应当分别记录、存放和处理。

第一百三十七条　只有经检查、检验和调查，有证据证明退货质量未受影响，且经质量管理部门根据操作规程评价后，方可考虑将退货重新包装、重新发运销售。评价考虑的因素至少应当包括药品的性质、所需的贮存条件、药品的现状、历史，以及发运与退货之间的间隔时间等因素。不符合贮存和运输要求的退货，应当在质量管理部门监督下予以销毁。对退货质量存有怀疑时，不得重新发运。

对退货进行回收处理的，回收后的产品应当符合预定的质量标准和第一百三十三条的要求。

退货处理的过程和结果应当有相应记录。

第七章　确认与验证（138~149）

第一百三十八条　企业应当确定需要进行的确认或验证工作，以证明有关操作的关键要素能够得到有效控制。确认或验证的范围和程度应当经过风险评估来确定。

第一百三十九条 企业的厂房、设施、设备和检验仪器应当经过确认，应当采用经过验证的生产工艺、操作规程和检验方法进行生产、操作和检验，并保持持续的验证状态。

第一百四十条 应当建立确认与验证的文件和记录，并能以文件和记录证明达到以下预定的目标：

（一）设计确认应当证明厂房、设施、设备的设计符合预定用途和本规范要求；

（二）安装确认应当证明厂房、设施、设备的建造和安装符合设计标准；

（三）运行确认应当证明厂房、设施、设备的运行符合设计标准；

（四）性能确认应当证明厂房、设施、设备在正常操作方法和工艺条件下能够持续符合标准；

（五）工艺验证应当证明一个生产工艺按照规定的工艺参数能够持续生产出符合预定用途和注册要求的产品。

第一百四十一条 采用新的生产处方或生产工艺前，应当验证其常规生产的适用性。生产工艺在使用规定的原辅料和设备条件下，应当能够始终生产出符合预定用途和注册要求的产品。

第一百四十二条 当影响产品质量的主要因素，如原辅料、与药品直接接触的包装材料、生产设备、生产环境（或厂房）、生产工艺、检验方法等发生变更时，应当进行确认或验证。必要时，还应当经药品监督管理部门批准。

第一百四十三条 清洁方法应当经过验证，证实其清洁的效果，以有效防止污染和交叉污染。清洁验证应当综合考虑设备使用情况、所使用的清洁剂和消毒剂、取样方法和位置以及相应的取样回收率、残留物的性质和限度、残留物检验方法的灵敏度等因素。

第一百四十四条 确认和验证不是一次性的行为。首次确认或验证后，应当根据产品质量回顾分析情况进行再确认或再验证。关键的生产工艺和操作规程应当定期进行再验证，确保其能够达到预期结果。

第一百四十五条 企业应当制定验证总计划，以文件形式说明确认与验证工作的关键信息。

第一百四十六条 验证总计划或其他相关文件中应当作出规定，确保厂房、设施、设备、检验仪器、生产工艺、操作规程和检验方法等能够保持持续稳定。

第一百四十七条 应当根据确认或验证的对象制定确认或验证方案，并经审核、批准。确认或验证方案应当明确职责。

第一百四十八条 确认或验证应当按照预先确定和批准的方案实施，并有记录。确认或验证工作完成后，应当写出报告，并经审核、批准。确认或验证的结果和结论（包括评价和建议）应当有记录并存档。

第一百四十九条 应当根据验证的结果确认工艺规程和操作规程。

第八章 文件管理

第一节 原 则 (150～163)

第一百五十条 文件是质量保证系统的基本要素。企业必须有内容正确的书面质量标准、生产处方和工艺规程、操作规程以及记录等文件。

第一百五十一条　企业应当建立文件管理的操作规程，系统地设计、制定、审核、批准和发放文件。与本规范有关的文件应当经质量管理部门的审核。

第一百五十二条　文件的内容应当与药品生产许可、药品注册等相关要求一致，并有助于追溯每批产品的历史情况。

第一百五十三条　文件的起草、修订、审核、批准、替换或撤销、复制、保管和销毁等应当按照操作规程管理，并有相应的文件分发、撤销、复制、销毁记录。

第一百五十四条　文件的起草、修订、审核、批准均应当由适当的人员签名并注明日期。

第一百五十五条　文件应当标明题目、种类、目的以及文件编号和版本号。文字应当确切、清晰、易懂，不能模棱两可。

第一百五十六条　文件应当分类存放、条理分明，便于查阅。

第一百五十七条　原版文件复制时，不得产生任何差错；复制的文件应当清晰可辨。

第一百五十八条　文件应当定期审核、修订；文件修订后，应当按照规定管理，防止旧版文件的误用。分发、使用的文件应当为批准的现行文本，已撤销的或旧版文件除留档备查外，不得在工作现场出现。

第一百五十九条　与本规范有关的每项活动均应当有记录，以保证产品生产、质量控制和质量保证等活动可以追溯。记录应当留有填写数据的足够空格。记录应当及时填写，内容真实，字迹清晰、易读，不易擦除。

第一百六十条　应当尽可能采用生产和检验设备自动打印的记录、图谱和曲线图等，并标明产品或样品的名称、批号和记录设备的信息，操作人应当签注姓名和日期。

第一百六十一条　记录应当保持清洁，不得撕毁和任意涂改。记录填写的任何更改都应当签注姓名和日期，并使原有信息仍清晰可辨，必要时，应当说明更改的理由。记录如需重新誊写，则原有记录不得销毁，应当作为重新誊写记录的附件保存。

第一百六十二条　每批药品应当有批记录，包括批生产记录、批包装记录、批检验记录和药品放行审核记录等与本批产品有关的记录。批记录应当由质量管理部门负责管理，至少保存至药品有效期后一年。

质量标准、工艺规程、操作规程、稳定性考察、确认、验证、变更等其他重要文件应当长期保存。

第一百六十三条　如使用电子数据处理系统、照相技术或其他可靠方式记录数据资料，应当有所用系统的操作规程；记录的准确性应当经过核对。

使用电子数据处理系统的，只有经授权的人员方可输入或更改数据，更改和删除情况应当有记录；应当使用密码或其他方式来控制系统的登录；关键数据输入后，应当由他人独立进行复核。

用电子方法保存的批记录，应当采用磁带、缩微胶卷、纸质副本或其他方法进行备份，以确保记录的安全，且数据资料在保存期内便于查阅。

第二节　质量标准（164～167）

第一百六十四条　物料和成品应当有经批准的现行质量标准；必要时，中间产品或待包装产品也应当有质量标准。

第一百六十五条　物料的质量标准一般应当包括：

（一）物料的基本信息：

1. 企业统一指定的物料名称和内部使用的物料代码；

2. 质量标准的依据；

3. 经批准的供应商；

4. 印刷包装材料的实样或样稿。

（二）取样、检验方法或相关操作规程编号；

（三）定性和定量的限度要求；

（四）贮存条件和注意事项；

（五）有效期或复验期。

第一百六十六条　外购或外销的中间产品和待包装产品应当有质量标准；如果中间产品的检验结果用于成品的质量评价，则应当制定与成品质量标准相对应的中间产品质量标准。

第一百六十七条　成品的质量标准应当包括：

（一）产品名称以及产品代码；

（二）对应的产品处方编号（如有）；

（三）产品规格和包装形式；

（四）取样、检验方法或相关操作规程编号；

（五）定性和定量的限度要求；

（六）贮存条件和注意事项；

（七）有效期。

第三节　工艺规程（168～170）

第一百六十八条　每种药品的每个生产批量均应当有经企业批准的工艺规程，不同药品规格的每种包装形式均应当有各自的包装操作要求。工艺规程的制定应当以注册批准的工艺为依据。

第一百六十九条　工艺规程不得任意更改。如需更改，应当按照相关的操作规程修订、审核、批准。

第一百七十条　制剂的工艺规程的内容至少应当包括：

（一）生产处方：

1. 产品名称和产品代码；

2. 产品剂型、规格和批量；

3. 所用原辅料清单（包括生产过程中使用，但不在成品中出现的物料），阐明每一物料的指定名称、代码和用量；如原辅料的用量需要折算时，还应当说明计算方法。

（二）生产操作要求：

1. 对生产场所和所用设备的说明（如操作间的位置和编号、洁净度级别、必要

的温湿度要求、设备型号和编号等);

2. 关键设备的准备（如清洗、组装、校准、灭菌等）所采用的方法或相应操作规程编号；

3. 详细的生产步骤和工艺参数说明（如物料的核对、预处理、加入物料的顺序、混合时间、温度等）；

4. 所有中间控制方法及标准；

5. 预期的最终产量限度，必要时，还应当说明中间产品的产量限度，以及物料平衡的计算方法和限度；

6. 待包装产品的贮存要求，包括容器、标签及特殊贮存条件；

7. 需要说明的注意事项。

（三）包装操作要求：

1. 以最终包装容器中产品的数量、重量或体积表示的包装形式；

2. 所需全部包装材料的完整清单，包括包装材料的名称、数量、规格、类型以及与质量标准有关的每一包装材料的代码；

3. 印刷包装材料的实样或复制品，并标明产品批号、有效期打印位置；

4. 需要说明的注意事项，包括对生产区和设备进行的检查，在包装操作开始前，确认包装生产线的清场已经完成等；

5. 包装操作步骤的说明，包括重要的辅助性操作和所用设备的注意事项、包装材料使用前的核对；

6. 中间控制的详细操作，包括取样方法及标准；

7. 待包装产品、印刷包装材料的物料平衡计算方法和限度。

第四节　批生产记录（171～175）

第一百七十一条　每批产品均应当有相应的批生产记录，可追溯该批产品的生产历史以及与质量有关的情况。

第一百七十二条　批生产记录应当依据现行批准的工艺规程的相关内容制定。记录的设计应当避免填写差错。批生产记录的每一页应当标注产品的名称、规格和批号。

第一百七十三条　原版空白的批生产记录应当经生产管理负责人和质量管理负责人审核和批准。批生产记录的复制和发放均应当按照操作规程进行控制并有记录，每批产品的生产只能发放一份原版空白批生产记录的复制件。

第一百七十四条　在生产过程中，进行每项操作时应当及时记录，操作结束后，应当由生产操作人员确认并签注姓名和日期。

第一百七十五条　批生产记录的内容应当包括：

（一）产品名称、规格、批号；

（二）生产以及中间工序开始、结束的日期和时间；

（三）每一生产工序的负责人签名；

（四）生产步骤操作人员的签名；必要时，还应当有操作（如称量）复核人员的签名；

（五）每一原辅料的批号以及实际称量的数量（包括投入的回收或返工处理产品的批号及数量）；

（六）相关生产操作或活动、工艺参数及控制范围，以及所用主要生产设备的编号；

（七）中间控制结果的记录以及操作人员的签名；

（八）不同生产工序所得产量及必要时的物料平衡计算；

（九）对特殊问题或异常事件的记录，包括对偏离工艺规程的偏差情况的详细说明或调查报告，并经签字批准。

第五节　批包装记录（176～180）

第一百七十六条　每批产品或每批中部分产品的包装，都应当有批包装记录，以便追溯该批产品包装操作以及与质量有关的情况。

第一百七十七条　批包装记录应当依据工艺规程中与包装相关的内容制定。记录的设计应当注意避免填写差错。批包装记录的每一页均应当标注所包装产品的名称、规格、包装形式和批号。

第一百七十八条　批包装记录应当有待包装产品的批号、数量以及成品的批号和计划数量。原版空白的批包装记录的审核、批准、复制和发放的要求与原版空白的批生产记录相同。

第一百七十九条　在包装过程中，进行每项操作时应当及时记录，操作结束后，应当由包装操作人员确认并签注姓名和日期。

第一百八十条　批包装记录的内容包括：

（一）产品名称、规格、包装形式、批号、生产日期和有效期；

（二）包装操作日期和时间；

（三）包装操作负责人签名；

（四）包装工序的操作人员签名；

（五）每一包装材料的名称、批号和实际使用的数量；

（六）根据工艺规程所进行的检查记录，包括中间控制结果；

（七）包装操作的详细情况，包括所用设备及包装生产线的编号；

（八）所用印刷包装材料的实样，并印有批号、有效期及其他打印内容；不易随批包装记录归档的印刷包装材料可采用印有上述内容的复制品；

（九）对特殊问题或异常事件的记录，包括对偏离工艺规程的偏差情况的详细说明或调查报告，并经签字批准；

（十）所有印刷包装材料和待包装产品的名称、代码，以及发放、使用、销毁或退库的数量、实际产量以及物料平衡检查。

第六节　操作规程和记录（181～183）

第一百八十一条　操作规程的内容应当包括：题目、编号、版本号、颁发部门、生效日期、分发部门以及制定人、审核人、批准人的签名并注明日期，标题、正文及变更历史。

第一百八十二条　厂房、设备、物料、文件和记录应当有编号（或代码），并制定编制编号（或代码）的操作规程，确保编号（或代码）的唯一性。

第一百八十三条　下述活动也应当有相应的操作规程，其过程和结果应当有记录：

（一）确认和验证；

（二）设备的装配和校准；

（三）厂房和设备的维护、清洁和消毒；

（四）培训、更衣及卫生等与人员相关的事宜；

（五）环境监测；

（六）虫害控制；

（七）变更控制；

（八）偏差处理；

（九）投诉；

（十）药品召回；

（十一）退货。

第九章　生产管理

第一节　原　则（184～196）

第一百八十四条　所有药品的生产和包装均应当按照批准的工艺规程和操作规程进行操作并有相关记录，以确保药品达到规定的质量标准，并符合药品生产许可和注册批准的要求。

第一百八十五条　应当建立划分产品生产批次的操作规程，生产批次的划分应当能够确保同一批次产品质量和特性的均一性。

第一百八十六条　应当建立编制药品批号和确定生产日期的操作规程。每批药品均应当编制唯一的批号。除另有法定要求外，生产日期不得迟于产品成型或灌装（封）前经最后混合的操作开始日期，不得以产品包装日期作为生产日期。

第一百八十七条　每批产品应当检查产量和物料平衡，确保物料平衡符合设定的限度。如有差异，必须查明原因，确认无潜在质量风险后，方可按照正常产品处理。

第一百八十八条　不得在同一生产操作间同时进行不同品种和规格药品的生产操作，除非没有发生混淆或交叉污染的可能。

第一百八十九条　在生产的每一阶段，应当保护产品和物料免受微生物和其他污染。

第一百九十条　在干燥物料或产品，尤其是高活性、高毒性或高致敏性物料或产品的生产过程中，应当采取特殊措施，防止粉尘的产生和扩散。

第一百九十一条　生产期间使用的所有物料、中间产品或待包装产品的容器及主要设备、必要的操作室应当贴签标识或以其他方式标明生产中的产品或物料名称、规格和批号，如有必要，还应当标明生产工序。

第一百九十二条　容器、设备或设施所用标识应当清晰明了，标识的格式应当经企业相关部门批准。除在标识上使用文字说明外，还可采用不同的颜色区分被标识物的状态（如待验、合格、不合格或已清洁等）。

第一百九十三条　应当检查产品从一个区域输送至另一个区域的管道和其他设备连接，确保连接正确无误。

第一百九十四条　每次生产结束后应当进行清场，确保设备和工作场所没有遗留与本次生产有关的物料、产品和文件。下次生产开始前，应当对前次清场情况进行确认。

第一百九十五条　应当尽可能避免出现任何偏离工艺规程或操作规程的偏差。一旦出现偏差，应当按照偏差处理操作规程执行。

第一百九十六条　生产厂房应当仅限于经批准的人员出入。

第二节　防止生产过程中的污染和交叉污染（197、198）

第一百九十七条　生产过程中应当尽可能采取措施，防止污染和交叉污染，如：

（一）在分隔的区域内生产不同品种的药品；

（二）采用阶段性生产方式；

（三）设置必要的气锁间和排风；空气洁净度级别不同的区域应当有压差控制；

（四）应当降低未经处理或未经充分处理的空气再次进入生产区导致污染的风险；

（五）在易产生交叉污染的生产区内，操作人员应当穿戴该区域专用的防护服；

（六）采用经过验证或已知有效的清洁和去污染操作规程进行设备清洁；必要时，应当对与物料直接接触的设备表面的残留物进行检测；

（七）采用密闭系统生产；

（八）干燥设备的进风应当有空气过滤器，排风应当有防止空气倒流装置；

（九）生产和清洁过程中应当避免使用易碎、易脱屑、易发霉器具；使用筛网时，应当有防止因筛网断裂而造成污染的措施；

（十）液体制剂的配制、过滤、灌封、灭菌等工序应当在规定时间内完成；

（十一）软膏剂、乳膏剂、凝胶剂等半固体制剂以及栓剂的中间产品应当规定贮存期和贮存条件。

第一百九十八条　应当定期检查防止污染和交叉污染的措施并评估其适用性和有效性。

第三节　生产操作（199～201）

第一百九十九条　生产开始前应当进行检查，确保设备和工作场所没有上批遗留的产品、文件或与本批产品生产无关的物料，设备处于已清洁及待用状态。检查结果应当有记录。

生产操作前，还应当核对物料或中间产品的名称、代码、批号和标识，确保生产所用物料或中间产品正确且符合要求。

第二百条　应当进行中间控制和必要的环境监测，并予以记录。

第二百零一条　每批药品的每一生产阶段完成后必须由生产操作人员清场，并填写清场记录。清场记录内容包括：操作间编号、产品名称、批号、生产工序、清场日期、检查项目及结果、清场负责人及复核人签名。清场记录应当纳入批生产记录。

第四节　包装操作（202～216）

第二百零二条　包装操作规程应当规定降低污染和交叉污染、混淆或差错风险的措施。

第二百零三条　包装开始前应当进行检查，确保工作场所、包装生产线、印刷机及其他设备已处于清洁或待用状态，无上批遗留的产品、文件或与本批产品包装无关的物料。检查结果应当有记录。

第二百零四条　包装操作前，还应当检查所领用的包装材料正确无误，核对待包装产品和所用包装材料的名称、规格、数量、质量状态，且与工艺规程相符。

第二百零五条　每一包装操作场所或包装生产线，应当有标识标明包装中的产品名称、规格、批号和批量的生产状态。

第二百零六条　有数条包装线同时进行包装时，应当采取隔离或其他有效防止污染、交叉污染或混淆的措施。

第二百零七条　待用分装容器在分装前应当保持清洁，避免容器中有玻璃碎屑、金属颗粒等污染物。

第二百零八条　产品分装、封口后应当及时贴签。未能及时贴签时，应当按照相关的操作规程操作，避免发生混淆或贴错标签等差错。

第二百零九条　单独打印或包装过程中在线打印的信息（如产品批号或有效期）均应当进行检查，确保其正确无误，并予以记录。如手工打印，应当增加检查频次。

第二百一十条　使用切割式标签或在包装线以外单独打印标签，应当采取专门措施，防止混淆。

第二百一十一条　应当对电子读码机、标签计数器或其他类似装置的功能进行检查，确保其准确运行。检查应当有记录。

第二百一十二条　包装材料上印刷或模压的内容应当清晰，不易褪色和擦除。

第二百一十三条　包装期间，产品的中间控制检查应当至少包括下述内容：

（一）包装外观；

（二）包装是否完整；

（三）产品和包装材料是否正确；

（四）打印信息是否正确；

（五）在线监控装置的功能是否正常。

样品从包装生产线取走后不应当再返还，以防止产品混淆或污染。

第二百一十四条　因包装过程产生异常情况而需要重新包装产品的，必须经专门检查、调查并由指定人员批准。重新包装应当有详细记录。

第二百一十五条　在物料平衡检查中，发现待包装产品、印刷包装材料以及成品数量有显著差异时，应当进行调查，未得出结论前，成品不得放行。

第二百一十六条　包装结束时，已打印批号的剩余包装材料应当由专人负责全部计数销毁，并有记录。如将未打印批号的印刷包装材料退库，应当按照操作规程执行。

第十章　质量控制与质量保证

第一节　质量控制实验室管理（217～227）

第二百一十七条　质量控制实验室的人员、设施、设备应当与产品性质和生产规模相适应。

企业通常不得进行委托检验，确需委托检验的，应当按照第十一章中委托检验部分的规定，委托外部实验室进行检验，但应当在检验报告中予以说明。

第二百一十八条　质量控制负责人应当具有足够的管理实验室的资质和经验，可以管理同一企业的一个或多个实验室。

第二百一十九条　质量控制实验室的检验人员至少应当具有相关专业中专或高中以上学历，并经过与所从事的检验操作相关的实践培训且通过考核。

第二百二十条　质量控制实验室应当配备药典、标准图谱等必要的工具书，以及标准品或对照品等相关的标准物质。

第二百二十一条　质量控制实验室的文件应当符合第八章的原则，并符合下列要求：

（一）质量控制实验室应当至少有下列详细文件：

1. 质量标准；

2. 取样操作规程和记录；

3. 检验操作规程和记录（包括检验记录或实验室工作记事簿）；

4. 检验报告或证书；

5. 必要的环境监测操作规程、记录和报告；

6. 必要的检验方法验证报告和记录；

7. 仪器校准和设备使用、清洁、维护的操作规程及记录。

（二）每批药品的检验记录应当包括中间产品、待包装产品和成品的质量检验记录，可追溯该批药品所有相关的质量检验情况；

（三）宜采用便于趋势分析的方法保存某些数据（如检验数据、环境监测数据、制药用水的微生物监测数据）；

（四）除与批记录相关的资料信息外，还应当保存其他原始资料或记录，以方便查阅。

第二百二十二条　取样应当至少符合以下要求：

（一）质量管理部门的人员有权进入生产区和仓储区进行取样及调查；

（二）应当按照经批准的操作规程取样，操作规程应当详细规定：

1. 经受权的取样人；

2. 取样方法；

3. 所用器具；

4. 样品量；

5. 分样的方法；

6. 存放样品容器的类型和状态；

7. 取样后剩余部分及样品的处置和标识；

8. 取样注意事项，包括为降低取样过程产生的各种风险所采取的预防措施，尤其是无菌或有害物料的取样以及防止取样过程中污染和交叉污染的注意事项；

9. 贮存条件；

10. 取样器具的清洁方法和贮存要求。

（三）取样方法应当科学、合理，以保证样品的代表性；

（四）留样应当能够代表被取样批次的产品或物料，也可抽取其他样品来监控生产过程中最重要的环节（如生产的开始或结束）；

（五）样品的容器应当贴有标签，注明样品名称、批号、取样日期、取自哪一包装容器、取样人等信息；

（六）样品应当按照规定的贮存要求保存。

第二百二十三条　物料和不同生产阶段产品的检验应当至少符合以下要求：

（一）企业应当确保药品按照注册批准的方法进行全项检验；

（二）符合下列情形之一的，应当对检验方法进行验证：

1. 采用新的检验方法；

2. 检验方法需变更的；

3. 采用《中华人民共和国药典》及其他法定标准未收载的检验方法；

4. 法规规定的其他需要验证的检验方法。

（三）对不需要进行验证的检验方法，企业应当对检验方法进行确认，以确保检验数据准确、可靠；

（四）检验应当有书面操作规程，规定所用方法、仪器和设备，检验操作规程的内容应当与经确认或验证的检验方法一致；

（五）检验应当有可追溯的记录并应当复核，确保结果与记录一致。所有计算均应当严格核对；

（六）检验记录应当至少包括以下内容：

1. 产品或物料的名称、剂型、规格、批号或供货批号，必要时注明供应商和生产商（如不同）的名称或来源；

2. 依据的质量标准和检验操作规程；

3. 检验所用的仪器或设备的型号和编号；

4. 检验所用的试液和培养基的配制批号、对照品或标准品的来源和批号；

5. 检验所用动物的相关信息；

6. 检验过程，包括对照品溶液的配制、各项具体的检验操作、必要的环境温湿度；

7. 检验结果，包括观察情况、计算和图谱或曲线图，以及依据的检验报告编号；

8. 检验日期；

9. 检验人员的签名和日期；

10. 检验、计算复核人员的签名和日期。

（七）所有中间控制（包括生产人员所进行的中间控制），均应当按照经质量管理部门批准的方法进行，检验应当有记录；

（八）应当对实验室容量分析用玻璃仪器、试剂、试液、对照品以及培养基进行质量检查；

（九）必要时应当将检验用实验动物在使用前进行检验或隔离检疫。饲养和管理应当符合相关的实验动物管理规定。动物应当有标识，并应当保存使用的历史记录。

第二百二十四条　质量控制实验室应当建立检验结果超标调查的操作规程。任何检验结果超标都必须按照操作规程进行完整的调查，并有相应的记录。

第二百二十五条 企业按规定保存的、用于药品质量追溯或调查的物料、产品样品为留样。用于产品稳定性考察的样品不属于留样。

留样应当至少符合以下要求：

（一）应当按照操作规程对留样进行管理；

（二）留样应当能够代表被取样批次的物料或产品；

（三）成品的留样：

1. 每批药品均应当有留样；如果一批药品分成数次进行包装，则每次包装至少应当保留一件最小市售包装的成品；

2. 留样的包装形式应当与药品市售包装形式相同，原料药的留样如无法采用市售包装形式的，可采用模拟包装；

3. 每批药品的留样数量一般至少应当能够确保按照注册批准的质量标准完成两次全检（无菌检查和热原检查等除外）；

4. 如果不影响留样的包装完整性，保存期间内至少应当每年对留样进行一次目检观察，如有异常，应当进行彻底调查并采取相应的处理措施；

5. 留样观察应当有记录；

6. 留样应当按照注册批准的贮存条件至少保存至药品有效期后一年；

7. 如企业终止药品生产或关闭的，应当将留样转交受权单位保存，并告知当地药品监督管理部门，以便在必要时可随时取得留样。

（四）物料的留样：

1. 制剂生产用每批原辅料和与药品直接接触的包装材料均应当有留样。与药品直接接触的包装材料（如输液瓶），如成品已有留样，可不必单独留样；

2. 物料的留样量应当至少满足鉴别的需要；

3. 除稳定性较差的原辅料外，用于制剂生产的原辅料（不包括生产过程中使用的溶剂、气体或制药用水）和与药品直接接触的包装材料的留样应当至少保存至产品放行后二年。如果物料的有效期较短，则留样时间可相应缩短；

4. 物料的留样应当按照规定的条件贮存，必要时还应当适当包装密封。

第二百二十六条 试剂、试液、培养基和检定菌的管理应当至少符合以下要求：

（一）试剂和培养基应当从可靠的供应商处采购，必要时应当对供应商进行评估；

（二）应当有接收试剂、试液、培养基的记录，必要时，应当在试剂、试液、培养基的容器上标注接收日期；

（三）应当按照相关规定或使用说明配制、贮存和使用试剂、试液和培养基。特殊情况下，在接收或使用前，还应当对试剂进行鉴别或其他检验；

（四）试液和已配制的培养基应当标注配制批号、配制日期和配制人员姓名，并有配制（包括灭菌）记录。不稳定的试剂、试液和培养基应当标注有效期及特殊贮存条件。标准液、滴定液还应当标注最后一次标化的日期和校正因子，并有标化记录；

（五）配制的培养基应当进行适用性检查，并有相关记录。应当有培养基使用记录；

（六）应当有检验所需的各种检定菌，并建立检定菌保存、传代、使用、销毁的操作规程和相应记录；

（七）检定菌应当有适当的标识，内容至少包括菌种名称、编号、代次、传代日期、传代操作人；

（八）检定菌应当按照规定的条件贮存，贮存的方式和时间不应当对检定菌的生长特性有不利影响。

第二百二十七条　标准品或对照品的管理应当至少符合以下要求：

（一）标准品或对照品应当按照规定贮存和使用；

（二）标准品或对照品应当有适当的标识，内容至少包括名称、批号、制备日期（如有）、有效期（如有）、首次开启日期、含量或效价、贮存条件；

（三）企业如需自制工作标准品或对照品，应当建立工作标准品或对照品的质量标准以及制备、鉴别、检验、批准和贮存的操作规程，每批工作标准品或对照品应当用法定标准品或对照品进行标化，并确定有效期，还应当通过定期标化证明工作标准品或对照品的效价或含量在有效期内保持稳定。标化的过程和结果应当有相应的记录。

第二节　物料和产品放行（228～230）

第二百二十八条　应当分别建立物料和产品批准放行的操作规程，明确批准放行的标准、职责，并有相应的记录。

第二百二十九条　物料的放行应当至少符合以下要求：

（一）物料的质量评价内容应当至少包括生产商的检验报告、物料包装完整性和密封性的检查情况和检验结果；

（二）物料的质量评价应当有明确的结论，如批准放行、不合格或其他决定；

（三）物料应当由指定人员签名批准放行。

第二百三十条　产品的放行应当至少符合以下要求：

（一）在批准放行前，应当对每批药品进行质量评价，保证药品及其生产应当符合注册和本规范要求，并确认以下各项内容：

1. 主要生产工艺和检验方法经过验证；

2. 已完成所有必需的检查、检验，并综合考虑实际生产条件和生产记录；

3. 所有必需的生产和质量控制均已完成并经相关主管人员签名；

4. 变更已按照相关规程处理完毕，需要经药品监督管理部门批准的变更已得到批准；

5. 对变更或偏差已完成所有必要的取样、检查、检验和审核；

6. 所有与该批产品有关的偏差均已有明确的解释或说明，或者已经过彻底调查和适当处理；如偏差还涉及其他批次产品，应当一并处理。

（二）药品的质量评价应当有明确的结论，如批准放行、不合格或其他决定；

（三）每批药品均应当由质量受权人签名批准放行；

（四）疫苗类制品、血液制品、用于血源筛查的体外诊断试剂以及国家食品药品监督管理局规定的其他生物制品放行前还应当取得批签发合格证明。

第三节　持续稳定性考察（231～239）

第二百三十一条　持续稳定性考察的目的是在有效期内监控已上市药品的质

量，以发现药品与生产相关的稳定性问题（如杂质含量或溶出度特性的变化），并确定药品能够在标示的贮存条件下，符合质量标准的各项要求。

第二百三十二条 持续稳定性考察主要针对市售包装药品，但也需兼顾待包装产品。例如，当待包装产品在完成包装前，或从生产厂运输到包装厂，还需要长期贮存时，应当在相应的环境条件下，评估其对包装后产品稳定性的影响。此外，还应当考虑对贮存时间较长的中间产品进行考察。

第二百三十三条 持续稳定性考察应当有考察方案，结果应当有报告。用于持续稳定性考察的设备（尤其是稳定性试验设备或设施）应当按照第七章和第五章的要求进行确认和维护。

第二百三十四条 持续稳定性考察的时间应当涵盖药品有效期，考察方案应当至少包括以下内容：

（一）每种规格、每个生产批量药品的考察批次数；

（二）相关的物理、化学、微生物和生物学检验方法，可考虑采用稳定性考察专属的检验方法；

（三）检验方法依据；

（四）合格标准；

（五）容器密封系统的描述；

（六）试验间隔时间（测试时间点）；

（七）贮存条件（应当采用与药品标示贮存条件相对应的《中华人民共和国药典》规定的长期稳定性试验标准条件）；

（八）检验项目，如检验项目少于成品质量标准所包含的项目，应当说明理由。

第二百三十五条 考察批次数和检验频次应当能够获得足够的数据，以供趋势分析。通常情况下，每种规格、每种内包装形式的药品，至少每年应当考察一个批次，除非当年没有生产。

第二百三十六条 某些情况下，持续稳定性考察中应当额外增加批次数，如重大变更或生产和包装有重大偏差的药品应当列入稳定性考察。此外，重新加工、返工或回收的批次，也应当考虑列入考察，除非已经过验证和稳定性考察。

第二百三十七条 关键人员，尤其是质量受权人，应当了解持续稳定性考察的结果。当持续稳定性考察不在待包装产品和成品的生产企业进行时，则相关各方之间应当有书面协议，且均应当保存持续稳定性考察的结果以供药品监督管理部门审查。

第二百三十八条 应当对不符合质量标准的结果或重要的异常趋势进行调查。对任何已确认的不符合质量标准的结果或重大不良趋势，企业都应当考虑是否可能对已上市药品造成影响，必要时应当实施召回，调查结果以及采取的措施应当报告当地药品监督管理部门。

第二百三十九条 应当根据所获得的全部数据资料，包括考察的阶段性结论，撰写总结报告并保存。应当定期审核总结报告。

第四节　变更控制（240～246）

第二百四十条 企业应当建立变更控制系统，对所有影响产品质量的变更进行评估和管理。需要经药品监督管理部门批准的变更应当在得到批准后方可实施。

第二百四十一条　应当建立操作规程，规定原辅料、包装材料、质量标准、检验方法、操作规程、厂房、设施、设备、仪器、生产工艺和计算机软件变更的申请、评估、审核、批准和实施。质量管理部门应当指定专人负责变更控制。

第二百四十二条　变更都应当评估其对产品质量的潜在影响。企业可以根据变更的性质、范围、对产品质量潜在影响的程度将变更分类（如主要、次要变更）。判断变更所需的验证、额外的检验以及稳定性考察应当有科学依据。

第二百四十三条　与产品质量有关的变更由申请部门提出后，应当经评估、制定实施计划并明确实施职责，最终由质量管理部门审核批准。变更实施应当有相应的完整记录。

第二百四十四条　改变原辅料、与药品直接接触的包装材料、生产工艺、主要生产设备以及其他影响药品质量的主要因素时，还应当对变更实施后最初至少三个批次的药品质量进行评估。如果变更可能影响药品的有效期，则质量评估还应当包括对变更实施后生产的药品进行稳定性考察。

第二百四十五条　变更实施时，应当确保与变更相关的文件均已修订。

第二百四十六条　质量管理部门应当保存所有变更的文件和记录。

第五节　偏差处理（247～251）

第二百四十七条　各部门负责人应当确保所有人员正确执行生产工艺、质量标准、检验方法和操作规程，防止偏差的产生。

第二百四十八条　企业应当建立偏差处理的操作规程，规定偏差的报告、记录、调查、处理以及所采取的纠正措施，并有相应的记录。

第二百四十九条　任何偏差都应当评估其对产品质量的潜在影响。企业可以根据偏差的性质、范围、对产品质量潜在影响的程度将偏差分类（如重大、次要偏差），对重大偏差的评估还应当考虑是否需要对产品进行额外的检验以及对产品有效期的影响，必要时，应当对涉及重大偏差的产品进行稳定性考察。

第二百五十条　任何偏离生产工艺、物料平衡限度、质量标准、检验方法、操作规程等的情况均应当有记录，并立即报告主管人员及质量管理部门，应当有清楚的说明，重大偏差应当由质量管理部门会同其他部门进行彻底调查，并有调查报告。偏差调查报告应当由质量管理部门的指定人员审核并签字。

企业还应当采取预防措施有效防止类似偏差的再次发生。

第二百五十一条　质量管理部门应当负责偏差的分类，保存偏差调查、处理的文件和记录。

第六节　纠正措施和预防措施（252～254）

第二百五十二条　企业应当建立纠正措施和预防措施系统，对投诉、召回、偏差、自检或外部检查结果、工艺性能和质量监测趋势等进行调查并采取纠正和预防措施。调查的深度和形式应当与风险的级别相适应。纠正措施和预防措施系统应当能够增进对产品和工艺的理解，改进产品和工艺。

第二百五十三条　企业应当建立实施纠正和预防措施的操作规程，内容至少包括：

（一）对投诉、召回、偏差、自检或外部检查结果、工艺性能和质量监测趋势以及其他来源的质量数据进行分析，确定已有和潜在的质量问题。必要时，应当采用适当的统计学方法；

（二）调查与产品、工艺和质量保证系统有关的原因；

（三）确定所需采取的纠正和预防措施，防止问题的再次发生；

（四）评估纠正和预防措施的合理性、有效性和充分性；

（五）对实施纠正和预防措施过程中所有发生的变更应当予以记录；

（六）确保相关信息已传递到质量受权人和预防问题再次发生的直接负责人；

（七）确保相关信息及其纠正和预防措施已通过高层管理人员的评审。

第二百五十四条　实施纠正和预防措施应当有文件记录，并由质量管理部门保存。

第七节　供应商的评估和批准（255~265）

第二百五十五条　质量管理部门应当对所有生产用物料的供应商进行质量评估，会同有关部门对主要物料供应商（尤其是生产商）的质量体系进行现场质量审计，并对质量评估不符合要求的供应商行使否决权。

主要物料的确定应当综合考虑企业所生产的药品质量风险、物料用量以及物料对药品质量的影响程度等因素。

企业法定代表人、企业负责人及其他部门的人员不得干扰或妨碍质量管理部门对物料供应商独立作出质量评估。

第二百五十六条　应当建立物料供应商评估和批准的操作规程，明确供应商的资质、选择的原则、质量评估方式、评估标准、物料供应商批准的程序。

如质量评估需采用现场质量审计方式的，还应当明确审计内容、周期、审计人员的组成及资质。需采用样品小批量试生产的，还应当明确生产批量、生产工艺、产品质量标准、稳定性考察方案。

第二百五十七条　质量管理部门应当指定专人负责物料供应商质量评估和现场质量审计，分发经批准的合格供应商名单。被指定的人员应当具有相关的法规和专业知识，具有足够的质量评估和现场质量审计的实践经验。

第二百五十八条　现场质量审计应当核实供应商资质证明文件和检验报告的真实性，核实是否具备检验条件。应当对其人员机构、厂房设施和设备、物料管理、生产工艺流程和生产管理、质量控制实验室的设备、仪器、文件管理等进行检查，以全面评估其质量保证系统。现场质量审计应当有报告。

第二百五十九条　必要时，应当对主要物料供应商提供的样品进行小批量试生产，并对试生产的药品进行稳定性考察。

第二百六十条　质量管理部门对物料供应商的评估至少应当包括：供应商的资质证明文件、质量标准、检验报告、企业对物料样品的检验数据和报告。如进行现场质量审计和样品小批量试生产的，还应当包括现场质量审计报告，以及小试产品的质量检验报告和稳定性考察报告。

第二百六十一条　改变物料供应商，应当对新的供应商进行质量评估；改变主要物料供应商的，还需要对产品进行相关的验证及稳定性考察。

第二百六十二条　质量管理部门应当向物料管理部门分发经批准的合格供应商名单，该名单内容至少包括物料名称、规格、质量标准、生产商名称和地址、经销商（如有）名称等，并及时更新。

第二百六十三条　质量管理部门应当与主要物料供应商签订质量协议，在协议中应当明确双方所承担的质量责任。

第二百六十四条　质量管理部门应当定期对物料供应商进行评估或现场质量审计，回顾分析物料质量检验结果、质量投诉和不合格处理记录。如物料出现质量问题或生产条件、工艺、质量标准和检验方法等可能影响质量的关键因素发生重大改变时，还应当尽快进行相关的现场质量审计。

第二百六十五条　企业应当对每家物料供应商建立质量档案，档案内容应当包括供应商的资质证明文件、质量协议、质量标准、样品检验数据和报告、供应商的检验报告、现场质量审计报告、产品稳定性考察报告、定期的质量回顾分析报告等。

第八节　产品质量回顾分析（266～268）

第二百六十六条　应当按照操作规程，每年对所有生产的药品按品种进行产品质量回顾分析，以确认工艺稳定可靠，以及原辅料、成品现行质量标准的适用性，及时发现不良趋势，确定产品及工艺改进的方向。应当考虑以往回顾分析的历史数据，还应当对产品质量回顾分析的有效性进行自检。

当有合理的科学依据时，可按照产品的剂型分类进行质量回顾，如固体制剂、液体制剂和无菌制剂等。

回顾分析应当有报告。

企业至少应当对下列情形进行回顾分析：

（一）产品所用原辅料的所有变更，尤其是来自新供应商的原辅料；

（二）关键中间控制点及成品的检验结果；

（三）所有不符合质量标准的批次及其调查；

（四）所有重大偏差及相关的调查、所采取的整改措施和预防措施的有效性；

（五）生产工艺或检验方法等的所有变更；

（六）已批准或备案的药品注册所有变更；

（七）稳定性考察的结果及任何不良趋势；

（八）所有因质量原因造成的退货、投诉、召回及调查；

（九）与产品工艺或设备相关的纠正措施的执行情况和效果；

（十）新获批准和有变更的药品，按照注册要求上市后应当完成的工作情况；

（十一）相关设备和设施，如空调净化系统、水系统、压缩空气等的确认状态；

（十二）委托生产或检验的技术合同履行情况。

第二百六十七条　应当对回顾分析的结果进行评估，提出是否需要采取纠正和预防措施或进行再确认或再验证的评估意见及理由，并及时、有效地完成整改。

第二百六十八条　药品委托生产时，委托方和受托方之间应当有书面的技术协议，规定产品质量回顾分析中各方的责任，确保产品质量回顾分析按时进行并符合要求。

第九节　投诉与不良反应报告（269～277）

第二百六十九条　应当建立药品不良反应报告和监测管理制度，设立专门机构并配备专职人员负责管理。

第二百七十条　应当主动收集药品不良反应，对不良反应应当详细记录、评价、调查和处理，及时采取措施控制可能存在的风险，并按照要求向药品监督管理部门报告。

第二百七十一条　应当建立操作规程，规定投诉登记、评价、调查和处理的程序，并规定因可能的产品缺陷发生投诉时所采取的措施，包括考虑是否有必要从市场召回药品。

第二百七十二条　应当有专人及足够的辅助人员负责进行质量投诉的调查和处理，所有投诉、调查的信息应当向质量受权人通报。

第二百七十三条　所有投诉都应当登记与审核，与产品质量缺陷有关的投诉，应当详细记录投诉的各个细节，并进行调查。

第二百七十四条　发现或怀疑某批药品存在缺陷，应当考虑检查其他批次的药品，查明其是否受到影响。

第二百七十五条　投诉调查和处理应当有记录，并注明所查相关批次产品的信息。

第二百七十六条　应当定期回顾分析投诉记录，以便发现需要警觉、重复出现以及可能需要从市场召回药品的问题，并采取相应措施。

第二百七十七条　企业出现生产失误、药品变质或其他重大质量问题，应当及时采取相应措施，必要时还应当向当地药品监督管理部门报告。

第十一章　委托生产与委托检验

第一节　原　则（278、279）

第二百七十八条　为确保委托生产产品的质量和委托检验的准确性和可靠性，委托方和受托方必须签订书面合同，明确规定各方责任、委托生产或委托检验的内容及相关的技术事项。

第二百七十九条　委托生产或委托检验的所有活动，包括在技术或其他方面拟采取的任何变更，均应当符合药品生产许可和注册的有关要求。

第二节　委托方（280～283）

第二百八十条　委托方应当对受托方进行评估，对受托方的条件、技术水平、质量管理情况进行现场考核，确认其具有完成受托工作的能力，并能保证符合本规范的要求。

第二百八十一条　委托方应当向受托方提供所有必要的资料，以使受托方能够按照药品注册和其他法定要求正确实施所委托的操作。

委托方应当使受托方充分了解与产品或操作相关的各种问题，包括产品或操作对受托方的环境、厂房、设备、人员及其他物料或产品可能造成的危害。

第二百八十二条　委托方应当对受托生产或检验的全过程进行监督。

第二百八十三条　委托方应当确保物料和产品符合相应的质量标准。

第三节　受托方（284～286）

第二百八十四条　受托方必须具备足够的厂房、设备、知识和经验以及人员，满足委托方所委托的生产或检验工作的要求。

第二百八十五条　受托方应当确保所收到委托方提供的物料、中间产品和待包装产品适用于预定用途。

第二百八十六条　受托方不得从事对委托生产或检验的产品质量有不利影响的活动。

第四节　合　同（287～292）

第二百八十七条　委托方与受托方之间签订的合同应当详细规定各自的产品生产和控制职责，其中的技术性条款应当由具有制药技术、检验专业知识和熟悉本规范的主管人员拟订。委托生产及检验的各项工作必须符合药品生产许可和药品注册的有关要求并经双方同意。

第二百八十八条　合同应当详细规定质量受权人批准放行每批药品的程序，确保每批产品都已按照药品注册的要求完成生产和检验。

第二百八十九条　合同应当规定何方负责物料的采购、检验、放行、生产和质量控制（包括中间控制），还应当规定何方负责取样和检验。

在委托检验的情况下，合同应当规定受托方是否在委托方的厂房内取样。

第二百九十条　合同应当规定由受托方保存的生产、检验和发运记录及样品，委托方应当能够随时调阅或检查；出现投诉、怀疑产品有质量缺陷或召回时，委托方应当能够方便地查阅所有与评价产品质量相关的记录。

第二百九十一条　合同应当明确规定委托方可以对受托方进行检查或现场质量审计。

第二百九十二条　委托检验合同应当明确受托方有义务接受药品监督管理部门检查。

第十二章　产品发运与召回

第一节　原　则（293、294）

第二百九十三条　企业应当建立产品召回系统，必要时可迅速、有效地从市场召回任何一批存在安全隐患的产品。

第二百九十四条　因质量原因退货和召回的产品，均应当按照规定监督销毁，有证据证明退货产品质量未受影响的除外。

第二节　发　运（295～297）

第二百九十五条　每批产品均应当有发运记录。根据发运记录，应当能够追查每批产品的销售情况，必要时应当能够及时全部追回，发运记录内容应当包括：产品名称、规格、批号、数量、收货单位和地址、联系方式、发货日期、运输方式等。

第二百九十六条　药品发运的零头包装只限两个批号为一个合箱，合箱外应当标明全部批号，并建立合箱记录。

第二百九十七条　发运记录应当至少保存至药品有效期后一年。

第三节　召　回（298～305）

第二百九十八条　应当制定召回操作规程，确保召回工作的有效性。

第二百九十九条　应当指定专人负责组织协调召回工作，并配备足够数量的人员。产品召回负责人应当独立于销售和市场部门；如产品召回负责人不是质量受权人，则应当向质量受权人通报召回处理情况。

第三百条　召回应当能够随时启动，并迅速实施。

第三百零一条　因产品存在安全隐患决定从市场召回的，应当立即向当地药品监督管理部门报告。

第三百零二条　产品召回负责人应当能够迅速查阅到药品发运记录。

第三百零三条　已召回的产品应当有标识，并单独、妥善贮存，等待最终处理决定。

第三百零四条　召回的进展过程应当有记录，并有最终报告。产品发运数量、已召回数量以及数量平衡情况应当在报告中予以说明。

第三百零五条　应当定期对产品召回系统的有效性进行评估。

第十三章　自　检

第一节　原　则（306）

第三百零六条　质量管理部门应当定期组织对企业进行自检，监控本规范的实施情况，评估企业是否符合本规范要求，并提出必要的纠正和预防措施。

第二节　自　检（307～309）

第三百零七条　自检应当有计划，对机构与人员、厂房与设施、设备、物料与产品、确认与验证、文件管理、生产管理、质量控制与质量保证、委托生产与委托检验、产品发运与召回等项目定期进行检查。

第三百零八条　应当由企业指定人员进行独立、系统、全面的自检，也可由外部人员或专家进行独立的质量审计。

第三百零九条　自检应当有记录。自检完成后应当有自检报告，内容至少包括自检过程中观察到的所有情况、评价的结论以及提出纠正和预防措施的建议。自检情况应当报告企业高层管理人员。

第十四章　附　则（310～313）

第三百一十条　本规范为药品生产质量管理的基本要求。对无菌药品、生物制品、血液制品等药品或生产质量管理活动的特殊要求，由国家食品药品监督管理局以附录方式另行制定。

第三百一十一条　企业可以采用经过验证的替代方法，达到本规范的要求。

第三百一十二条　本规范下列术语（按汉语拼音排序）的含义是：

（一）包装

待包装产品变成成品所需的所有操作步骤，包括分装、贴签等。但无菌生产工艺中产品的无菌灌装，以及最终灭菌产品的灌装等不视为包装。

（二）包装材料

药品包装所用的材料，包括与药品直接接触的包装材料和容器、印刷包装材料，但不包括发运用的外包装材料。

（三）操作规程

经批准用来指导设备操作、维护与清洁、验证、环境控制、取样和检验等药品生产活动的通用性文件，也称标准操作规程。

（四）产品

包括药品的中间产品、待包装产品和成品。

（五）产品生命周期

产品从最初的研发、上市直至退市的所有阶段。

（六）成品

已完成所有生产操作步骤和最终包装的产品。

（七）重新加工

将某一生产工序生产的不符合质量标准的一批中间产品或待包装产品的一部分或全部，采用不同的生产工艺进行再加工，以符合预定的质量标准。

（八）待包装产品

尚未进行包装但已完成所有其他加工工序的产品。

（九）待验

指原辅料、包装材料、中间产品、待包装产品或成品，采用物理手段或其他有效方式将其隔离或区分，在允许用于投料生产或上市销售之前贮存、等待作出放行决定的状态。

（十）发放

指生产过程中物料、中间产品、待包装产品、文件、生产用模具等在企业内部流转的一系列操作。

（十一）复验期

原辅料、包装材料贮存一定时间后，为确保其仍适用于预定用途，由企业确定的需重新检验的日期。

（十二）发运

指企业将产品发送到经销商或用户的一系列操作，包括配货、运输等。

（十三）返工

将某一生产工序生产的不符合质量标准的一批中间产品或待包装产品、成品的一部分或全部返回到之前的工序，采用相同的生产工艺进行再加工，以符合预定的质量标准。

（十四）放行

对一批物料或产品进行质量评价，作出批准使用或投放市场或其他决定的操作。

（十五）高层管理人员

在企业内部最高层指挥和控制企业、具有调动资源的权力和职责的人员。

（十六）工艺规程

为生产特定数量的成品而制定的一个或一套文件，包括生产处方、生产操作要求和包装操作要求，规定原辅料和包装材料的数量、工艺参数和条件、加工说明（包括中间控制）、注意事项等内容。

（十七）供应商

指物料、设备、仪器、试剂、服务等的提供方，如生产商、经销商等。

（十八）回收

在某一特定的生产阶段，将以前生产的一批或数批符合相应质量要求的产品的一部分或全部，加入到另一批次中的操作。

（十九）计算机化系统

用于报告或自动控制的集成系统，包括数据输入、电子处理和信息输出。

（二十）交叉污染

不同原料、辅料及产品之间发生的相互污染。

（二十一）校准

在规定条件下，确定测量、记录、控制仪器或系统的示值（尤指称量）或实物量具所代表的量值，与对应的参照标准量值之间关系的一系列活动。

（二十二）阶段性生产方式

指在共用生产区内，在一段时间内集中生产某一产品，再对相应的共用生产区、设施、设备、工器具等进行彻底清洁，更换生产另一种产品的方式。

（二十三）洁净区

需要对环境中尘粒及微生物数量进行控制的房间（区域），其建筑结构、装备及其使用应当能够减少该区域内污染物的引入、产生和滞留。

（二十四）警戒限度

系统的关键参数超出正常范围，但未达到纠偏限度，需要引起警觉，可能需要采取纠正措施的限度标准。

（二十五）纠偏限度

系统的关键参数超出可接受标准，需要进行调查并采取纠正措施的限度标准。

（二十六）检验结果超标

检验结果超出法定标准及企业制定标准的所有情形。

（二十七）批

经一个或若干加工过程生产的、具有预期均一质量和特性的一定数量的原辅料、包装材料或成品。为完成某些生产操作步骤，可能有必要将一批产品分成若干亚批，最终合并成为一个均一的批。在连续生产情况下，批必须与生产中具有预期均一特性的确定数量的产品相对应，批量可以是固定数量或固定时间段内生产的产品量。

例如：口服或外用的固体、半固体制剂在成型或分装前使用同一台混合设备一次混合所生产的均质产品为一批；口服或外用的液体制剂以灌装（封）前经最后混合的药液所生产的均质产品为一批。

（二十八）批号

用于识别一个特定批的具有唯一性的数字和（或）字母的组合。

（二十九）批记录

用于记述每批药品生产、质量检验和放行审核的所有文件和记录，可追溯所有与成品质量有关的历史信息。

（三十）气锁间

设置于两个或数个房间之间（如不同洁净度级别的房间之间）的具有两扇或多

扇门的隔离空间。设置气锁间的目的是在人员或物料出入时，对气流进行控制。气锁间有人员气锁间和物料气锁间。

（三十一）企业

在本规范中如无特别说明，企业特指药品生产企业。

（三十二）确认

证明厂房、设施、设备能正确运行并可达到预期结果的一系列活动。

（三十三）退货

将药品退还给企业的活动。

（三十四）文件

本规范所指的文件包括质量标准、工艺规程、操作规程、记录、报告等。

（三十五）物料

指原料、辅料和包装材料等。

例如：化学药品制剂的原料是指原料药；生物制品的原料是指原材料；中药制剂的原料是指中药材、中药饮片和外购中药提取物；原料药的原料是指用于原料药生产的除包装材料以外的其他物料。

（三十六）物料平衡

产品或物料实际产量或实际用量及收集到的损耗之和与理论产量或理论用量之间的比较，并考虑可允许的偏差范围。

（三十七）污染

在生产、取样、包装或重新包装、贮存或运输等操作过程中，原辅料、中间产品、待包装产品、成品受到具有化学或微生物特性的杂质或异物的不利影响。

（三十八）验证

证明任何操作规程（或方法）、生产工艺或系统能够达到预期结果的一系列活动。

（三十九）印刷包装材料

指具有特定式样和印刷内容的包装材料，如印字铝箔、标签、说明书、纸盒等。

（四十）原辅料

除包装材料之外，药品生产中使用的任何物料。

（四十一）中间产品

指完成部分加工步骤的产品，尚需进一步加工方可成为待包装产品。

（四十二）中间控制

也称过程控制，指为确保产品符合有关标准，生产中对工艺过程加以监控，以便在必要时进行调节而做的各项检查。可将对环境或设备控制视作中间控制的一部分。

第三百一十三条　本规范自 2011 年 3 月 1 日起施行。按照《中华人民共和国药品管理法》第九条规定，具体实施办法和实施步骤由国家食品药品监督管理局规定。

参考文献

[1] 中华人民共和国卫生部. 药品生产质量管理规范（2010 年修订）. 北京：中国医药科技出版社，2010.

[2] 全国人民代表大会常务委员会. 中华人民共和国药品管理法（2019 年修订）.

[3] 全国人民代表大会常务委员会. 中华人民共和国疫苗管理法. 2019.

[4] 国家市场监督管理总局. 药品生产监督管理办法. 2020.

[5] 国家市场监督管理总局. 药品注册管理办法. 2020.

[6] 国家药品监督管理局食品药品审核查验中心. 药品 GMP 指南. 2 版. 北京：中国医药科技出版社，2023.

[7] 国家药品监督管理局. 药物警戒质量管理规范. 2021.

[8] 国家药品监督管理局药品评价中心. 药品 GVP 指南. 北京：中国医药科技出版社，2022.

[9] 中国药典委员会. 中华人民共和国药典（2020 年版）. 北京：中国医药科技出版社，2020.

[10] 国家药品监督管理局. 药品召回管理办法. 2022.

[11] 国家药品监督管理局. 国家药监局关于发布药品记录与数据管理要求（试行）的公告（2020 年第 74 号）2020.

[12] PIC/C. PIC/S GMP Guide. https://picscheme. org/en/publications.

[13] 国家药品监督管理局药品审批中心. ICHQ7 Good Manufacturing Practice/ GMP.

[14] 北京医药行业协会. 2019 年度药品生产企业 GMP 内审员继续教育培训指导教材，2019.